Incoterms® 2010

실전 무역실무

원 문 희 저

도서출판 두남

시작하면서....

수출이 성공적으로 이루어지려면 계약이 성사되기 전에 수출하여야 할 상품이 정해져야 하고 그 상품을 구매할 수 있는 수입상이 있어야 한다. 통상 수출상을 매도인이라고 하며 수입상을 매수인이라고 한다. 수출상과 수입상은 국적을 달리하고 서로의 신용상태를 잘 모르기 때문에 서로에 대해서 거래에 대한 확신이 서게 될 때까지는 비교적 긴 시간과 노력이 필요하다.

긴 시간과 노력 끝에 무역계약이 성립되고 나면 당사자는 계약을 이행을 위한 당사자의 채무를 이행하여야 한다.

기본적으로 매도인은 계약과 일치하는 물품을 인도하고 물품과 일치하는 서류를 제공해야 할 의무를 부담하고 매수인은 매도인의 물품을 수령하고 대금을 결제해야 할 의무를 부담한다. 당사자의 계약에 따른 의무가 원만히 수행되면 무역계약은 종료되고 이때 무역계약의 효력은 소멸된다.

이와 같이 무역계약은 사전준비 단계를 거쳐 거래가 성립하고 이에 따른 계약의 이행과 종료라는 사이클이 반복된다.

무역실무에 대해서 한 마디로 표현하는 것은 어려운 일이지만 무역실무는 그리 어렵지도 않고 쉽지도 않다고 볼 수 있다. 그 이유는 무역거래의 진행과정이 거의 정형화되어 있고 비슷한 형식으로 진행되기 때문에 어느 정도의 경험만 있으면 무역실무를 알게 되지만, 실제로는 매번 거래 시마다 수많은 거래조건이 조금씩 그 내용과 형식을 달리하기 때문에 너무 쉽게 생각해서는 안 된다는 것이다.

그러나 무역의 실무경험을 통한 이론적 체계가 확립되어 있는 경우에는 품목의 문제를 비롯한 각종의 제반 사항이 그리 어려운 문제는 아니다. 그것은 마치 농부가 감자를 재배하거나 고구마를 재배하는 경우 농업의 범주 안에서 그 원리를 같이 하는 것과 마찬가지인 것이다.

20년간 무역업에 종사하면서 많은 분들로부터 무역거래에 관한 질문을 받아왔고 그 내용은 바로 기본적 이론의 부족에 있다는 것을 발견하였다. 무역의 기본이론에 충실하고 그 원리에 맞게 대응한다면 실제로는 쉽게 문제를 해결할 수 있기 때문에 그간의 경험을 바탕으로 가장 보편적으로 활용되는 부분을 중심으로 "실전 무역실무"를 출간하게 되었다. 이 책의 특징은 다음과 같다.

첫째, 실무 부분의 활용성을 높였다.

대부분의 경우 영업부서에서는 영업만 담당하고 관리부서에서는 관리만 담당하는 경우가 많다. 그래서 서로의 업무분야에 대한 이해 부족으로 문제가 발생하면 해결하는 데 시간이 많이 소요된다.

20년간 해외영업, 수출입관리 등을 하면서 무역실무에서 자주 일어나는 내용을 중심으로 실무적인 해설도 본인이 알고 있는 분야에 대해서는 보다 충실히 해설하였다.

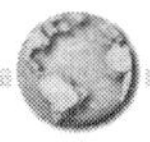

둘째, 내용을 압축하였다.

책을 읽는 데 걸리는 시간과 중점 내용의 양을 고려하여 내용을 압축하였다. 기존의 무역실무 서적은 내용이 방대하여 공부를 하려면 그 내용을 읽어나가는 데도 장시간이 소요되고 초보자들이 이해하기 어려운 부분이 많이 수록되어 결국 끝까지 필독을 하기 어려운 점이 있었다. 이에 내용을 줄여 가장 기본적인 내용을 기준으로 서술하였으므로 초보자들도 읽고 이해하는 데 도움이 될 것으로 본다.

셋째, 수출계약 부분을 중요하게 다루었다.

해외영업의 중요한 부분은 계약에 의해 움직인다고 보아도 과언이 아닐 것이다. CISG의 내용을 보다 심도 있게 다룸으로써 계약의 성립 및 매도인과 매수인의 권리의무를 파악하는 데 도움이 될 것이다.

넷째, 무역거래의 기본체계 확립에 중점을 두었다.

무역거래는 기본적으로 준비, 계약의 성립, 계약의 이행을 통해 종료된다는 기본적인 체계를 통해 무역실무의 전반적인 부분에 보다 심도 있게 접근할 수 있도록 하였다.

부족한 부분은 많지만 보다 짧은 시간에 무역에 관한 체계를 확립하기를 바라며 무역업에 종사하는 분들의 업무에 도움이 되기를 바란다.

2011년 3월
원 문 희

〈무역의 순환구조〉

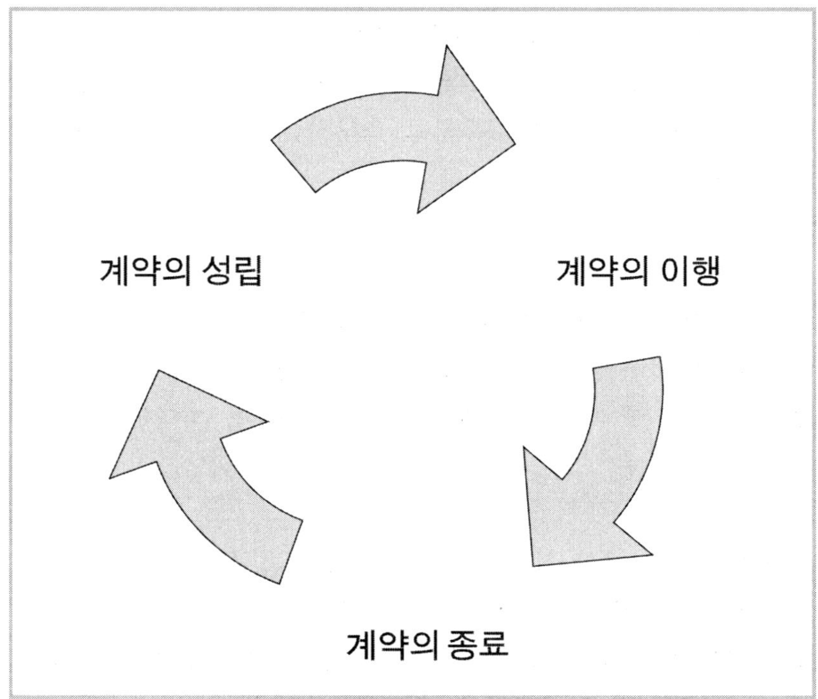

Contents

제1부 무역의 기본이론

CHAPTER 01 무역의 개념과 필요성

CHAPTER 02 무역대금의 결제

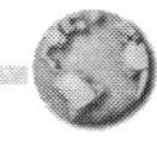

CHAPTER 03 신용장

CHAPTER 04 무역운송

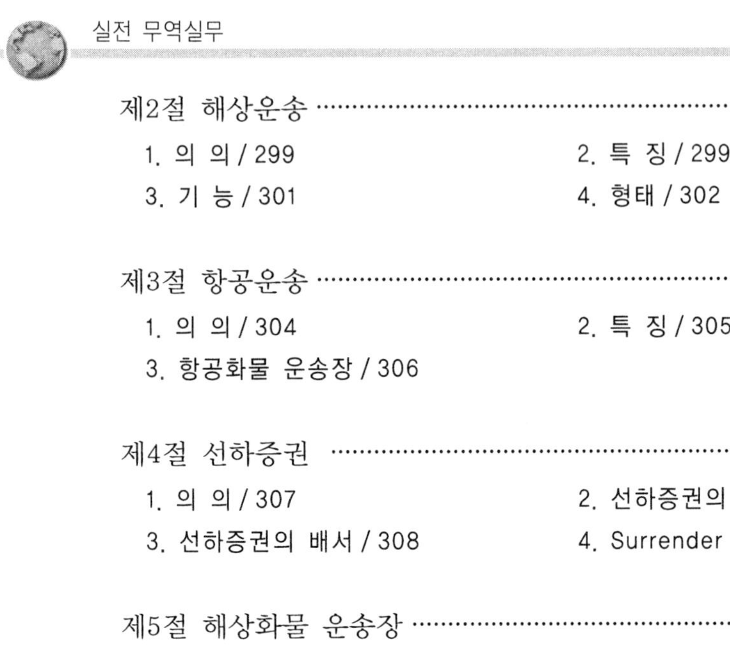

CHAPTER 06 이론과 실제

제 4 부 무역계약의 종료

CHAPTER 01 무역계약의 종료와 계약위반

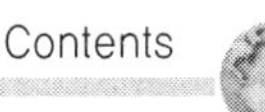

CHAPTER 02 무역 클레임과 해결방안

CHAPTER 03 이론과 실제

제 1 부

무역의 기본이론

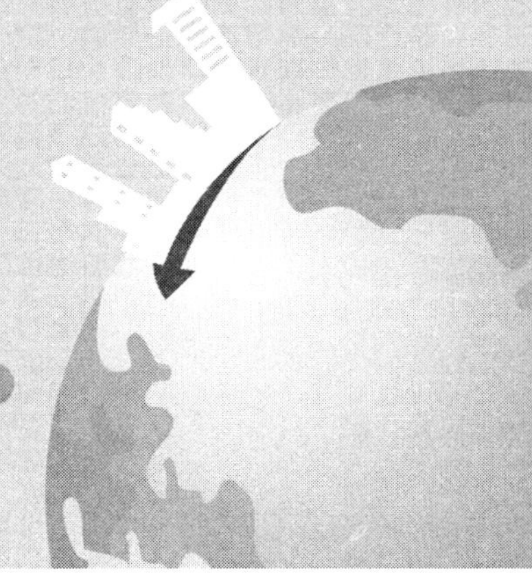

CHAPTER 01

무역의 개념과 필요성

제1절 무역의 개념

무역의 개념을 한 마디로 정의하기란 쉽지 않다. 학자들의 이론을 이용하여 접근하는 방법도 있으나 간단히 쉽게 개념을 정립하고 실무를 통해 여러 가지 과정을 습득하면 나름대로의 개념이 후에 새롭게 정립될 것이다.

무역이란 국제 재화(International Goods)를 국가 간에 팔고 사는 행위라 볼 수 있다. 즉 여러 가지 가치를 지닌 재화를 팔고 사는 일련의 행위이다.

우리는 흔히 무역하면 수출을 떠올리게 된다. 그러나 꼭 수출만이 능사는 아니다. 좋은 물건을 팔아서 외화를 벌어들이고 또 우리나라에 필요한 재화를 수입해서 국내에서 사용된다면 국민의 삶의 질이 향상되는 것이다.

현대 사회에 와서는 다양한 용역의 서비스도 국가 간에 이루어지고 있으나 우선은 재화를 중심으로 개념 정립을 해두는 것이 무역을 이해하는 데 도움이 될 것이다.

제2절 무역의 필요성

한 국가가 형성되고 국가의 구성원인 국민이 존재하게 된다. 그러나 지리적, 환경적 요인 때문에 국가에서 자체적으로 필요로 하는 모든 재화를 생산할 수 없다.

천연자원이 없거나 원료를 수입해 자국에서 제품을 생산하는 경우에도 생산비용이 타국에서 생산하는 단가보다 훨씬 비싼 경우도 있다. 무역으로 파생되는 효과는 여러 가지가 있으나 중요한 몇 가지만 살펴보기로 한다.

1 국제분업화

국가 간에 상대국에 비해서 값싸게 만들 수 있는 상품을 만들어 국내시장 수요 충족은 물론이고 해외 시장에서 수요를 충족시킬 수 있다.

이는 대량 생산으로 이어져 생산단가를 인하하게 됨으로써 국제 분업화가 이루어지고 국내외 소비자들이 혜택을 누리게 된다.

2 고용창출효과

국내 시장뿐 아니라 국제시장에 공급해야 할 물량을 생산하려면 보다 많은 인력이 요구된다. 이로써 많은 일자리가 요구되며

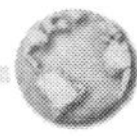

이에 따른 고용 창출 효과가 생기는 것이며 이는 실업자 문제 해결에도 많은 도움을 주게 된다.

3 무역의존형 기업의 탄생

모든 기업들은 설립 목적에 따라 다양한 내용의 사업을 하게 된다. 무역에 의존하는 기업 및 기관도 다양하다. 예를 들면 수송 분야에서 기차, 화물차, 항공기, 선박 등이 해당되며 수송 도중 발생하는 위험에 대비하여 적하보험이 필요하게 되며, 상품의 불량이나 안정성 또는 기능을 테스트하기 위하여 각종 검사기관도 필요하며, 은행에서는 외환관리를 통하여 파생되는 이익을 창출한다. 그 외에도 수출입 Agent, Freight forwarder 등 많은 기업들이 무역에 의존하고 있으며 여기서 파급되는 경제적 효과도 경시할 수 없다.

4 국부창출효과

글로벌시대에서 자급자족이란 거의 불가능하다. 인간사회가 분화되고 발전되어 가면서 국가 간 교역량은 점차 늘어가고 있다. 그러한 가운데 자국의 잉여 생산물이나 다른 국가와의 비교우위에 있는 생산품을 수출하고 자국에서 필요한 다양한 재화를 수입해 오면 그것이 바로 국민의 삶의 질 향상을 가능하게 하며 삶의 질 향상을 통한 국부 창출로 이어진다.

제3절 결제방식에 의한 국제 거래형태

1 의 의

무역에 있어서 경시할 수 없는 가장 중요한 부분 중의 하나는 대금을 원만히 주고받는 것이다. 아무리 좋은 물품을 수출하고 그에 상응하는 상당한 이익이 있다 하더라도 대금결제가 원만히 이루어지지 않는다면 모두 물거품이 되고 만다. 여기서는 가장 보편적으로 이루어지는 결제방식에 대해서 다루고자 한다.

적어도 실무자들은 다음 언급되는 결제방식을 철저히 숙지하여야 하며, 추후 다시 자세한 내용을 다루고자 한다.

2 결제방식의 종류

1) 화환신용장 (Letter of credit)

국제간 가장 많이 이루어지는 대금결제방법 중의 하나이다. 국제간의 거래에 있어서는 특별한 경우를 제외하고 주문 당일 물품을 공급하고 대금결제를 받기는 어렵다.

계약이 성사되고 물품이 공급되기까지 일정 시일이 소요되며 단순히 계약서만 가지고는 이해 당사자 간의 원만한 거래가 어렵다.

이에 은행을 통하여 신용장이 개설되고 또 수혜자는 이를 수취함으로써 신용장에 지시된 기일 안에 물품을 생산한 후 선적하고

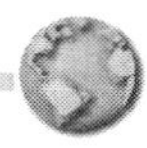

그에 해당되는 증빙 서류를 거래은행에 제시하면 원만히 대금결제가 이루어진다. 신용장의 종류, 당사자, 조건 등은 실무자들이 반드시 숙지해야 할 부분이므로 별도로 언급하기로 한다.

2) 송금방식 (Telegraphic Transfer)

수입량이 적어 자금 부담이 적은 거래이거나 수입자가 수출자의 신용을 의심하지 않는 경우 또는 수입자가 고의로 수입관세를 적게 내기 위하여 원래 매입가격보다 낮은 가격(Under value)으로 수입 통관을 하려고 할 때 이런 방식을 택하기도 한다.

그러나 실제 가격보다 낮게 신고된 물건은 덤핑 문제나 무역분쟁의 원인을 제공할 수 있으므로 적극적으로 권장할 사항은 아니다.

서로 간에 정당한 방법으로 거래가 성사되어야 장기적이고 지속적인 거래가 이루어질 수 있으며 이는 국가 신인도에도 영향을 줄 수 있기 때문이다.

이러한 경우에 물품을 생산하기 전에 송금이 이루어지는 경우도 있고 물품을 생산하여 최종 생산량이 확정된 후에 송금해 주는 경우도 있다. 수출자 입장에서 가장 바람직한 방법은 선불로 받는 것이 물론 가장 바람직한 방법이며, 대부분 수입자들도 선불로 송금을 해주는 경우가 많다.

이 외에도 물품의 인도 인수와 동시에 또는 인도 인수 후 수출수입대금을 외화로 영수 또는 지급하는 방식, 즉 COD와 CAD 방식이 있다.

3) 추심결제방식

이 방식은 신용장이 없이 수출자가 수출자의 거래은행에 환어음과 선적서류를 제시하고 수출자의 거래은행은 수입업자의 은행에 이 서류를 발송하게 되고 수입업자의 은행은 다시 수입업자에게 이 서류를 제시하여 대금결제를 받는다. 이는 D/A와 D/P로 구분된다.

(1) D/A(Document against acceptance)

이 거래는 쉽게 말해서 외상거래이다. 추심 은행이 수입업자에게 환어음을 제시하면 수입업자는 단순 서명만으로도 선적서류를 수취할 수 있으며 대금 지불은 하지 않은 상태에서 물품을 찾아 갈 수 있다. 이는 보통 수입업자에게 외상 기일이 주어지기 때문에 D/A 기간이 주어진다.

(2) D/P(Document against payment)

이는 수입자가 선적서류를 수취할 때 대금결제를 담보하는 조건이므로 외상거래라 볼 수는 없다. 그러나 역시 대금결제가 이루어지기까지 상당한 시간 동안 기다려야 하고 먼저 생산과 선적을 해야 하는 측면에서 수출자의 부담은 존재한다.

D/A 및 D/P 방식은 대금결제가 완전히 보장되지 않으므로 수출자는 상대의 신용도를 면밀히 따져 보아야 할 것이다.

특히 D/A의 경우에는 물품 인수 후 상당 기일이 지난 후에 결제하는 방법이므로 수출자는 이런 수출 방식을 택할 때 신중하여야 할 것이다.

제 4 절 무역거래의 특수성

1 의 의

무역은 국제간에 국경을 넘어 이루어지는 거래이므로 내국거래와는 다른 보다 더 복잡한 절차와 형식을 띠고 있다.

따라서 국경을 넘나들 때에 수출입 통관 절차가 필요하며, 물품의 이동거리가 비교적 멀기 때문에 이동수단 또한 다르고, 이 과정에서 생기는 각종의 위험이 발생할 소지가 있는데, 이를 방지 내지 담보하기 위하여 보험에 가입하게 된다.

기본적으로 물품 매매 시에는 매도인이 상품을 매도하고 매수인은 대금결제를 함과 더불어 물품을 인도 받는다. 국제 무역에 있어서는 다음과 같은 특수성이 있다.

2 국제무역의 특수성

1) 수출입의 통관

국내거래인 경우에는 수출입 통관 절차가 필요하지 않다. 그러나 국제간의 무역에는 반드시 통관이란 절차를 거치게 된다.

2) 해상의존성

물품은 항공기 또는 해상을 통하여 이루어짐이 대부분이나 수용물량과 비용을 고려할 때 주로 해상에 의존하게 된다.

3) 위험성

국적이 다른 나라로 비교적 먼 거리를 물품이 이동하기 때문에 운송중의 위험이 존재하고 대금결제시의 환율이 차이가 날 수 있기 때문에 환율변동의 위험이 존재하며 상대국의 내란, 전쟁 등의 비상사태 발생 시에도 위험은 존재한다. 또한 매수인의 신용 상태의 변화를 쉽게 파악하지 못하는 경우가 많으므로 상업위험도 존재하게 된다.

4) 산업연관성

무역은 상대적으로 자국의 경쟁력이 높은 물품을 수출하게 되고 경쟁력이 낮은 물품을 수입하게 된다. 이에 따라 생산의 특화가 이루어지고 국제 분업화의 기능이 생긴다. 또한 교역이 활발해 짐으로써 이에 필요한 인력이 필요하게 되므로 고용촉진효과가 생긴다.

5) 다수의 종속계약 수반

매도인과 매수인과의 계약이 성사되면 계약물품의 운송을 위하여 운송계약이 필요하고, 위험에 대비하여 보험계약이 필요하고, 국제간의 서로 다른 통화의 결제를 위한 금융계약도 필요하다.

이와 같이 무역에는 다수의 종속계약이 필연적으로 따르게 된다.

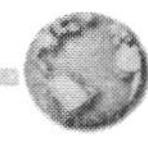

제 5 절 거래 형태에 의한 무역의 분류

1 위탁판매 수출 및 수탁판매 수입

1) 의 의

(1) 위탁판매 수출

위탁판매 수출이란 수출상이 대금결제 없이 무환으로 수출하여 소유권을 유보하고, 수입상인 매수인이 이를 통하여 판매하도록 하고 해당물품이 판매된 범위 안에서 매수인이 송금을 하는 형태를 말한다. 이때 미판매된 잔여물품은 통상적으로 반환하게 된다.

(2) 수탁판매 수입

수입상이 대금결제 없이 무환으로 물품을 수입하여 판매를 위탁 받은 범위 내에서 당해 물품을 판매하고, 판매된 범위 내에서 대금을 송금하는 형태의 수입을 말한다.

2) 특 징

수출상이 자신의 위험 및 비용부담 하에 수출하는 것이므로 물품이 이동되더라도 그 소유권은 위탁자에게 있으며 판매하고 남은 물품은 소유권자인 위탁자에게 반환되며 수탁자는 판매대금 중에서 경비 및 수수료 등을 제한 금액을 위탁자에게 송금한다. 따라서 수탁자의 입장에서는 자기 자본 없이 특정 물품을 수입할 수 있으며 수입 또는 판매에 대한 위험의 부담을 할 필요가 없으며 판매된 범위 내에서 일정한 수수료의 수입이 있다고 할 것이나 수출상의 입장에서는 수출입에 따르는 위험 및 비용을 부담하고 수입상의 신용도에 따라 판매대금 회수에 위험이 있을 수 있기 때문에 신중을 기해야 할 것이다.

2 수탁가공무역 및 위탁가공무역

1) 의 의

(1) 위탁가공무역

외국에서 가공할 원자재의 일부 또는 전부를 거래 상대방에게 수출하여 이를 가공한 후 가공임을 지급한 후 수입하는 형태로써 무환으로 수입할 때 무환 위탁가공이라 하고 유환으로 수입할 때 유환 위탁가공이라고 한다.

(2) 수탁가공무역

국내에서 가공할 원자재의 일부 또는 전부를 거래 상대방으로부터 수입하여 이를 가공한 후 가공임을 받고 수출하는 형태로써 무환으로 수출할 때 무환 수탁가공이라 하고 유환으로 수출할 때 이를 유환 수탁가공이라고 한다.

2) 위탁가공무역의 목적

위탁가공무역은 원자재를 거래상대방에게 위탁하여 이를 가공하여 수입 또는 수출하는 방식으로써 노동 집약적 상품인 경우 인건비가 저렴한 국가의 노동력을 이용하기 위하여 개도국 또는

후진국을 상대로 가공무역이 이루어지며 때에 따라서 고도의 기술력이 필요한 경우에는 선진국과의 가공무역을 통하여 위탁가공무역이 이루어진다.

3 외국인도 수출

외국인도 수출이라 함은 수출대금은 국내에서 영수하지만 국내에서 통관되지 아니한 수출물품 등을 외국으로 인도하거나 제공하는 수출을 말한다.

산업설비 수출 또는 해외건설을 비롯한 해외 사업 현장에서 필요한 물품을 외국에서 수입하여 사용한 후 이를 국내에 반입하지 않고 다시 수출한다거나 또는 항해중인 선박 등을 현지에서 수출하고자하는 경우에 이를 일반적인 거래 형태로 할 경우 해외에서 설비 또는 선박을 국내에 반입한 후 다시 수출통관을 하면 비용과 시간이 많이 소요될 수 있다. 이러한 경우에 해외에서 국내로 해당 물품을 반입하지 않고 수출하고 국내 은행을 통하여 영수가 이루어진다면 많은 시간과 비용을 절약할 수 있을 것이다.

4 외국인수 수입

외국인수 수입이라 함은 수입대금은 국내에서 지급되지만 수입 물품 등은 외국에서 인수하거나 제공받는 수입을 말한다. 매수인이 매매계약을 체결하여 수출상으로 하여금 물품을 제3국으로 선적하도록 하고, 당해 운송서류를 제3국으로 송부하여 제3국에서 물품을 인수하는 형태로서 대금지급은 국내의 은행을 통하여 이루어진다. 산업 설비수출, 해외건설 및 용역사업 수행 시 기자재의 원활한 조달을 위하여 필요한 거래 방식이다.

5 중계무역

중계무역이란 수출할 것을 목적으로 물품 등을 수입하여 물품을 국내에 반입하지 아니하고 수출하는 수출입을 말한다. 즉 수요국과 공급국 사이에서 일정한 중계차익을 목적으로 하는 거래 방식이다.

6 무환 수출입

무환 수출입이란 외국환 거래가 수반되지 아니하는 물품 등의 수출 · 수입을 말한다.

7 연계무역

연계무역이란 물물교환(Barter Trade), 구상무역(Compensation Trade), 대응구매(Counter Purchase), 제품환매(Buy Back) 등의 형태에 의하여 수출과 수입이 연계되어 이루어지는 수출입을 말한다.

1) 물물교환 (Barter Trade)

물물교환이란 환거래가 발생하지 않고 단순히 상품을 교환하는 방식의 무역거래로서 수입의 필요성이 있고 가격도 매칭이 되어야 하기 때문에 실지로 거래에 활용되기는 쉽지 않고 대응 수입의무는 3국으로 전가되지 않는다.

2) 구상무역 (Compensation Trade)

구상무역이라 함은 수출입 대금에 상응하는 수입 · 수출로 상계하는 무역으로 물물교환의 형태와 유사하나 환거래가 발생하며 대응 의무를 제3국으로 전환할 수 있는 거래이다.

Back to back L/C, Tomas L/C, Escrow L/C 등의 특수 신용장이 이용되기도 하며 수출입 거래를 하나의 계약서로 작성한다.

3) 대응구매 (Counter Purchase)

대응구매란 수출액의 일정비율에 상당하는 상품을 수입해야 한다는 면에서 구상무역과 비슷하나 수출과 수입에 대한 두 개의 계약서가 작성되고 두 개의 신용장이 사용되는 별도 거래 (two-way trade) 방식이다.

4) 제품환매 (Buy Back)

제품환매란 기술 설비 또는 플랜트를 수출하고 이를 통하여 생산된 제품을 수입하는 형태의 거래방식으로 기술이전이 수반되는 경우에는 이를 산업협력 방식(Industrial Cooperation)이라 한다.

8 임대차무역

임대차무역이란 대금결제 없이 임대 기간 동안 임대료를 지급하는 방식에 의하여 수출입하는 거래방식을 말한다. 이에는 임대수출과 임차수입 두 종류가 있다.

1) 임대수출

임대수출이란 임대(사용임대를 포함한다.) 계약에 의하여 물품 등을 수출하여 일정기간 후 다시 수입하거나 그 기간의 만료 전 또는 만료 후 해당물품 등의 소유권을 이전하는 수출을 말한다.

2) 임차수입

임차수입이라 함은 임차(사용임차를 포함한다) 계약에 의하여 물품 등을 수입하여 일정기간 후 다시 수출하거나 그 기간의 만료 전 또는 후에 해당물품의 소유권을 이전받는 수입을 말한다.

3) 특징

임대차 무역에 있어서 계약의 당사자는 매매계약이 아닌 임대차 계약을 체결하며 물품에 대한 대금결제 없이 수출입이 이루어지며 임대 기간 동안에는 사용료가 지급되며 소유권은 그 기간 동안 유보되고 임대기간 만료 시에는 소유권을 이전하거나 또는 이전하지 않는 조건에 합의한다.

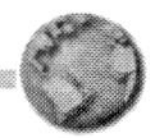

9 보세 창고도 거래(BWT)

보세 창고도 거래(Bonded Warehouse Transaction)는 위탁판매방식의 변형거래로서 수출상이 수입국에 지점 또는 출장소, 대리점 등을 설치하고 수입국의 보세 창고에 상품을 무상으로 반출하고 현지에서 수입상들과의 상담을 통하여 직접 판매하는 거래방식을 말한다. 이는 수입상을 확정하지 않은 상태에서 매출이 확대될 것을 예상하여 미리 상품을 만들어 상대국으로 반출하고 수입통관 미필상태에서 판매를 촉진하려고 할 때 사용하는 방식이다.

수입상을 충분히 물색한 후 신속하게 물품을 공급하기 때문에 수입상의 입장에서는 납기에 대한 문제의 소지가 없으며 신속하게 물품을 수입하여 판매할 수 있는 장점이 있다. 하지만 수출상은 판매의 예측이 잘못되는 경우의 위험과 비용을 부담해야 하기 때문에 단기간에 이를 소진하지 못하면 창고료 및 물류비용 등을 부담해야 하고 판매에 실패하면 재고부담만 가지게 되므로 사전에 면밀한 조사를 통해 정확한 예측을 하여야 하는 것이 무척 중요하다.

제6절 이론과 실제

1 추심결제 방식

1) D/P 거래과정(금융결제과정을 중심으로)

D/P 거래조건은 지급인도 조건으로서 수출자인 매도인은 선적서류를 만들어 수출자의 거래은행(추심의뢰은행)에 제시하면 수출자의 거래은행이 이 서류를 수입국의 바이어 거래은행(제시은행)으로 서류를 발송하게 된다. D/P조건으로 거래할 때 제시서류는 보통 가장 기본적인 서류만을 준비하는 것이 일반적이다.

서류는 아래와 같다.

① Commercial Invoice (상업송장)

② Packing list (포장명세서)

③ Detail Packing list (세부 포장명세서)

④ Certificate of Origin (원산지 증명서)

⑤ B/L (선하증권)

⑥ Bill of Exchange (환어음)

일반적으로는 위의 서류만을 준비하여 은행에 제시하면 되고 바이어의 특별 요구사항이 있는 경우에는 그 요구사항에 따라 서류를 별도로 준비하면 된다.

수입국의 바이어 거래은행으로 서류가 송부되면 수입국의 바

이어 거래은행은 이 서류를 바이어에게 제시하고 바이어는 이 서류와의 상환으로 대금을 결제하게 되고 수입국의 바이어 거래은행은 일정액의 수수료를 공제하거나 해당금액을 수출자의 거래은행으로 송부하게 된다.

이때 수출자의 거래은행과 차액이 없으면 D/P에 대한 금융거래는 종료되지만 차액이 발생하게 되면 수출자와 다시 정산을 하여 D/P에 대한 금융거래 부분은 종료된다.

2) D/P 거래 시 유의점

(1) 은행과의 무역금융을 활용하지 않고 추심에 의해 결제를 받는 경우

은행과의 별도의 금융계약을 맺고 무역금융을 활용하는 경우에는 약정된 한도금액의 범위 내에서 수출상은 수출대전을 활용할 수 있으나 무역금융을 사용하지 않거나 무역금융을 사용하는 경우에도 추심거래에 대한 한도를 별도로 설정하지 않았을 경우에는 수출자의 거래은행인 추심의뢰은행에 수출대전을 받지 않은 채 추심을 의뢰할 수밖에 없다. 이럴 때 추심거래은행은 서류에 대한 별도의 심사를 하여야 할 여하한 의무도 부담하지 않으므로 그 서류를 수입자의 거래은행으로 송부하게 된다. 이러한 경우에 송금에 대한 관계가 명확하게 명시되어 있지 않으면 수출대전을 결제 받는 데 엄청난 시간이 소요될 수 있다.

과거에 남아프리카 공화국의 바이어와 D/P거래를 통하여 추심의뢰를 한 적이 있다. 바이어는 송금을 했다고 주장하고 은행에서는 입금된 게 없다고 하여 오랜 시간을 낭비한 적이 있다.

원인을 확인해 본 결과 두 가지 사실을 발견하였다.

① 바이어는 서둘러 서류를 인수해야 할 이유가 없다.
② 송금은 하였으되 추심의뢰은행에서 지연되는 경우

바이어는 수입물품을 수령하기 위해서 서류가 필요한 것이지 수입물품이 없는 경우에는 서류를 서둘러 찾아야 할 이유가 없다. 즉 해상을 통해서 물품을 수출하는 경우 이 물품이 수입국에 도착하려면 유럽이나 기타 선박스케줄이 용이하지 않은 경우에는 한 달에서 한 달 보름이 소요되는 국가도 있다. 하지만 서류는 보통 특송 업체를 통하여 배달되므로 적어도 일주일 이내에 서류가 상대국 은행에 도달한다. 이럴 때 서류도착시간과 물품도착시간이 한 달 가까이 소요되는 것이다. 이러한 경우에 바이어는 즉시 서류를 인수하지 않고 물품이 도착하는 시점에 결제하기 때문에 지급인도 조건이라 하더라도 대금회수에 상당한 시간이 지연될 수 있다.

또한 제시은행에서 추심의뢰은행에 대금을 송금하였다 하더라도 그 금액에 대한 명세가 없는 경우 그 결과를 확인하는 데 상당한 시간이 지체되는 경우도 있다.

이러한 문제를 해결하기 위해서는 수출자의 외환거래 계좌번호를 송장에 명기시켜서 서류를 작성하면 이런 문제는 쉽게 해결할 수 있다.

(2) 바이어의 고의적인 인수 거절

흔한 일은 아니지만 바이어가 D/P조건으로 계약을 체결하고

난 후 의도적으로 시장상황의 악화 등을 이유로 Discount를 요청하는 경우도 있다. 이러한 경우 대금 회수에 어려움을 겪는 경우도 가끔씩 발생하므로 수출상은 악덕 바이어와의 이런 거래가 발생하지 않도록 특별히 유의하여야 한다.

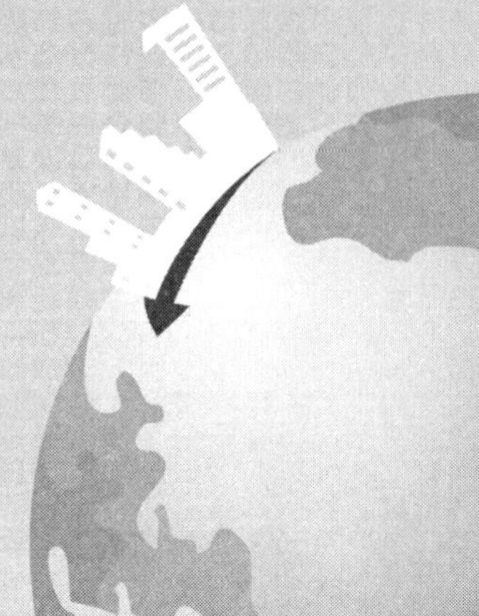

CHAPTER 02 실무자의 기초지식

제 1 절 실무자가 알아야 할 기초지식

무역업에 종사하려면 기본적으로 무역에 관한 기초적 지식을 습득하여야 한다. 무역은 국내 상거래와는 달리 국적을 달리하는 나라 사이에서 이루어지는 거래이므로 거래 절차도 보다 복잡하고 어렵다고 할 수 있다. 따라서 어떠한 방법으로 거래가 성사되고 어떠한 철차를 거쳐 거래가 종결되는지를 실무자들은 습득하여야 한다. 기본적으로 다음의 지식을 갖추고 있으면 거래가 훨씬 용이하게 이루어지며 거래 성사 후 종료 시점까지 분쟁과 마찰의 소지를 줄일 수 있다.

1 대금결제

무역거래는 결국 매도인이 매수인이 주문하는 물품을 상대방에게 인도하면 매수인은 그 인도를 수령하고 그에 대한 대가로 대금을 수령하는 일련의 과정이라고 말할 수 있다. 대금결제의

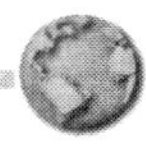

방법과 시기에 따라 매도인 또는 매수인에게는 위험부담이 존재한다. 매도인은 매수인과의 관계에서 거래의 안전성을 해치지 않는 범위 내에서 원만하게 대금결제를 받을 수 있도록 결제조건을 잘 협의하는 것이 바람직할 것이다.

2 상품지식

상품을 사고파는 경우 그 물품에 대한 지식을 갖추고 있어야 거래가 보다 쉬워진다는 것은 너무도 당연하다. 상품의 특성이 어떠하며 용도는 어떠하며 구성이 어떻게 되어 있다는 내용을 정확히 파악하여 거래에 활용한다면 거래를 보다 쉽게 이끌어 낼 수 있다.

아울러 자신의 상품이 유사상품과의 비교우위에 있다면 일반적 제품과 우수한 특징을 부각시키고 부가가치 또한 상승시켜서 보다 더 많은 영업 이익을 창출할 수 있다.

일반적으로는 상품에 대한 지식의 정도가 어느 정도 갖추어지면 영업이 가능하나 기술적 특성을 매우 중요시하는 상품을 다루는 경우에는 상품에 대한 해박한 지식과 전문적 지식을 갖추는 것이 보다 유리함은 말할 나위가 없다.

3 거래조건

거래조건은 대금결제 방법과 또는 선적 조건에 의하여 가장 안정적이고 확실한 방법을 선택하는 것이 중요하다. 수입국의 관세 또는 기타 통관에 관한 지식이 없으면서 상대의 요구에 따라 도착지 인도조건의 거래를 한다거나 상대국의 상 관행 및 신용도가 정확히 파악 되지 않은 상태에서 D/A거래를 한다면 거래 이후 매수인에게 물품을 전달하는 과정에서 문제가 발생하거나 매도인이 물품대금을 수령함에 있어서 많은 어려움을 겪게 된다. 따라서 사후에 문제가 발생하지 않도록 계약 단계부터 거래조건을 확실히 알고 그 상황에 맞게 능동적으로 대처해야 한다.

4 통관에 관한 지식

무역은 관세선을 통과하여 국제 간에 이루어지는 거래이다. 일반적으로 수출 시에는 수출통관을 해야 하며, 수입 시에는 수입통관을 해야 한다. 우리나라에서도 물품을 수출할 경우에 수출통관 절차에 따라 수출신고를 해야 하며 수출신고를 마치면 수출신고필증이 발급된다. 일반적으로 수출신고는 관세사를 통하여 이루어지고 있다. 수입신고의 경우에는 도착지 인도조건 중 DDP조건을 제외하고 매수인이 수입국에서 수입신고를 하게 되는데, 일반적으로 INVOICE와 원산지 증명서, PACKING LIST 등을 가지고 수입통관을 하게 된다.

도착지 인도조건이 아니더라도 일단 계약이 체결되고 이에 따른 물품인도가 이루어지게 되면 매도인은 매수인이 수입통관을 하는 데 불편함이 없도록 서류를 제공하고 필요한 요구사항에 맞게 협조해 주어야 한다.

5 상관습에 관한 지식

무역거래에 있어서 서로 다른 언어, 문화, 지리적 환경, 전통 등에 의하여 상관습 또한 동일하지 않은 경우도 많다. 대금결제 방법의 차이, 거래조건의 차이, 무역거래에 대한 인식 등이 동일하지 않을 수 있기 때문에 이에 대한 사항을 잘 알아 둘 필요가 있다. 과거에 호주에서의 T/T 거래를 제의 받은 적이 있다. 선수금을 주어야 작업을 시작하겠다고 상대방에게 선수금을 강요하다가 거래가 실패로 이루어 진적이 있다.

그 후 거래에서 상대방의 요구에 따라 작업을 하고 물품인도 전 대금을 수령하여 선적이 이루어진 적이 있다. 실제로 그 이후 대금결제에 대한 문제는 발생한 적이 없었다. 상대의 상관습을 이해하지 못하고 일방의 주장만 고집한다면 이 또한 바람직한 방법이라 볼 수 없다.

6 신용장에 관한 지식

신용장은 가장 일반적인 대금결제방법 중의 하나이다. 신용장의 신용장 개설의뢰인의 요청과 지시에 의하여 신용장 개설은행에서 신용장의 수익자인 매도인에게 개설되는 서류로서 신용장에 명시된 서류를 완비하여 은행에 제시하면 이를 매입은행에서 이를 매입하여 대금결제가 이루어지는 방식이다. 신용장은 대부분 정형화 되어 있기 때문에 몇 번만 신용장을 살펴보면 신용장을 통하여 결제가 이루어지는 방식을 습득하게 된다. 다만

Special instruction이나 일반적이 아닌 서류를 제시하라는 문구가 포함 되어 있을 수도 있기 때문에 신용장 수령 시에 제시서류 사항을 꼼꼼히 살피는 것이 매우 중요하다. 또한 신용장은 독립된 서류이므로 계약 내용과 불일치한 문구가 삽입 되었을 경우에는 반드시 계약에 일치하도록 신용장의 조건 변경을 의뢰하여 서류로 인한 하자가 발생하지 않도록 유의 하여야 한다.

7 운송에 관한 지식

무역거래는 국제간에 이루어지므로 물품을 생산한 후에 내륙운송을 거처 주로 항공기 또는 선박을 이용하여 매수인이 지정하는 장소까지 운송해야 한다. 따라서 내륙운송의 절차와 비용 그리고 항공기를 이용할 경우에 발생되는 비용 및 시간, 선박을 이용하는 경우에 발생되는 시간 및 비용을 기본으로 비용 산정의 기본단위, 즉 무게를 중심으로 하는지 부피를 중심으로 비용이 산정되는지 선적한 이후 매수인이 물품을 인도하는 데 필요한 서류가 무엇인지 등을 알아보고 거기에 합당하게 비용 산정을 하여야 하며 통관에 문제가 없도록 이를 주의 깊게 살펴야 한다.

8 보험에 관한 지식

보험은 일반적으로 CIF 또는 CIP의 경우에 매도인의 비용부담으로 보험을 부보하게 되지만 기타의 경우에 매수인이 보험을 부보 하는 경우도 있으며 도착지 인도조건의 경우에는 매도인이

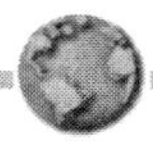

물품의 위험에 대하여 안전성을 담보하기 위하여 임의로 보험을 부보 하는 경우도 있다. 통상적으로 CIF VALUE의 110%에서 125% 범위 내에서 보험을 부보한다.

보험요율은 물품의 금액, 도착지의 위험도, 항해 거리 및 시간에 따라 각기 그 요율을 달리하지만 수출금액에 비하여 비용이 많이 발생되는 부분은 아니다.

9 외국어

무역은 국제간에 이루어지는 거래이므로 상대방과의 교신을 위하여 상대국 언어를 사용하거나 제3국의 언어를 사용하여 교신을 하게 된다. 물론 내국인과 무역을 하는 경우에 외국어의 활용도는 낮을 수 있으나 실지로는 대부분의 국가에 있어서 영어를 중심으로 교신이 이루어지고 있다. 유창한 언어 실력이 있다면 더할 나위 없이 좋겠지만 최소한의 의사표현 능력과 서신을 주고받을 수 있는 정도의 실력은 확보하여야 무역거래의 불편함을 덜 수 있다.

10 거래진행과정

실무자들은 자신의 상품이 어떠한 절차를 거쳐 어떤 식으로 계약이 성립되며 이를 이행하는 과정을 통하여 원만한 이행과정을 거처 거래가 종료됨을 알아야 한다. 1년이 넘게 같은 물품을 동일한 거래 선에 수출하면서 정작 자신의 물품이 어떤 절차와

과정을 거치는지 정확하게 숙지하지 못하는 실무자들도 자주 보게 된다. 이는 자신의 노력이 부족한 면도 있고 또한 거래가 진행되면서 알아야 할 기초지식의 습득을 하지 못함으로써 비롯되는 경우도 있다. 따라서 필요한 기초지식 습득을 위하여 노력하고 거래 진행과정을 차분히 살피면서 이를 정리하여 두면 전 거래 과정을 쉽게 파악할 수 있다. 거래진행과정은 물품이 어떠하냐에 따라 절차가 조금씩 다를 수 있고 거래의 상대방에 따라 순서도 조금씩 뒤바뀔 수도 있다. 이를 잘 파악하여 원만하게 업무처리를 하는 것이 분쟁도 줄이고 원만한 거래를 할 수 있는 초석을 다지는 것이다.

제 2 절 서류관련 지식

실무자들 중에서 영업을 담당하고 있는 경우 서류에 관한 지식을 경시하는 경우가 많으며 또한 서류는 대부분 영업담당이 아닌 다른 담당자가 이를 처리하는 경우가 많다. 사정이 이러하다 보니 서류를 경시하여 멀쩡하게 이루어진 계약이 제대로 이행되지 않아 대금결제의 순간에 문제가 발생하는 경우도 가끔씩 발생하게 된다. 일정한 이익을 중심으로 영업을 하기 때문에 한 순간에 발생한 서류의 문제는 더욱 크게 확대될 수 있으며 그 동안 많은 수고에도 불구하고 그간 영업으로 인한 이익을 상쇄시키기도 하고 또한 더욱 큰 손실을 야기할 수도 있다. 따라서 서

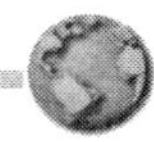

류에 관한 기본적 지식을 습득하여 문제가 발생하지 않도록 영업에 반영시키는 일도 또한 매우 중요하다.

1 서류관련 기초지식

1) Proforma Invoice

프로포마 인보이스는 주로 거래가 확정되는 단계에서 매도인이 매수인에게 가격에 관한사항, 선적에 관한 사항, 납기, 도착지, 물품에 대한 사항이 나타나도록 작성사는 견적 송장의 의미를 지닌다. 직물의 경우에는 영국, 프랑스, 그리스, 이스라엘, 남아공 등의 국가로 수출될 때 매수인의 요청에 의하여 매도인이 이를 작성하여 송부하며, 매수인은 이를 바탕으로 신용장을 개설하거나 결제 조건에 따라 원만하게 서로의 의무를 이행한다.

통상적으로 Proforma Invoice가 발행되면 상대방이 이에 서명하여 다시 반송 하는 경우도 있고 그 대로 받아들이는 경우 도 있다. 이 때 별도의 계약서(Sales contract)는 발행되지 않는 것이 통상적이나 Proforma Invoice가 계약서의 역할을 하는 것은 아니다.

2) Sales Contract (매매계약서)

매도인과 매수인이 물품매매계약이 성립되려면 Sales Contract를 작성하여 서로가 서명을 하여 한부씩 보관하는 것이 원칙이다. 계약 내용을 문서화함으로써 미래에 발생할 수도 있는 분쟁을 사전에 예방하고, 계약내용의 증거 자료로 활용함이 바람직하다.

계약서에는 계약 물품에 대한 내용, 가격조건, 단가, 수량, 금액, 포장방법, 보험의 부담자 도착항, 선적기일 등이 명시 된다.

3) 샘플 발송용 Invoice

샘플은 본 거래가 이루어지기 전에 물품의 견본을 매도인이 매수인에게 발송하여 매수인이 주문하고자 하는 물품이 맞는지 또는 품질이 만족스러운지 등에 대하여 이를 발송하기 위하여 작성하는 서류이다. 보통 샘플 발송 시에는 특송 업체의 Bill과 Invoice를 샘플과 함께 첨부 하게 된다. 이때 가격을 너무 높게 표시하면 매수인의 국가에서 관세 부담이 발생할 수도 있기 때문에 상관행상 낮은 금액을 표시하거나 No commercial Value라고 표시하여 관세부담을 없애는 것에 유의하여야 한다.

4) Indent 또는 Purchase Order

Indent 나 Purchase Order는 매수인 측에서 이를 발행하는 구매주문서로 이해하는 것이 좋을 듯하다. 매도인과 매수인사이에서 계약이 성립되면 Sales contract(매도인이나 매수인이 발행하고 서명), Proforma Invoice(매도인 발행), Purchase order(매수인 발행) 등으로 물품생산 및 결제가 이루어지게 된다.

5) Offer Sheet (청약서)

청약이란 청약자가 피청약 자에게 어떤 대상 물품에 대하여 일정한 조건을 제시하여 그 조건에 따라 계약을 체결하고 자하

는 확정적 의사 표시이다. 청약서는 이러한 내용이 담긴 서류를 말한다. 청약서는 해외 뿐 아니라 국내에서 내국신용장 개설시 또는 구매승인서 개설 시에도 청약서를 활용하기도 한다.

6) 독점 판매 계약서(Exclusive Sales Contract)

수출자인 매도인과 수입자인 매수인과의 관계에서 특정 시장에 대해 독점권을 부여하고자 할 때 양자의 합의가 있다면 독점 판매 계약이 체결될 수 있다. 독점계약은 매도인의 입장에서 볼 때는 특정시장에 다양한 판매기회를 상실하는 것이므로 이로 발생되는 영업 손실에 대한 정당한 평가가 이루어져야 하며 매수인의 경우에는 특정 물품을 독점적으로 활용하여 영업이익을 창출하는 만큼 매도인에 대한 배려가 이루어져야 한다. 이러한 사항이 합의 되면 독점 계약이 이루어진다.

2 네고관련 서류

무역거래 시 네고는 반드시 거치는 과정이다. 무역거래는 유상계약으로써 수출자가 물품을 인도하고 그에 대한 대금결제를 받기 위하여 제시하는 서류로서 수출자는 수입자가 자신이 수출한 물품을 원만히 통관하고 대금결제를 할 수 있도록 필요한 모든 부분에 대한 서류를 완전히 구비하여 이를 제시하여야 무역거래가 장기적 반복적으로 이루어질 수 있다. 즉 무역거래 시에 수출의 상대국인 수입국에서 그 물품을 구매하기 위하여 여러가지 서류가 필요한 경우에 물품대금 결제를 위하여 필요한 서류, 물품 수량에 관한 서류, 중량에 관한 서류, 통관에 필요한 서류를 준비하여야 하며 상대국의 국가에서 수입에 대한 규제를 하는 경우도 있고 통계목적으로 이를 필요로 하는 경우도 있으므로 이 모든 필요한 서류를 구비하여 수출자가 서류를 준비하게 되는데 이러한 서류를 네고서류라고 부른다.

네고 관련서류는 경우에 따라서 요구하는 특수한 경우를 제외하고는 아래의 서류가 일반적으로 필요한 네고서류에 해당된다.

1) 환어음 (Bill of Exchange)

환이라 함은 멀리 있는 채권자에게 현금 대신에 어음, 수표, 증서 따위를 보내어 결제하는 방식을 말하는 것으로 환어음은 이때에 외국환으로 결제를 받기 위하여 작성하는 어음을 말하며 외국환이라 함은 결제통화가 우리나라 통화가 아닌 다른 나라의 통화를 외국환이라 한다.

결제수단으로 가장 보편적으로 사용되고 있는 통화는 US 달러이며, 때에 따라서 유로달러, 일본의 엔 등이 사용되기도 한다.

2) 상업송장 (Commercial Invoice)

Commercial Invoice는 매도인(seller)이 매수인(Buyer)에게 작성하여 보내는 선적서류(shipment document) 중의 하나로서 매매계약 내용대로 정당하게 수출을 이행하였음을 밝히는 서류이다. 상업송장은 명세서, 계산서, 대금청구서를 겸한 선적 서류이다.

3) 포장명세서 (Packing list)

포장 명세서(Packing list)라 함은 포장 속에 들어 있는 물품의 내용을 명시한 서류이다.

통상적으로는 그냥 Packing list라고 부른다. Packing list에는 포장한 수량(quantity), 순중량(net weight), 총중량(gross weight) 화인(case mark, shipping mark), 포장의 연번(carton no) 등이 나타나 있다. packing list는 무역서류의 기본서류이며 상업송장의 보충적인 역할을 한다. 또한 packing list는 수출입지의 통관 시 심사자료로서 활용되며 양륙지에서 화물처리 시에도 포장명세서가 있어야 물품의 확인이 용이하다.

4) 세부포장명세서 (Detailed Packing List)

세부포장명세서(Detailed packing list)는 개개의 포장 속에 들어 있는 물품내용을 명시한 서류라 하겠다. 이에는 개개의 포장 속의 수량이 모두 나열되어 있기 때문에 개개의 포장 속에 내용물을 보지 않고 packing detail만 보아도 수량 및 물품에 대한 세부적인 내용을 확인할 수 있도록 되어 있다.

5) 포장신고서 (Packing Declaration)

포장신고서(Packing Declaration)는 수출 포장 시 포장재료에 대하여 수입국에서 불허하는 재료가 포함되어 있는지를 확인하기 위하여 작성하는 서류이다. 다시 말해서 포장재료를 아무재료나 사용하여 포장하고 그대로 신고한다면 수입국에서 통관이 불허될 수도 있다. 따라서 수출 포장 시에 포장재료도 수입국에서 금지하는 재료를 사용하지 않도록 하여야 할 것이며 이에 따라 수입국에서 요구하는 양식에 따라 또는 자유로운 양식으로 신고서를 작성하여 첨부한다.

6) 선하증권 (Bill of loading)

선하증권(Bill of loading)은 물품의 인도 인수를 위하여 물품운송의 임무를 맡은 운송인이 선적을 증명하는 증권으로, 운송인이 동 증권과의 상환으로 물품을 인도할 것을 약정하는 유가증권이다. 이는 그 자체가 화물을 상징하는 권리증권(Document of title)이며, 운송계약의 증거(Evidence of contract)로서 활용되며, 화물수령증(Receipt for goods)으로서의 역할도 담당하게 된다. 유통증권인 선하증권의 양도는 화물의 양도와 같은 법률적 효과를 지닌다.

지시식 선하증권은 배서(endorsement)에 의해서 양도되며, 무기명식의 경우에는 교부(delivery)에 의해서 양도되지만 기명식 선하 증권은 consignee가 정해져 있는데 이러한 경우 실정법에서 특별히 인정하는 경우를 제외하고 양도가 불가능하다.

7) 해상화물운송장 (Sea way Bill)

해상화물운송장(Sea way Bill)은 해상운송인이 운송화물의 수령사실을 증명하고 운송계약의 내용을 증빙하기 위하여 송하인에게 발행하는 서류로서 권리 증권이 아닌 유통성이 없는 운송서류를 말한다. 이는 유통증권이 아니기 때문에 양도가 불가능하며 수하인을 기명으로 하는 기명식으로 발행되는 운송 서류이다.

8) 항공화물 운송장 (Airway Bill)

항공화물 운송장(Airway Bill)은 항공운송에서 송하인과 항공운송인 간에 화물운송의 계약이 체결되었다는 것을 나타내는 증거서류인 동시에 송하인으로부터 화물을 운송하기 위하여 수령하였다는 증거이다. 보통 Airway bill이라고 부른다.

9) 복합운송증권 (Multimodal Transport Document)

복합운송증권(Multimodal Transport Document)은 복합운송인(Multimodal Transport Operator)에 의해 화물이 인수된 한 국가 내에 있는 일정한 장소로부터 다른 국가 내에 위치한 인도 예정된 일정한 장소까지 복합운송 계약에 의거하여, 적어도 두 개의 다른 운송방식에 의하여 화물을 운송할 경우에 각 구간별 운송증권이 아닌 하나로 발행된 운송증권을 말한다.

복합운송은 운송수단이 적어도 둘이상의 다른 운송수단이(different modes of transport) 사용되고 복합운송인이 전 구간의 운송에 대하여 단일책임을(uniform liability) 지며 일관운송(through carriage)을 통하여 일관운임(through rate)이 적용된다.

10) 해상보험증권 (Marine Insurance Policy)

해상보험증권(Marine Insurance Policy)은 보험계약의 성립과 내용을 증명하기 위해 보험자가 작성하고 기명날인 또는 서명하여 보험계약자에게 교부하는 증서이다. 보험증권은 배서 또는 인도에 의하여 양도될 수 있으며 피보험자, 보험자, 모험목적, 보험가액, 위험의 종류 등이 명시되어 있고 뒤편에는 부합계약의 내용이 조그마한 글씨로 새겨져 있다.

11) 중량 및 용적증명서 (Certificate of Weight and Measurement)

중량 및 용적 증명서(Certificate of Weight and Measurement)는 수출자가 수출하는 물품에 대하여 중량 및 용적을 표기하고 이에 대한 확인을 하여 발급하는 서류이다. 이러한 서류가 필요한 이유는 수입국에서 통관 시 심사 대상이 될 경우도 있고 항공기 수출의 경우 수입자가 운임을 부담하는 경우에 항공운임료 산정을 용이하게 할 수도 있다. 과거에 중량 쿼터(quota) 품목의 경우에는 비자(export license) 이외에도 중량증명서를 별도로 요구하는 경우도 발생하곤 하였다.

12) 원산지증명서 (Certificate of Origin)

원산지증명서(Certificate of Origin)는 수출물품을 생산 제조한 국가를 기준으로 발행된 증명서를 말하는데, 이는 원산지 규정에 따라 발급되는 서류이다. 원산지 증명서를 통하여 수출국에 특혜관세를 부여할 수도 있고 단순 무역 통계 자료로 활용될 수도 있으며, 불공정 무역거래 시에 이를 시정하기 위한 자료로 활용되기도 한다.

13) 수익자증명서 (Beneficiary Certificate)

수익자증명서(Beneficiary Certificate)란 보통 매도인이 매수인의 요구에 부응하기 위하여 매수인이 요구하는 내용을 명기하고

매도인이 이에 서명 또는 날인하는 방식으로 작성되는 서류로서 특정한 형식에 구애되지 않는 서류이나 그 내용은 반드시 매수인이 요구하는 내용을 명시하여 작성하여야 하며 신용장 거래 시에는 신용장에 명시된 내용이 반드시 포함되어야 한다.

14) 검품증명서 (Inspection Certificate)

검품증명서(Inspection Certificate)란 수출하고자 하는 물품의 품질을 검사하고 계약 조건대로 물품이 생산되었는지를 확인하기 위하여 발급하는 서류이다. 이는 매수인의 의뢰에 의하여 검정기관에 의하여 발급되는 경우도 있고 매수인의 대리인 또는 수출지의 Agent가 발급하는 경우도 있으며 수출자가 직접 검품증명서를 발급하여 서류에 첨부하는 경우도 있다.

제 3 절 국제 규칙 및 조약

1 신용장 통일규칙

신용장 통일규칙은 무역거래의 대금결제에 있어서 발생할 수 있는 문제점을 해소하고 보다 원활한 무역거래가 이루어지도록 하기 위하여 국제상업회의소(International Chamber of Commerce)가 화환 신용장의 형식, 용어, 해석의 기준 등에 대하여 규정한 국제 규범이라 할 수 있다. 실무에서는 주로 용어의 해석과 서류를 제시할 때 제시해야 할 서류의 작성기준 등에 대하여 숙지하고 있어야 신용장 내용에 일치하는 서류를 작성할 수 있기 때문에 기본적 용어를 중심으로 문구의 해석에 대한 기준에 대한 지식을 습득하는 것이 필요하다.

2 Incoterms 2000

Incoterms는 International Rule for the interpretation of Trade Terms를 말하며 정형거래조건의 해석에 관한 국제 규칙이다. Incoterms는 정형거래조건의 해석에 관하여 일련의 국제 규칙을 제공함으로써 국가 간 거래조건에 대한 상이한 해석을 함에 따른 불편함을 제거 또는 감소시키기 위하여 국제 상업 회의소가 1936년에 거래조건의 해석에 관한 일련의 국제 규칙을 출판 하였고 현재는 시대의 상 관행에 적응하기 위해 개정된 Incoterms 2000을 사용하고 있다. 각 거래 조건별로 당사자의 의무와 위험과 비용의 분기점 등의 사항에 대하여 숙지하고 있어야 원활한 거래가 이루어질 수 있다.

3 추심 통일규칙

무역거래 시 필수적으로 수반되는 것은 유상 계약이기 때문에 대금결제를 어떻게 하느냐가 또 하나의 중요한 요소이다. 신용장, 송금환 등에 의하여 결제가 이루어지는 경우도 있으나 추심을 통하여 결제가 이루어지는 경우도 있다. 이러한 경우에 추심

의 정의, 추심 당사자, 제시형식, 의무 및 책임 등에 대하여 알기 위해서 추심 통일규칙을 살펴보는 것이 필요하다.

4 CISG(비엔나 협약)

CISG란 국제 물품매매에 관한 UN협약을 말하는 것으로 그 명칭은 UN Convention on International Contract of Sale of Goods에서 머리글자를 따서 붙인 명칭이며 일명 비엔나 협약이라고 하기도 한다. 비엔나 협약에서는 협약의 적용 범위와 적용 제외되는 부분이 명시되어 있으며 계약의 성립, 물품의 매매, 매도인과 매수인의 의무 등에 대하여 명시되어 있으며 계약의 상대방이 의무를 이행하지 않을 때 구제 조치에 대하여도 명시되어 있다.

CHAPTER 03

수출과 결제

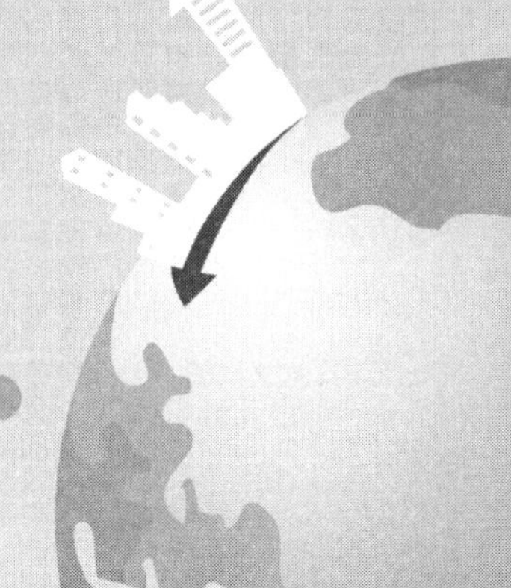

제1절 품목의 선정과 거래선 발굴

1 품목의 선정

수출을 하려면 수출의 대상, 즉 품목을 선정해야 한다. 무엇보다도 수출하고자 하는 대상 품목에 해박한 지식을 가지고 있다면 아무래도 수출이 용이할 수밖에 없다.

그러나 수출자가 수출하려는 품목을 반드시 꿰어 차고 있어야 하는 것은 아니다. 관심품목이 정해지면 스스로 품목에 대한 어느 정도 식견이 갖추어지지 못하면 여러 가지 문제가 발생되므로 스스로의 필요성에 의해 노력을 하다 보면 해당 지식을 갖추게 된다.

품목이 선정되고 나서 해당 품목을 어떤 방법으로 수출해야 할지를 사전에 파악하는 것도 중요한 일이다. 우선 판매부터 해놓고 추후 수출 방법을 파악하는 것은 바람직한 방법이 아니다. 해당 품목이 아무 규제 없이 수출할 수 있는 품목인가 또는 수입하고자 하는 국가에서 아무런 규제 없이 수입할 수 있는가의 여

부와 선적서류와 수출입에 필요한 증빙서류를 발급 받을 수 있는지를 사전에 꼼꼼히 따져 보아야 한다.

2 거래선 발굴

1) 해외시장조사

수출하고자 하는 품목이 있다 하더라도 해당 품목을 팔 곳이 없다면 아무런 소용이 없다. 그렇다면 어느 나라 누구에게 팔 것인가를 찾아내야 한다.

잠재 구매력이 있는 고객을 발견하고 그들의 기호에 관심을 갖고, 물량적 구조, 가격적 구조, 시기 등을 조사 연구 분석하는 것이 해외 시장조사의 큰 의의라 할 수 있다.

(1) 지리적 여건 및 기후

우선 조사하고자 하는 국가의 대륙적 위치 기후 등에 대한 기본적 요소들을 파악하여야 한다. 대륙적 위치와 기후는 인간의 생활양식에 다양한 영향을 미친다. 즉 북극에 가까운 추운 나라에서 외출을 하려면 보온이 잘 되는 따뜻한 옷을 입고 외출을 해야 하지만 적도에 가까운 나라에서는 상대적으로 두꺼운 외투의 필요성은 적다. 눈 구경을 못 하는 나라에 스키복을 판다면 노력에 대한 대가가 상대적으로 낮게 마련이다.

(2) 인구 및 인구 증가율

수요가 많으면 공급량도 많이 필요하듯이 인구가 차지하는 비

중도 품목에 따라 영향을 주고받는다. 예를 들어 중국에 이쑤시개 하나씩 팔아도 수억이 넘는 물량이 되는 것처럼 인구 밀도와 인구수에도 관심을 가져볼 필요가 있다.

(3) 금융기관 및 결제 방법

이는 거래를 시작함에 있어 결코 가벼이 할 수 없는 중요한 부분이다. 무엇보다도 대금결제가 원만히 이루어지지 않는다면 공들여 쌓은 탑이 허사가 될 수 있기 때문이다.

거래 국가들의 특성에 따라 일람불 신용장 거래, 기한부 신용장 거래 (Usance L/C), D/A, D/P, T/T 등에 의한 거래로 이루어지고 있으며 또 어떤 나라는 선수금 일부, 선적 시 잔금 지급 등의 여러 형태로 결제 방법을 바꿀 수 있다.

(4) 일반 상도덕 및 습관

상도덕 및 습관의 파악도 필요하다. 주로 거래는 일대일 혹은 다자간 상담을 통하여 이루어지거나 서신(Fax나 Mail 등)을 통하여 이루어진다. 상대방의 상관습을 잘 파악해두면 상당히 도움이 된다.

예를 들어 중동의 아랍상인들이나 인도계 상인들은 흥정을 좋아하기 때문에 적정가격에 맨 처음부터 가격을 제시하면 실패하기가 십상이다. Discount를 해주지 않으면 끝까지 매달리는 경우가 많기 때문이다.

만일에 사우디에 갔다고 하면 많은 인내심이 있어야 한다. 그들은 하루에도 몇 번씩 기도를 해야 하고 살듯 말듯 하다가 상담을 다음날로 연기시키기가 일쑤이기 때문이다.

또한 종교적 이유나 국경일 등으로 휴무인 경우도 잘 파악하여야 한다. 유럽에서는 여름휴가가 우리나라에 비해 훨씬 길고 크리스마스 근처의 연말 휴일도 우리나라보다 상대적으로 길다.

(5) 국민 총생산 및 일인당 소득

국민 총생산 및 일인당 소득을 파악해 두는 것도 도움이 될 수 있다. 이는 국민의 생활수준과 물가수준 및 경제수준을 파악하는 데 도움이 될 수 있기 때문이다.

국민의 실질 경제 소득이 낮은 나라에 너무 비싼 물품을 판매하면 상대적으로 구매로 연결되기 어렵고 또한 부유한 국가에 너무 싸구려 물품만을 공급한다면 이 또한 바람직한 판매 방법이라 할 수 없다.

(6) 자체 현지조사

자체적으로 해외시장을 직접 방문하여 시장정보를 수집한다면 보다 구체적으로 면밀히 시장 상황을 파악할 수 있다는 장점이 있기는 하나 직접 해외 출장을 가려면 출장비용과 시간이 필요하기 때문에 품목에 대한 사전 조사를 충분히 하여 비용과 시간을 줄일 수 있도록 하는 것이 바람직하다.

2) 각종 기관을 활용하는 방법

무역협회나 코트라 등의 각종기관에 의뢰하여 해외시장 정보나 바이어의 주소 등을 확보할 수 있다. 비용이 절감된다는 장점이 있으나 바이어와의 교신 등을 통해 보다 정확하고 확실한 구매가 이루어지기까지 어느 정도 시간과 비용이 필요함을 사전에 알아두어야 한다.

3) 인터넷을 통한 방법

정보의 바다인 인터넷을 항해하다 보면 많은 정보를 얻을 수 있다. 인터넷을 통해 나타나는 객관적인 자료를 바탕으로 거래를 연결시키는 것도 하나의 새로운 방법이 될 수 있다. 그러나 홈페이지를 방문하다 보면 자신들의 회사를 과대포장 해놓은 부분도 있기 때문에 신중을 기하는 것 또한 잊지 말아야 한다.

4) 소개에 의한 방법

소개는 크게 두 가지로 볼 수 있다. 하나는 국내 거래선을 통하는 방법이고 다른 하나는 해외 거래선이 직접 소개를 해주는 경우이다.

그러나 이 모두는 먼저 신용이 확고히 구축되어야만 가능한 것이다. 무역은 국제간의 거래인 것이다. 자신이 직접 물품을 생산하여 해외에 판매하는 경우도 있지만 타사의 우량 생산품을 해외에 대신 팔아주는 경우도 있다.

국내에서 좋은 물건을 생산하는 생산자가 해외 판매망이 부실하거나 오로지 생산에만 전념하는 기업들도 아직 많이 있다. 이러한 경우에 오랫동안 신용을 지켜온 업체라면 주위에서 서로를 소개하는 경우도 많다.

또한 해외 거래선도 마찬가지다. 즉 해외 바이어가 볼 때 충실히 무역을 통해 신뢰를 쌓아온 거래선이 있다면 자신이 전체 영역을 포괄적으로 처리할 수 없을 때 좋은 우량 거래처를 소개하

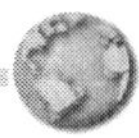

기도 한다.

유럽시장의 예를 들면 바이어들이 주로 보수적이며 신용을 많이 생각하기 때문에 인터넷이나 혹은 다른 방법으로 주소만 알고 있다고 거래가 쉽사리 형성되지는 않는다. 어느 정도 친분관계를 따져 믿을만한 사람이나 회사가 소개를 했을 경우 거래가 성사될 확률이 훨씬 높다.

5) 무역사절단

무역사절단이란 정부 또는 기타 공공기관의 지원을 통하여 대규모 수출상이 한꺼번에 해외에 파견되어 전시회를 가지면서 바이어를 발굴하고 시장을 개척하기 위하여 임시로 조직하는 단체를 말한다.

정부 또는 공공기관의 지원금과 많은 수출상이 한꺼번에 나가기 때문에 항공료나 숙박료 등이 절감되고 또한 바이어들도 이 소식을 듣고 한꺼번에 전시회에 참가하기 때문에 여러 바이어들을 한꺼번에 만날 수 있는 장점이 있다.

제 2 절 이론과 실제(거래선 발굴기)

1 아프리카 출장(해외시장조사)

수출조합에 다닐 때의 일이다. 아프리카 시장조사를 위하여

출장을 간 적이 있다. 당시는 신입사원이었기 때문에 고참들 몫이라고 생각하였으나 오지 출장인 만큼 경륜보다는 어학실력이 좋은 사람을 택하기로 하여 간부회의에서 만장일치로 추천을 받아 아프리카 시장조사를 위해 짐을 꾸렸다.

방문 예정 국가는 파리에서 비행기를 갈아타고 세네갈, 코디브와르, 가나, 남아프리카 공화국, 케냐를 방문하고 귀국하는 약 한 달간의 일정이었다. 출장국이 정해지고 나서 보다 효율적인 시장조사를 위하여 무역센터 지하에 있는 서점에서 각국에 대한 정보를 먼저 조사하였다. 또한 코트라와 무역협회를 방문하여 필요한 자료의 협조도 얻었다. 각 나라의 위치, 수도, 인구, 기후, 국민생활수준 등에 대하여 사전에 조사를 마치고 공항에 가서 황열병 예방주사를 맞고 설레는 마음으로 비행기 탑승을 하였다. 파리공항에서 비행기를 갈아타기 전 약국에서 말라리아 예방약도 구입하여 첫 번째 국가인 세네갈의 수도 다카행 비행기를 탔다.

세네갈은 그들의 현지어 이외에 불어를 공용어로 사용하는 나라이다. 비행기에서 안내방송은 불어로 나왔으나 간간이 들리는 영어는 전혀 알아들을 수가 없었다. 왜냐하면 첫 출장이라 긴장을 한 부분도 있었고 그들의 발음이 사실 명쾌하지 못한 면도 있었다.

세네갈에 도착하여 여정을 풀고 다음날 아침부터 시장으로 향하였다. 시장의 규모는 그리 크지 않았으나 일부 수입상들은 이미 한국 회사들과 거래를 하는 회사들도 있었다.

자금 사정이 넉넉지 않은 관계로 주로 신용장보다는 현금을 송금하는 방식의 거래가 이루어졌는데, 일부 수입상들은 스위치 무

역을 하고 있는 것을 알았다.

스위치 무역이란 거래는 수입상과 수출상이 하지만 결제는 다른 나라의 제3자가 송금하는 방법을 말한다. 그 곳에서 우리나라 상품의 품목, 선호도, 판매가격 등을 확인하고 보다 면밀한 자료준비를 위하여 각 품목별 수요량 등도 어느 정도 파악을 하였다.

같은 방법으로 이어 코디브와르(아이보리코스트), 가나, 남아프리카 공화국의 요하네스버그, 케이프타운, 더반을 방문하여 시장조사를 마쳤다.

남아프리카 공화국은 아프리카에서는 경제적 여유나 도로망 시설 모든 면에서 서구적 냄새가 물씬 풍기는 색다른 나라였다. 적도에서 어느 정도 아래에 위치하고 있기 때문에 기후도 적도에 위치한 나라들과는 달랐다.

무역거래 역시 선진국형 거래를 하고 있었고 모든 것이 한국과 거래한다면 여러 조건이 잘 맞을 것으로 판단되었다. 다만 아쉬움이 있다면 지금은 많이 좋아졌지만 당시에는 인종 차별 문제가 심각한 문제로 대두되는 것이 가장 큰 문제점으로 파악되었다.

남아프리카공화국의 조사를 마치고 케냐를 방문했다. 케냐의 나이로비에서도 한국의 섬유는 이미 많이 수입되고 있었다. 그 곳에서 어느 수입상이 옷소매를 붙잡고 나를 끌고 간 곳이 있었다. 자신이 한국의 모 업체로부터 수입한 물품을 보여주면서 품질의 문제점을 지적했다. 일반 소비자가 보더라도 금방 알 수 있는 불량품이었다. 수입상은 환불을 요구했으나 한국 수출상이 이를 믿어주지 않는다고 했다. 귀국해서 도움이 되는 방향으로 노력하겠다는 말만 남기고 한국으로 돌아왔다.

한국에 돌아와서 당해 물품의 해당내용을 수출상에 전해 주고 원만히 해결할 것을 의뢰하였다. 그리고 사전 조사한 자료와 출장 시 조사해온 내용을 토대로 출장보고서를 작성하였다.

출장보고서에는 각 나라별 상관습, 대금결제방법, 판매되는 품목 등에 대한 기본적 자료와 이를 토대로 향후 예상 등에 대하여 보다 구체적이고 객관적인 방법으로 작성하였고 나중에 아프리카 무역 사절단을 조직하여 해외 전시회를 하는 데 견인차 역할을 하였다.

2 영국에 신규거래선 확보(소개에 의한 방법)

남아프리카 공화국의 더반에는 오랫동안 물품을 수입해온 바이어가 있었다. 무역의 기본이론에 충실하게 선적을 진행하다 보니 바이어로부터 주문이 조금씩 늘어나기 시작하였다.

그러던 중에 영국에서 예기치 못한 fax가 한 장 날아왔다. 내용을 읽어보니 남아프리카공화국 바이어로부터 알게 된 경위를 이야기하면서 영국 거래개설을 하자는 내용이었다. 남아프리카공화국에 확인 결과 이는 사실로 판명되었고 이내 바이어가 요구하는 샘플을 준비하여 발송하였는데 바로 거래가 시작되었다.

남아프리카 공화국 첫 거래를 시작하기 위하여 일 년을 꼬박 소비 하였는데 불과 한 달도 지나지 않아 보수적인 유럽 바이어를 한 번에 거래성사 시킨다는 것은 현실적으로 무척 어려운 일이라는 것은 무역 경험이 있는 분들은 잘 알 것이다.

3 무역 사절단 출장

무역 사절단에 참여하여 해외 전시회를 통해 거래를 연결하는 것도 거래선 발굴의 하나의 방법이라 할 수 있다. 무역 사절단 모집에 참가하여 프랑스 파리와 릴, 이태리의 로마, 밀라노, 폴란드의 바르샤바에서 해외 전시회를 한 적이 있다.

많은 업체들이 참가하고 정부에서 지원금도 보조되기 때문에 저렴한 비용으로 여러 국가들을 방문하여 각국의 바이어들과 상담을 할 수 있다.

다만 아쉬운 점이 있다면 단체 행동을 해야 하기 때문에 시간을 자유로이 활용할 수 없고 바이어들은 많이 만날 수 있지만 상대가 너무 많다보면 깊이 있는 상담이 이루어지기 힘들고 수입상 역시 수출상이 너무 많다보니 서둘러 상담을 하기 때문에 역시 깊이 있는 상담이 어려운 단점이 있다.

이러한 경우 상담의 내용을 잘 정리하여 신속하게 대응하여야 구체적인 거래로 연결될 수 있다.

제 3 절 거래진행과정

품목의 선정과 거래선이 확보되면 우선 상대방의 의사를 물어보아야 한다. 수출자가 다루는 품목과 바이어가 취급하는 품목이 설사 동일하다 하더라도 정중히 상대방의 의사를 물어 상대방에서 승낙이 떨어져야 한다.

이때 바이어는 여러 가지 이유로 정중히 거절할 수 있다. 즉 이미 많은 거래선이 확보되어 더 이상 신규 거래선에 대한 매력을 느끼지 못한다거나 시대가 빨리 급변하는 것처럼 바이어도 취급 품목을 변경하는 수도 있다.

이러한 경우에 마구잡이로 거래를 하자고 한다면 가능성은 희박할 수밖에 없다. 앞에서는 초보자들의 이해를 돕기 위하여 거래선 발굴의 몇 가지 예를 들었지만 실제로 신입사원으로 회사에 들어가게 되면 이미 거래처가 있어 거래가 진행되고 있음을 알 수 있다.

거래 진행 과정을 일목요연하게 나열하는 것은 쉽지 않은 일이다. 그것은 우선 해당 품목마다 진행되는 절차가 조금씩 다르고 또한 동일 품목이라 하더라도 해당 국가의 거래형태나 수입자에 따라 차이가 발생하기 때문이다.

여기서는 주로 직물 수출 시에 일어나는 과정을 단계별로 나누어 설명하였으며 기본적으로 이러한 단계를 거침을 이해해두는 것이 필요하다.

1 견본(Sample) 발송

견본을 발송하기 전에 상대방과의 교신이 이루어져야 함은 물론이고 상대방의 정확한 주소로 팔고자 하는 견본, 즉 샘플을 발송하게 된다.

처음으로 샘플을 발송하는 경우라면 Letter와 함께 보내는 것

이 바람직하고 만일 회사를 홍보하는 팸플릿이나 기타 회사를 이해하는 데 도움이 되는 자료를 함께 발송하면 더더욱 좋다.

샘플을 발송하기 위해서는 우선 샘플이 필수적으로 준비되어야 하며 샘플 목록과 더불어 팔고자 하는 가격을 제시한 가격표(Price list)는 필수적으로 동봉되어야 한다.

아무리 좋은 샘플을 보내도 가격이 없으면 상대방 또한 시간을 낭비해야 하고 그러다 보면 오더를 수주할 기회를 놓치게 된다. 이때 납기가 어느 정도 확실한 것은 납기도 함께 명시하면 그 만큼 시간을 줄일 수 있다.

샘플 발송 준비가 끝나면 통관을 위하여 송장(Invoice)이 필요하다. 샘플은 보통 무상 지원하므로 "No Commercial Value"라고 송장에 표기해야 통관 시 상대국에서 관세를 부담하지 않게 된다.

송장, 가격표, 샘플이 준비되면 운송업체를 선택해야 한다. 이 운송 업체는 도어 투도어(Door to Door) 서비스, 즉 출발지에서 샘플을 수령하여 도착지의 바이어 사무실까지 배달되는 업체를 선택함이 불편함을 없애준다.

일반적으로 이 방법을 많이 사용하고 있으나 바이어와 운송업체 간에 특송 배달 서비스 계약 체결로 정해진 서비스 업체를 사용하는 경우도 있다. 이런 경우 샘플 운송비는 주로 바이어 측이 부담하는 것이 일반적이다.

샘플 발송은 우체국을 통해서 발송할 수도 있고 유명한 화물 운송 배달 업체를 택할 수도 있으나 지역적 특성과 해당 소요시간을 감안하여 적절한 운송업체를 선택해야 한다.

가령 갑이라는 회사는 영국에 익일 배달이 되면서 가격 역시 저렴한 반면 미국은 시간도 더 걸리고 가격이 타사와 비교해 볼 때 비쌀 수 있고 을이라는 회사는 미국에 익일 배달이 되면서 가격 역시 저렴하나 다른 지역은 시간과 비용이 더 소요되는 경우도 있다.

이는 각 운송회사마다 수송량이 많고 적음에 따라 그리고 빠르고 느린 차이와 해당 경비가 운송회사마다 차이가 있기 때문에 가장 효율적인 운송회사를 선택함이 시간과 경비를 줄이는 방법이다.

2 Inquiry

샘플을 발송하고 나면 지체 없이 운송회사를 통해 해외 수입업자, 즉 바이어가 샘플을 잘 수령하였는지 확인하여야 한다. 샘플 수령이 확인되면 상대방이 문의가 올 때까지 기다릴 수도 있으나 상품의 수령을 확인하면서 적극적인 거래의 권유를 하게 된다.

이 때 수입상이 보낸 상품에 대해 관심을 갖게 되면 가격(이미 발송되었으나 보다 저렴한 가격을 위해), 선적시기(Delivery) 등에 대한 문의를 하게 된다. 이런 문의가 오는 단계를 Inquiry라 한다. 대부분은 수출자가 먼저 Inquiry를 유도해 내지만 특정 품목이 유명해져서 없어서 못 팔 정도로 잘 팔리는 경우이거나 특화된 상품이라 쉽게 구하지 못할 때에는 수입상이 먼저 수입 의사표시를 할 때도 있다. 이 역시 Inquiry라 할 수 있다.

3 Offer

Offer란 상대방에게 계약을 체결하고 싶다는 취지의 내용과 상대방의 승낙 시 이에 구속된다는 확실한 의사표시를 전달하는 행위이다. 즉 Inquiry가 있을 때 가격 및 납기 등 거래의 주요사항을 알려주고 상대방의 승낙을 받아 내는 과정이라 볼 수 있다.

그러나 수출자만이 Offer를 하는 것은 아니다. 거꾸로 수입상에서도 자기네들의 관심 품목을 자기네 요구 조건대로 제시하고 수출자의 승낙을 기다릴 때도 있다.

수출자가 제시할 때를 판매오퍼(Selling offer) 수입자가 제시할 때를 매입오퍼(Buying offer)라고 한다.

실질적으로 보면 수입상이 오퍼를 하는 경우는 드물고 수출자가 오퍼를 하는 것이 대부분이다. 오퍼는 성격에 따라 여러 종류가 있지만 대부분의 경우에 기한부 또는 조건부로 오퍼하는 것이 바람직하다. 이는 현대 사회의 급진적인 변화에 능동적으로 대처하기 위함으로 자칫 잘못 의사를 표시하면 대내외적 변화요인에 따라 손해가 발생하는 경우도 있기 때문이다. 따라서 장기적인 오퍼보다는 단기적이지만 항상 서로의 경우에 알맞게 움직일 수 있도록 조건을 달아서 오퍼하는 것이 추이라고 볼 수 있다.

4 카운터 오퍼(Counter offer) 및 승낙(Acceptance)

수출자가 보낸 오퍼를 그대로 수용하면 계약 단계로 넘어간다. 그러나 때에 따라서 가격 인하를 요구하거나 납기를 빠르게 해

달라든가 하는 수입자의 요구가 있게 마련이다.

이 때 상대방이 자신들이 원하는 조건으로 추가, 제한 변경하는 것을 카운터 오퍼라고 부른다. 이 카운터 오퍼를 승낙하게 되면 예전 오퍼는 무시하고 카운터 오퍼 조건으로 변경된다.

5 계약 (Contract)

오퍼는 결국 상대방의 승낙(Acceptance)이 있어야 한다. 상대방의 승낙이 있으면 계약이 성립되는 것이다. 계약이 성사되면 쌍방 간에 서로의 주어진 조건에 따라 약속을 문서로 남기게 된다. 계약서에는 품명, 규격, 수량 단가, 금액, 대금지불방법, 납기, 도착지, 포장방법 등이 자세히 명기되어 있다.

Offer의 기재사항

Offer를 제대로 하려면 기재사항을 명시할 때 꼼꼼히 점검하여야 한다. 자칫 잘못하여 엉뚱한 품목을 엉뚱한 가격에 오퍼하면 신뢰도가 떨어져 거래에 상당한 불편을 초래하기 때문이다. 우선 가장 중요한 필수적 기재 사항으로는, 정확한 품목, 수량, 단가, 납기를 들 수 있다. 이 네 가지는 약식으로 Fax나 Mail을 사용할 때 이 방법을 사용한다. 보다 구체적으로 추가한다면 규격, 원산지, 발행일자, 포장방법, 금액, 대금결제방법까지 상세하게 Offer하면 그 만큼 더 확실하므로 추후 발생되는 분쟁을 미연에 방지할 수 있다.

한편 건마다 계약서를 체결하는 것은 실무에서는 일어나지 않을 수도 있다. 상기한 오퍼를 승낙함과 동시에 바로 계약이 성립된 것으로 간주하는 경우도 있는데, 이는 무역 특성상 불요식 계약으로도 계약이 성립될 수 있다는 특성과 거래처와의 거래관계 및 기간이 오래되면 쌍방 간에 서로를 신뢰할 수 있기 때문이다. 실지로 가장 중요한 부분은 대금결제이기 때문에 선금을 미리 수취한다거나 신용장이 바로 내도하면 계약서 단계를 생략할 수도 있다.

그러나 어떤 형식으로든 물품 공급 계약은 필요하므로 계약서를 제외하고 바이어 측에서 Indent를 발행한다거나 수출자 측에서 신용장 개설을 목적으로 Proforma Invoice를 발행하기도 한다.

6 작업의뢰서의 작성

계약이 이루어지면 계약 내용에 따라 물품을 생산하여야 한다. 이때 계약 내용대로 물품을 생산하기 위하여 필요한 물품 생산에 관한 내용이 담긴 작업의뢰서를 작성하게 된다.

이는 작업 지시서로 많이 불리고 있으나 지시는 권위적인 느낌이 내포되어 있으므로 작업의뢰서로 부르는 것이 더 나을 듯하여 작업의뢰서로 지칭할 것을 권유한다.

작업의뢰서는 회사마다 필요한 작업 내용을 담아야 하므로 양식은 가장 편리하면서도 알기 쉽게 쓸 수 있는 양식이면 되므로 특정 형식에 얽매일 필요는 없다.

작업의뢰서에 기입해야 할 내용은 정확한 물품내용, 수량, 납기, 생산방법, 포장방법 등에 대한 명기는 물론이거니와 물품의 불량이 없도록 사전에 주의 사항이나 바이어의 특별 요구 사항 등을 누가 보아도 잘 이해할 수 있도록 쉽고 정확하게 작성하여야 한다.

공장에서 물품을 생산할 때는 작업의뢰서에 내용대로 물품을 생산하므로 정확한 물건이 약속된 날짜까지 생산될 수 있도록 빈틈없이 작성하여야 한다.

7 신용장 내도

Offer에 대한 승낙이 있고 계약이 확정되면 바이어는 수입자의 거래은행에서 신용장을 개설하게 된다. 신용장의 개설은 수출자가 발행한 Proforma Invoice를 기준으로 할 수도 있으며 바이어 측에서 미리 발송한 Indent를 기준으로 할 때도 있다. 그러나 중동의 경우에는 단순 주문만으로 신용장을 개설하는 경우도 있다.

신용장은 대부분 개설은행에서 수출자의 거래은행으로 통지되는 것이 일반적이나 개설은행과 신용장 통지은행과 거래관계가 없을 경우에는 제 삼의 은행으로 신용장이 통지되는 경우도 있으며 신용장 개설은행의 한국지점이 있다면 개설은행의 한국지점을 통하여 신용장이 통지되는 경우도 있다.

여기서 통지은행이란 신용장을 개설은행으로부터 받아서 수출자에게 전달하는 은행을 가리킨다. 통지은행은 신용장이 도착하자마자 수출자에게 즉시 그 사실을 알려주어야 하며 수출자는 미리 신고된 인감증과 함께 신용장 수령증을 가지고 통지은행으

로 가면 통지은행에서는 인감증과 신용장 수령증을 확인하고 소정의 통지 수수료를 받고 수출자에게 신용장을 전달해 준다.

이 때 수출자는 신용장을 수령하자마자 신용장의 기재사항이 사전에 계약된 대로 기재되었는지를 확인하여야 한다. 즉 품목, 수량, 단가, 금액, 납기일 등과 네고 시 구비서류를 확인하고 만일 사전 계약내용과 다른 기재사항이 발견되었을 때는 즉각 신용장 조건 변경의뢰를 하여야 추후에 발생되는 문제를 막을 수 있다. 신용장의 조건 변경을 L/C AMEND라고 한다.

8 작업상황 점검

신용장을 수령하면 작업이 시작된다. 본 작업의 시작은 신용장을 수령한 후에 시작함이 바람직하다. 때에 따라서는 계약만 해놓고 신용장을 개설하지 않는 경우도 가끔 발생하기 때문이다.

그러나 실제로 거래관계가 오래 되었다든지 선진국인 경우에 대부분 약속대로 지켜진 날짜에 신용장을 개설하는 것이 보편적이다.

작업 상황을 점검할 때는 다음과 같은 사항에 유의하여야 한다. 우선 정해진 날짜에 작업을 완료하여 선적할 수 있는가를 가장 먼저 점검하고 같은 품목이라도 바이어마다 요구하는 조건이 조금씩 다를 수 있으므로 바이어가 의뢰한 별도의 조건에 일치되게 작업을 할 것과 불량이 자주 발생하는 경우에는 불량률을 최소화 할 수 있도록 사전에 철저한 점검과 더불어 작업을 시작하여야 한다.

9 수출승인

신용장을 수령하고 작업이 시작되면 수출을 위한 서류준비에 착수하게 된다. 선적 서류 준비 이전에 가장 먼저 해야 할 서류 준비는 해당 품목이 해당 기관장의 수출승인을 필요로 하는 것인지 아니면 단순히 면허를 하여 수출이 가능한지 파악을 하여야 한다. 쿼터 품목이거나 기타 해당 기관장의 수출승인을 사전에 받아야 하는 품목이라면 먼저 수출 승인서를 해당기관에서 발급받아야 한다. 그 근거는 대외무역법 14조에 명시되어 있다.

"산업자원부 장관이 헌법에 의하여 체결 공포된 조약과 일반적으로 승인된 국제 법규에 의한 의무의 이행 생물자원의 보호 등을 위하여 지정하는 물품을 수출 또는 수입하고자 하는 자는 산업자원부 장관의 승인을 얻어야 한다. 다만 긴급을 요하는 물품, 기타 수출 또는 수입 절차를 간소화하기 위한 물품으로써 대통령령이 정하는 기준에 해당하는 물품의 수출 또는 수입에 대하여는 그렇지 아니하다"(대외무역법 14조 2항).

대외무역법에서는 산자부 장관의 승인을 얻어야 하는 것으로 명시되어 있으나 대외무역법 시행령 116조에 가면 해당 물품이 산업부장관이 지정하여 고시하는 관계 행정기관 또는 단체의 장에게 위탁함을 알 수 있다. 즉 수출승인은 산업자원부 장관의 업무를 위탁받아 다른 기관에서 승인서를 발급해 주는 경우가 많다.

한편 수출 승인을 받을 필요가 없는 경우에는 수출통관 시 수출면장을 수출승인 없이 간단히 Invoice, Packing list 만으로도 수출 면장을 발급받을 수 있다.

10 외화획득용 원재료의 조달

외화획득용 원재료를 조달하는 방법은 크게 두 가지로 양분될 수 있다. 하나는 외국으로부터 원재료를 수입해서 수출하는 방법이고 다른 하나는 국내에서 필요한 원재료를 구매하여 수출하는 방식이다. 여기서는 국내에서 조달하는 방법을 중심으로 알아보기로 한다.

1) 내국신용장에 의한 방법

내국신용장은 흔히 Local L/C라고 부른다. 내국신용장은 외국신용장 개설의뢰인으로부터 받은 Master L/C를 담보로 하여 국내 원자재 공급업자에게 대금지급과 대금지급을 보증할 목적으로 발행하는 국내 신용장을 말한다. 내국신용장 개설은 주로 수출자의 거래은행에서 발행하는 경우가 일반적이다.

또한 내국신용장을 수령한 원재료 공급업자는 이 내국신용장으로 제 2, 3의 내국신용장을 발행할 수도 있다. 이러한 경우는 가장 먼저 내국신용장을 수취한 원재료 공급자도 다시 다른 업체에 원료를 공급받아서 완제품을 수출자에게 공급할 때 발생된다. 이 때 내국신용장을 수령한 국내 공급업자는 정해진 기일 내에 수출자에게 물품을 공급하여야 한다.

수출자가 물품을 공급받고 나면 물품 수령증명서를 발행하게 된다. 이 때 발행되는 물품 수령 증명서를 인수증이라고 부르기도 한다.

국내 공급업자는 물품 수령증명서를 가지고 자기 거래은행에 가서 Nego하면 대금결제가 이루어지며, 이때 대금결제를 해준

은행은 내국신용장 개설은행에 대금을 결제를 다시 의뢰하게 된다.

내국신용장 개설의 가장 큰 목적은 수출자에게 있어서는 은행이 지급 보증을 해주는 것이므로 원자재의 조달을 현금의 지불 없이 미리 확보할 수 있는 장점이 있고 공급업자 역시 은행에서 지급을 보증하고 있으므로 안심하고 물품을 생산할 수 있다.

2) 구매승인서에 의한 방법

상기한 Local L/C에 의한 방법 이외에도 구매승인서에 의한 공급도 가능하다. 원칙적으로 내국신용장에 의한 방법이 많이 사용되고 있으나 무역 금융 한도 부족이나 신용장을 수취하지 아니하고 현금으로 대금결제를 받을 경우 등 내국신용장을 개설하기 어려운 경우에는 구매 승인서를 통해 수출이 이루어질 수 있다.

구매승인서 발급 신청은 대외무역법 관리규정 제4-2-7조에 명기되어 있다.

① 외국환 은행장은 다음 각 호의 1에 의하여 구매승인서를 발급할 수 있다.

1. 수출신용장
2. 수출계약서
3. 외화매입(예치)증명서
4. 내국신용장
5. 구매승인서

6. 영 제34조 각호 규정에 의한 외화획득에 제공되는 물품을 생산하기 위한 경우 이를 입증할 수 있는 경우

구매승인서를 발급 받으려면 다음의 서류를 준비하여야 한다.

② 구매승인서를 발급 받고자 하는 자는 별지 4-2호 서식에 의한 외화획득용 원료(물품) 구매승인서 신청서 3부에 다음 각 호의 서류를 첨부하여 외국환 은행의 장에게 신청하여야 한다.

1. 제1항 각호의 1에 해당하는 서류
2. 외화 획득용 물품공급계약서 또는 물품매도 확약서 1부
3. 소요량 증명서 또는 소요량 계산서 1부(외화 획득용 원료의 경우에 한다)

구매 승인서의 경우도 내국신용장의 경우와 마찬가지로 1차 구매승인서를 기준으로 2차 구매 승인서의 발급도 가능하다.

11 선박스케줄 및 항공스케줄의 점검

작업이 순차적으로 이루어지고 수출 서류를 준비하면서 출고 일자에 맞게 선박 스케줄이나 항공 스케줄을 점검하여야 한다. 처음 계약 당시 선박을 통한 수출이냐 비행기를 통한 수출이냐가 결정되는데 항공 수출인 경우에는 다양한 비행기 스케줄의 점검이 필수적이다.

선박을 통한 수출인 경우에는 도착항에 따라서 배가 많은 경

우도 있으나 일주일에 한 번 또는 심하면 한 달에 한 번 밖에 출항하지 않는 경우도 있는데 이때 납기를 놓치면 심각한 문제에 봉착하게 되므로 사전 작업완료시기와 스케줄점검은 아무리 강조해도 지나치지 않다.

비행기를 통하여 수출이 이루어질 경우에는 한국에서 도착국으로 바로 가는 비행기를 택하면 그 만큼 빠르고 안전하다고 할 수 있으나 비행기운임이 비싼 것이 단점이다. 아울러 성수기에는 물품의 생산을 완료하고도 항공기 스페이스가 없어서 출고가 지연되는 경우도 가끔 발생한다.

이러한 문제점을 줄이기 위해서는 바이어 측과 약속한 납기일보다 며칠 앞당겨 작업을 완료하고 확실하게 항공기 예약을 하여 안전하고 신속한 방법을 택할 것을 권유한다.

항공기 운임은 각 항공사 별로 천편일률적으로 똑같은 가격을 요구하지 않으므로 가장 저렴하고 가장 신속한 스케줄을 예약하는 것이 바람직함을 아울러 일러둔다.

12 검품(Inspection)

제품생산이 완료되면 보편적으로 불량은 없는지 바이어의 요구조건대로 생산이 되었는지 검품을 하여야 한다. 검품은 생산공정마다 계속 지켜가면서 하는 경우도 있고 생산이 완료된 시점에서 하는 경우도 있다. 이때에 수량에 대비하여 일정 부분을 골라서 검품하여 이상이 없을 때 출고를 결정하는 약식 검품도 있으나 전 수량을 주의 깊게 살펴보는 전수 검사도 있다. 전수

검사는 바이어의 신뢰를 쌓을 수 있고 나중에 클레임의 소지가 없으므로 안정성 면에서 장점은 있으나 시간과 노력이 필요하고 경비도 많이 소요된다.

검품 시 가장 먼저 고려되어야 할 사항은 정확한 품질과 바이어의 요구 조건이다. 정확한 품질과 바이어의 기타 요구조건에 일치되는지를 잘 살펴서 검품을 한다면 좋은 거래가 연속적으로 이루어질 가능성이 높다.

13 수출포장(Packing)

검품이 제대로 이루어지고 생산된 물품에 하자가 없으면 수출포장을 하게 된다. 이때에 너무 많은 수량을 한꺼번에 포장하면 잘 생산된 물품이 손상될 염려가 있으므로 물품이 손상되지 않도록 배려하여야 한다. 또한 너무 무거워서 수송에 어려움이 있다면 이 또한 알맞게 조정해야 한다.

그리고 포장을 할 때마다 정확한 수량을 기재하여야 한다. 이때 기재된 수량을 기준으로 상세 포장 명세서(Detail Packing List)가 작성된다. 그리고 외부에 물품의 식별이 가능하도록 간단한 표시를 하여 수입자가 포장을 뜯지 않아도 내용물을 파악할 수 있도록 외부에 표기를 하여야 하는데 이를 Packing Mark 또는 Shipping Mark라고 부른다.

① Solid packing
Colour별로 구분하여 같은 Colour끼리 포장하는 방법. 대부분의 경우 이 방법을 사용함.

② Assort Packing
서로 다른 Col를 같은 비율로 섞어서 포장하는 방법. 주로 중동 수출 시 이 방법을 사용함

③ Bale Packing
네모난 상자를 사용하지 않고 마대자루에 그대로 포장하는 방법. 많은 수량을 선적하고 포장단가를 아낄 때 사용함

14 수출통관

수출통관은 관세법의 규정에 따라 수출허가를 받고 세관을 통과하는 일련의 행위라 볼 수 있다. 바이어의 요청대로 작업이 완료된 후 검품과 수출포장이 끝나면 수출하고자 하는 물품을 선적하기 전까지 관할 세관장에게 수출신고를 하고 수리를 받아야 한다.

수출신고는 작업 수량의 오차가 없으면 미리 면허를 하여도 되지만 수량의 오차가 자주 발생하는 경우에는 수출 포장을 끝내고 정확한 수량을 파악한 후에 하는 것이 더 효과적이다. 수리를 받으면 수출신고필증을 교부받게 되는데 통상 이를 면장이라 부른다.

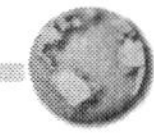

수출신고, 정정, 취하의 신청은 전자문서(EDI)로 할 수 있는데 아직까지 많은 수출업자들이 관세사를 통하여 수출신고를 하고 있다.

구비서류는 상업송장, 포장명세서, 수출승인서를 거래하고 있는 관세사에 Fax로 송부하면 되는데 수출승인이 필요 없는 품목은 수출승인서를 제출하지 않아도 된다.

15 화물수송의뢰

화물수송의뢰는 국내운송과 국제운송 두 가지 경우로 구분하여 설명하고자 한다. 즉 수출포장이 끝난 화물을 수출통관절차를 밟으면서 선박으로 수출할 경우 항구까지 그리고 비행기로 수출할 경우에는 공항까지의 운송을 책임지는 국내운송과 선박이나 항공기를 통하여 직접 외국까지 운송을 책임지는 국제운송으로 구분된다.

국내 운송의 경우에는 사실상 화물수송의뢰는 미리 해두는 것이 좋지만 수출통관을 위한 모든 준비가 완료된 후이거나 포장 이후 수출통관절차를 밟으면서 하는 경우가 많다.

그러나 국제운송인 경우에는 미리 선박 스케줄이나 항공 스케줄을 점검하여 선적요청을 해두어야 한다. 이때는 선적요청의뢰서, 즉 Shipping Request를 미리 작성해두고 선적시기가 임박해오면 선사나 항공사에 정식 선적요청을 하여 완제품을 생산하고 나서 배나 항공기를 예약하지 못해 수출이 지연되는 경우를 사전에 예방하여야 한다.

16 화물의 선적

국내 운송업체는 수출자 혹은 화주의 의뢰를 받아 수출화물을 CY(Container Yard) 또는 CFS에 인도하게 된다. 선박업자는 여러 화주의 수출 화물을 선적하기 편리하도록 분류하여 가면서 받아들인다. 화물이 선박업자의 집하하는 장소에 반입되고 나면 등록 검량업자가 화물의 용적과 중량을 점검하여 증명서 발급을 하게 된다.

통상적으로 직물의 예를 들면 선박을 통해서 수출할 경우에는 용적으로 선박 운임비를 청구하기 때문에 부피가 어느 정도냐에 따라 선박운임비가 결정되고 항공기의 경우에는 중량으로 항공운임비를 청구하기 때문에 중량의 과다에 따라 항공운임비가 달라질 수 있다. 화물이 도착하여 용적 및 중량의 점검이 끝나면 절차에 따라 본선에 선적을 하게 되고 선박회사는 선하증권을 발급하게 된다. 선하증권을 흔히 B/L이라고 부른다.

17 네고 및 선적서류 송부

화물의 선적이 끝나면 신용장의 지시사항에 따라 네고서류를 작성하여 은행에 제출하면 은행에서는 서류를 신용장의 내용과 비교하여 정확하게 작성되었는지를 검토하고 하자가 없으면 수출자의 통장에 수출대금을 미리 입금시켜 준다. 이를 네고라고 부른다. 여기서는 반드시 신용장을 전제로 수출이 이루어지는 것이 아니므로 보편적인 서류와 구분하여 알아보기로 한다.

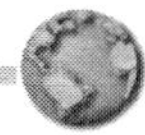

일반적으로 신용장에 의하지 않고 D/A, D/P 혹은 선수금을 수취하였을 때는 복잡한 서류보다는 기본적인 서류로 대체할 때가 많다. 그러나 바이어가 특별히 요구하는 사항이 있다면 그에 따라야함은 물론이다.

기본적으로 구비해야 할 서류는 다음과 같다.

① 상업 송장 (Invoice)
② 원산지 증명서 (Certificate of Origin)
③ 포장명세서 (Packing List)
④ 세부 포장 명세서 (Detailed Packing List)
⑤ 선하증권 (B/L)
⑥ 보험서류
⑦ 기타서류

18 사후관리

해외거래 시 가장 중요한 점은 해당 품목을 불량 없이 주어진 납기 안에 생산하여 처음 계약된 대로 선적하고 마지막까지 바이어 측이 요구하는 서류를 말끔히 준비하여 은행에 수출대전을 받는 일이다.

그러나 상기 과정으로 거래가 완전히 종료된 것은 아니다. 즉 사후 선적서류를 보내는 일과 견본(Shipment Sample)을 바이어 주소로 발송해 주어야 한다. 상기 과정이 끝나고 나더라도 추후 바이어에게 미비한 사항이 있거나 수출 품목에 하자가 있는 경우를 대비하여 선적 견본의 일부를 보관하고 있어야 하며 생산할 때 부분적 하자가 있었다면 정확한 내용을 파악하여 잘 보관하고 있어야 한다.

만일 선적 이후 바이어의 인수거부나 Discount 요청이 있다면 무조건 바이어의 요구대로 들어줄 것이 아니라 합리적 해결을 하여야 하기 때문이다. 그러나 해당 품목의 사용이 불가능할 정도로 불량이 많다면 장기적으로 거래 지속을 위해 불량품을 선적해서는 안 되며 부분적인 하자가 발생되었다면 미리 바이어에게 이를 알리고 선적 가능여부를 타진하는 것이 사후 문제를 발생시키지 않는 바람직한 방법이라 볼 수 있다.

〈사후관리의 목적〉

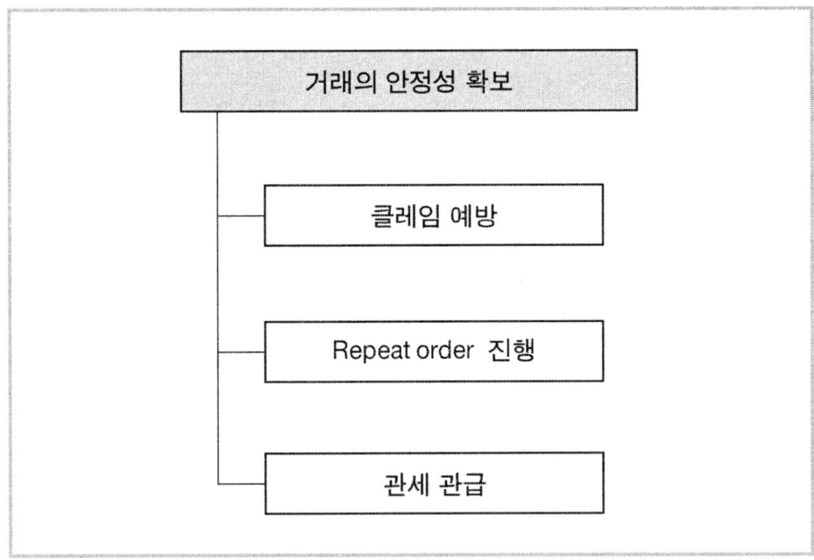

이와 같이 해당거래가 종료된다하더라도 사후관리들 통하여 클레임을 미연에 방지하고 REPEAT ORDER(동일품목에 대한 반복주문)를 받은 경우 이를 원만히 수행할 수 있으며, 수출신고필증과 기타 구비서류를 통하여 수입 시 지불한 관세 등에 대하여 전부 또는 일부를 환급 받을 수 있는 관세 환급을 진행하게 되므로 사후관리는 무역거래에서 거래의 안정성 확보차원에서 반드시 거치는 무역실무의 중요한 부분이다.

제 2부

무역계약의 성립

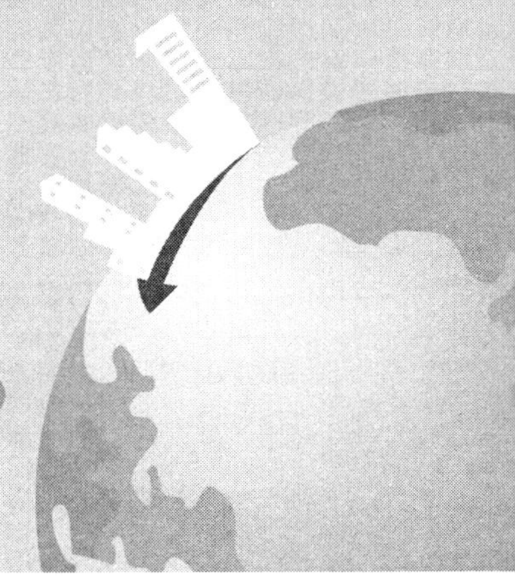

CHAPTER 01

무역계약의 본질

1 의 의

무역계약이란 국제간에 이루어지는 물품매매에 대한 계약으로서 수출상인 매도인과 수입상인 매수인의 권리의무를 약정하는 것이라 볼 수 있다.

이때의 주 내용은 매도인이 매수인에게 물품에 대한 소유권을 인도하고, 매수인은 인도된 물품을 수령하고 대금지급을 하는 것을 주 내용으로 한다. 무역계약은 본질적으로 국내 상거래와 흡사하지만 국제 거래로서의 특수성이 존재한다.

2 무역계약의 법적 성질

무역계약은 매도인의 청약에 대한 매수인의 승낙으로 이루어지거나 매수인의 주문에 대한 매도인의 주문승낙이 있으면 이루어지게 되는데 이를 **낙성계약**이라 한다.

또한 무역계약은 특정한 형식적 요건에 의해 이루어지기보다 구두 또는 문서 어느 식에 의해서도 무역계약은 성립할 수 있는

데 이를 **불요식 계약**이라고 한다.

그리고 무역계약이 성립함으로써 매도인과 매수인 간에는 채권 채무가 발생하게 된다. 즉 수출상인 매도인은 계약 내용에 따라 약정된 물품의 소유권을 인도할 의무가 발생하며 매도인의 이러한 행위에 대해 매수인은 약정된 물품을 수령하는 한편 대금지급의 의무가 발생하게 된다. 이러한 것을 **쌍무계약**이라고 한다.

마지막으로 무역계약은 **유상계약**이라고 할 수 있다. 즉 무역계약은 약정물품의 인도에 대한 대가로 대금을 수령하기 때문에 이를 유상계약이라고 하며 이에 상대되는 개념은 대가 없이 이루어지는 무상계약이다.

3 무역계약의 종속계약

무역계약은 국제간에 이루어지는 거래이므로 거래내용을 이행하기 위하여 여러 가지 부대적인 조치가 필요하다.

즉 국경을 넘어 물품이 이동하기 위하여 주로 항공기나 선박의 운송수단을 이용하게 되고 이에 따라 운송 계약이 체결되고 운송중의 불의의 사고에 대비하거나 결제조건에 따르는 위험 등을 담보하기 위해 보험계약을 체결하는 경우가 많으며 또한 국제간의 자본이동에 따르는 부대적인 관계는 금융기관을 통하여 해결하기 때문에 금융계약도 필요하게 된다.

이러한 계약은 무역계약이 가지는 특수성으로 인해 필연적으로 발생되는 종속계약이라 볼 수 있다.

1) 운송계약

(1) 의 의

운송계약은 화물을 의뢰하는 송하인과 화물을 운송하는 운송인과의 사이에서 체결되는 것으로 송하인이 의뢰한 화물을 목적지까지 운송해 주는 것을 조건으로 운송인은 그에 대한 대가로서 운임을 받게 되며 운송증권 또는 기타의 계약내용에 따라 물품을 받을 권리자에게 인도할 것을 약정하는 계약이다.

(2) 종 류

화물의 운송은 해상을 통해 이루어지는 것이 가장 보편적이라 할 수 있으나 운송의 형태와 이동 수단에 따라 해상운송계약, 육상운송계약, 내수로 운송계약, 항공운송계약 또는 복합운송계약 등으로 구분할 수 있다.

(3) 계약의 당사자

운송계약의 당사자는 운송인, 송하인, 수하인으로 삼분할 수 있다

운송인은 송하인의 의뢰에 의하여 화물을 목적지까지 운송해 주고 화물증권 또는 계약내용에 따른 서류와의 상환으로 약정된 물품을 수하인에게 전달해 주고 그에 대한 대가를 받는 자를 말한다.

송하인은 스스로 또는 대리인으로 하여금 운송인과 화물운송계약을 체결하는 자로서 화물을 운송인에게 실제로 인도하는 자를 말한다.

수하인은 화물의 인도 시점에 그 약정된 화물을 수령할 권리가 있는 자를 말한다.

2) 보험계약

(1) 의 의

보험계약이라 함은 보험자가 피보험자의 관계에서 향후 발생할지도 모르는 불특정 위험에 대하여 그 위험을 담보하기 위하여 계약에 의거하여 합의 방법 및 범위 내에서 손해에 대한 보상을 합의하는 계약이다.

(2) 계약의 당사자

① 보험자(Insurer, Assurer)

보험계약자로부터 보험료를 받고 그 위험을 인수하는 자를 말한다. 보험자는 위험을 인수하고 보험사고 발생 시 손해를 보상하는 의무를 지닌다.

② 보험계약자(Policy Holder)

보험계약자란 보험계약을 청약하는 자로 보험료를 지불하고 보험 청약 시 보험인수 여부에 관한 중요한 사실을 고지할 의무를 부담하는 자를 말한다.

③ 피보험자(Insured, Assured)

피보험자란 보험사고 발생 시 보험 목적물에 대한 경제적 이해관계, 즉 피보험이익을 갖고 보험자로부터 보상을 받는 자를 말한다.

④ 기타의 당사자

기타의 당사자로는 보험계약 체결을 중개하는 보험중개인이 있고 보험계약자를 대리하여 보험계약의 체결을 대행하는 보험대리점 등이 있다.

3) 금융계약

(1) 의 의

금융계약은 무역거래 시 대금결제와 관련하여 수출상 또는 수입상이 각각의 거래은행에 금융과 관련하여 체결하는 환계약을 말한다.

(2) 유 형

수입상은 신용장거래 또는 추심결제방식의 거래 등을 함에 있어 해당 거래은행과 수입거래 약정서를 작성하여 이에 대한 지급 방법과 범위 등에 대해서 약정을 하며, 수출상 역시 수출대금 회수를 위하여 거래 외국환 은행과 수출거래 약정을 체결하는데, 거래약정서를 체결할 때 금액의 한도 등을 설정하게 된다.

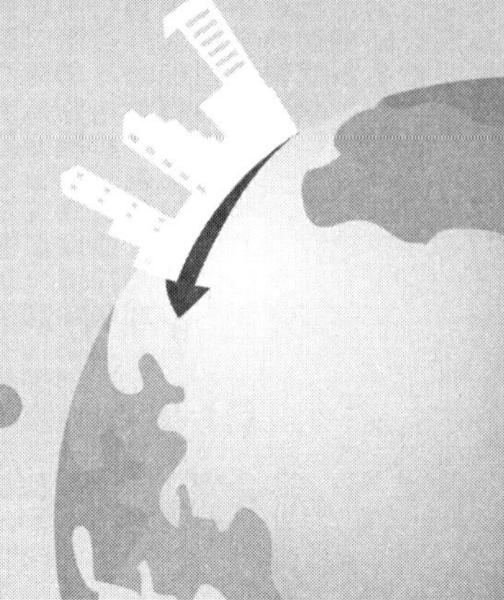

CHAPTER 02

청약과 승낙

제1절 청 약

1 청약의 의의

청약이란 청약자(Offeror)가 피청약자(Offeree)에게 어떤 대상 물품에 대해 일정한 조건을 제시하여 그 조건에 따른 내용에 따라 계약을 체결하고자 하는 확정적 의사의 표시를 말한다. 이때 청약의 주체는 매도인인 되는 경우가 많지만 매수인 역시 자신이 제시하는 조건으로 물품을 구매하고자 할 때 청약을 할 수 있다. 매수인의 의사표시를 **매수청약**(Buying Offer)이라 하며 이를 주문(Order)라 부르기도 한다.

2 청약의 유인(Invitation to offer)

청약의 유인이라 함은 청약의 상대방을 유인하여 청약을 유도하는 행위로서 확정적 의사표시를 결여한 의사표시에 불과하므

로 계약을 성사시키기 위한 예비적 교섭의 의사표시에 불과하다.

따라서 상대방의 승낙이 있다 하더라도 계약은 바로 성립되지 않으며 청약을 유인한 자가 상대방의 승낙에 대한 추가적인 의사표시를 하느냐에 따라 계약 성립 여부가 결정된다.

즉, 이를 재확인하는 절차를 거쳐 승낙의 의사표시에 대한 추가적인 확인 또는 승낙의 의사표시에 의하여 계약이 성립한다.

3 청약의 요건

비엔나 협약은 청약이 성립하기 위한 다음의 요건을 규정하고 있다.

① 계약을 체결하려는 제안일 것
② 한 사람 또는 다수의 특정인에게 보내진 제안일 것
③ 승낙이 있으면 그것에 구속된다는 의사를 나타낼 것
④ 충분히 명백할 것

4 청약의 종류

1) 발행 주체를 기준으로(매도청약과 매수청약)

앞에서 언급한 바와 같이, 매도인이 매수인에게 일정한 조건의 제시와 더불어 충분히 확정적이고 명백한 의사를 표시한 경우를 매도청약이라 하고, 매수인이 자신의 구매 조건을 제시하며 매도인이 승낙에 의하여 계약이 성립하게 되는 경우를 매수청약이라 한다.

2) 확정력을 기준으로(확정청약과 불확정청약)

확정청약이라 함은 청약의 유효기간, 선적기한이나 가격, 수량, 단가, 대금결제 등의 제 조건이 청약서에 명시되어 있어 유효기간 안에 피청약자의 승낙이 있으면 계약이 확정적으로 성립되는 청약을 말한다.

불확정 청약은 유효기간이 명시되어 있지 않거나 확정적 또는 취소불능이라는 표현이 명시되어 있지 않은 청약으로 피청약자에 대한 승낙으로 계약은 성립되나, 청약자가 계약 성립 전에 취소나 조건 변경이 가능한 청약을 말한다.

3) 조건부 청약

조건부 청약이란 청약에 일정한 조건이 더해져서 그 조건이 충족될 때에 계약이 성립되는 것으로 부가된 조건에 따라 확정청약, 불확정청약이 될 수 있으며 청약의 유인에 해당되는 경우도 있다.

(1) 최종확인 조건부 청약(sub-con offer)

청약자가 Offer를 발행할 때 피청약자의 승낙이 있다 하더라도 청약자의 최종확인을 조건으로 발행되었기 때문에 이는 조건부 청약임과 동시에 청약의 유인에 불과하다. 상대방의 승낙에 대한 청약자의 확인을 통해서 실질적인 승낙이 이루어진다.

(2) 재고 잔류 조건부 청약

청약 대상물품이 재고로 남아 있는 경우에는 유효하지만 재고가 모두 판매되거나 기타의 사유로 없는 경우에는 청약의 효력

을 상실하는 일종의 불확정 청약이다.

(3) 점검매매 조건부 청약

매매대상 물품 또는 견본을 피청약자에게 보내어 피청약자가 물품을 점검해보고 구매의사가 있으면 그 대금을 지급하고 그렇지 않으면 반품을 허용하는 조건부 청약이다. 상대방의 대금지급은 승낙의 의사표시임과 동시에 계약이 확정적으로 이루어짐을 의미한다.

(4) 시황조건부 청약

청약 시 제시한 가격이 시황 등의 변경에 따라 변동될 수 있다는 조건의 청약으로 피청약자의 승낙이 있다 하더라도 청약자는 시세변동(market fluctuation)을 이유로 계약이 성립하지 않을 수 있다.

5 청약의 효력

1) 청약의 효력 발생과 철회

청약은 청약자의 계약을 체결하고 싶다는 취지의 확정적 의사표시가 피청약자에게 전달되고 상대방의 승낙의 의사표시에 의하여 계약이 성립한다. 이 때 청약의 효력이 발생하기 위해서는 청약의 의사표시가 상대방에게 전달되어야 청약의 효력이 발생하는 것이다. 즉 청약의 효력이 발생하려면 청약이 상대방에게 도달하여야 효력이 발생한다는 도달주의를 기본 원칙으로 한다.

이러한 청약은 청약이 상대방에게 도달하기 이전이나 도달과 동시에 청약자가 청약을 철회하면 청약의 철회는 가능하다.

2) 청약의 효력 소멸 사유

청약이 상대방에게 도달하면 그 때부터 청약의 효력이 발생된다. 이러한 청약은 일반적으로 청약의 유효기간이 경과하는 경우 소멸하게 되지만 여러 가지 사유에 의해서 청약은 소멸하게 되는데 그 사유를 살펴보면 아래와 같다.

(1) 승 낙

청약에 대한 피청약자의 승낙이 있으면 계약이 성립하게 된다. 이때 승낙으로 승낙의 효력이 새로이 발생하며 계약이 성립됨으로서 기존 청약은 그 효력이 소멸되게 된다.

(2) 청약의 거절

청약이 피청약자에 도달하고 그 의사표시로서 피청약자의 청약에 대한 거절의 의사표시가 있게 되면 청약은 그 효력이 소멸된다.

(3) 반대청약

반대청약이란 피청약자가 청약자의 청약에 대해 그 내용의 추가 변경 제한 등의 방법으로 새로운 청약을 원청약자에게 보내는 것을 말한다. 이는 원 청약의 거절이며 청약자에게 제시하는 새로운 청약의 일종으로 해석된다. 반대 청약을 하여도 계약은 성립되지 않으며 원 청약자가 다시 반대청약을 승낙하게 되면

계약이 성립되게 된다.

(4) 청약의 철회

청약의 효력이 발생하기 전에 또는 청약과 동시에 이를 철회하는 경우에는 취소 불능한 청약이라도 철회가 가능하다.

(5) 청약의 취소

불확정 청약의 경우 계약이 체결되기까지 청약은 취소될 수 있으나 피청약자의 승낙이 있기 전에 취소의 통지가 피청약자에게 도달하여야 한다. 이러한 경우 청약의 효력은 소멸한다.

(6) 취소에 대한 합의

확정청약은 청약자가 일방적으로 이를 취소할 수 없으며, 피청약자의 합의가 있는 경우 이를 취소할 수 있으며 그로 인하여 청약의 효력은 소멸된다.

(7) 시간의 경과에 따른 효력 소멸

시간의 경과에 따라서 청약의 효력은 소멸된다. 즉 유효기간이 있는 경우에는 유효기간이 경과함으로써 청약의 효력은 소멸되지만 유효기간이 정해져 있지 않은 경우에는 상당기간(reasonable time)의 경과에 의해서 청약의 효력이 소멸된다. 상당기간에 대해서는 구체적 기준이 존재하지 않으므로 거래 품목의 특성과 상관습 등에 의하여 결정될 수밖에 없기 때문에 논란의 여지가 있다.

제 2 절 승 낙

1 승낙의 의의

승낙이라 함은 청약을 받은 피청약자가 청약에 대한 동의를 표시하는 피청약자의 진술 또는 기타의 이와 관련된 행위를 말한다. 승낙의 효력이 발생하면 청약의 내용대로 계약이 성립하게 되지만 침묵 또는 부작위는 그 자체만으로 승낙되지 않는다.

2 승낙의 요건

1) 경상의 원칙(mirror image rule)

승낙은 청약의 내용과 정확히 일치해야 하며 절대적이고 무조건적이어야 한다. 만일 조금이라도 다른 내용인 경우에는 반대청약(counter offer)이 된다.

2) 청약의 상대방

승낙은 청약의 상대방이 하여야 한다. 즉 피청약자 이외의 자가 승낙을 하여도 계약은 성립하지 않는다.

3) 청약의 유효기간

승낙은 청약의 유효기간 내 또는 합리적인 기간(reasonable time)내에 해야 한다.

4) 승낙의 의사표시

승낙은 약정된 방식이 있다면 그 형식으로 청약자에게 통지하여야 한다. 그러나 약정된 방식이 없다면 기타의 방법으로도 승낙의 의사표시를 할 수 있다. 그러나 침묵이나 부작위 그 자체만으로는 승낙이 되지 못한다(CISG 18조①항).

3 승낙의 효력

1) 의 의

국제 무역거래는 일반적으로 격지자간의 거래이므로 승낙의 의사표시가 어느 시점에 효력을 발생하는가의 문제가 제기될 수 있다. 이에 대해 각국은 서로 다른 입법주의를 택하고 있으며 비엔나 협약에서는 도달주의를 채택하고 있다.

2) 승낙의 효력 발생 시기

격지자간이란 표시한 의사의 전달에 일정한 기간이 소요되는 경우를 말하며 우편이나 전신에 의하여 의사표시를 하는 경우를 포함한다.

격지자간의 의사표시에 대한 효력발생시기에 관하여는 다음과 같은 예가 있다.

(1) 발신주의

피청약자가 승낙의 의사 표시를 발신한 때에 승낙의 효력이 성립한다는 입장을 취하고 있으며 한국, 미국, 영국, 일본 등이 이를 채택하고 있다.

(2) 도달주의

피청약자의 의사표시가 청약자에게 도달한 때 성립한 승낙의 효력이 발생한다는 입장으로 비엔나 협약을 그 대표적인 예로 볼 수 있다.

(3) 요지주의

물리적으로 승낙의 의사표시가 청약자에게 도달되고 현실적으로 이를 인지하였을 때 승낙의 효력이 발생 한다는 입장이다.

CHAPTER 03

무역계약서와 일반 거래조건 협정서

제 1 절 무역계약서

1 무역계약서의 의의

무역계약은 불요식 계약, 쌍무계약, 낙성계약, 유상계약 등의 기본적 특성을 가지고 있으므로 무역계약서 작성이 계약 성립의 필수적 요건은 아니다. 그렇다고 하더라도 실질적으로는 국제간에 이루어지는 거래이므로 매매대상, 대금결제방법 등 주요 사항에 대해서는 보다 확실하게 해둘 필요가 있고 서로 간에 분쟁이나 다툼이 생길 경우를 대비하여 무역계약서를 작성하여 서로 간에 분쟁과 마찰의 소지를 줄이는 것이 바람직한 것이다.

2 무역계약의 필요성

1) 계약 내용의 명확화

실무에서는 당사자 간의 가장 핵심적인 내용만이 오고가는 경우도 가끔은 있다. 즉, 매도인은 매도하고자 하는 물품의 가격, 금액, 대금결제에 보다 더 많은 관심이 있고, 매수인은 매수하고자 하는 물품의 품질, 가격조건, 납기 및 수입후의 전망 등에 대하여 관심이 더 있다고 볼 수 있다.

당사자 간의 여러 차례 교섭 끝에 합의에 이르러 계약이 성립되고 나면 이를 보다 명확한 문서로 확인할 필요성이 있다. 즉 서로의 합의에 대한 내용을 보다 구체적으로 문서화함으로써 오해의 소지를 줄이고 보다 원만한 거래가 이루어질 수 있기 때문이다.

2) 계약 내용에 대한 증거

무역계약의 특성상 문서에 의하지 않더라도 무역계약은 성립하나 계약 내용에 대한 증거로 활용함으로써 당사자 중 일방의 무역계약의 취소 또는 철회 시에 발생하는 손실을 방지할 수 있다.

3) 무역 분쟁의 감소

매도인은 판매를 통한 대금을 입수하는 쪽에 보다 더 관심이 집중되고 매수인은 저렴한 가격에 좋은 물품을 원하는 조건에 수입하는 쪽에 관심이 더 집중되다 보면 서로 간에 상대방이 원하는 측면을 소홀히 하여 무역 분쟁이 발생할 소지가 있다.

즉, 매도인의 포장방법 운송기간 또는 도착기간 등에 대한 배려 가 없는 경우 매수인은 판매기간이 지난 제품을 수입하게 되거나 물품의 파손 등으로 손실을 입게 되며 매수인이 신용장을 적기에 개설하지 않거나 또는 대금결제를 지연시킴으로써 매도

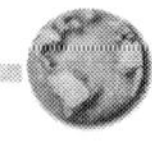

인의 자금순환에 문제가 발생할 여지도 있다.

이러한 것들을 원인으로 무역분쟁이 발생할 수 있게 되는데 이러한 내용을 문서화함으로써 그만큼 무역 분쟁은 감소하게 되는 것이다.

4) 무역거래의 원활화

무역계약이 성립하고 당사자 간에 무역계약서를 작성하게 되면 계약 내용이 보다 명확해지고 무역 분쟁이 감소되며 이를 바탕으로 상대방에 대한 신뢰도가 높아진다. 그 결과로 무역거래는 더욱더 활성화되고 원활해져 양자 간의 이익이 증대된다.

3 무역계약의 문서화 유형

1) 판매확인서 또는 구매주문서

(1) 판매확인서(Sales note)

판매확인서는 매도인이 매수인의 주문에 대하여 승낙 후 판매확인서를 교부하여 정본 및 부본의 서명란에 각각 서명하여 한 부씩 보관하는 방법을 말한다. 이때 상대방의 서명을 카운터 사인(counter sign)이라고 한다. 주로 유럽(프랑스, 영국 등) 거래 시에는 이러한 방법이 자주 이용되곤 한다.

(2) 구매주문서(Purchase note)

구매주문서는 매수인이 청약에 대한 승낙을 한 후 구매주문서를 교부하여 정본 및 부본의 서명 란에 각각 서명하여 한 부씩 보관하는 방법을 말한다. 주로 미주나 남아프리카 공화국 등에서는 매수인이 구매주문서를 발송하는 경우가 많다.

2) 매매계약서

매매계약서는 주로 처음 거래가 성립되거나 복잡한 계약 또는 중장기에 걸쳐 대금이 지불되는 경우 등의 경우에 별도의 Sales contract를 작성하여 당사자 간의 서명으로 계약이 성립되는 방식을 말한다.

3) 기타방식

(1) Proforma Invoice를 발행하는 방식

Proforma Invoice란 사전 물품에 대한 내용과 가격 등에 대한 견적 등이 담긴 견적서를 의미한다. 영국, 프랑스, 그리스 등에서 섬유무역을 할 때 거래의 상대방인 매수인이 요구하는 경우가 많다. 이는 넓은 의미에서 청약이 승낙되는 시점에서 작성되는 것이나 계약의 효력 여부에 대해서는 논란의 여지가 많다. 이를 사용하여 수입자가 신용장 개설 시에 활용하는 경우도 많다.

(2) Offer sheet나 Order sheet

매도인이 발행한 청약서나 매수인이 발행한 주문서에 상대방이 그대로 서명하는 방법이다.

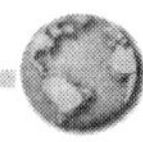

제2절 일반 거래조건 협정서

1 의 의

무역계약이 성립되고 본격적인 거래가 이루어지게 되면 일회성이 아닌 장기적 반복적인 거래관계가 지속되는 경우가 많다. 이러한 경우에 매번 개별 거래 내용의 주요 부분은 변경될 수 있으나 일반적이고 기본적인 사항은 지속적 반복적으로 동일하게 이루어지는 경우가 많다.

이럴 때 당사자 간의 합의에 의하여 계약의 일반적, 기본적 사항을 정하여 문서화하고 서로 서명하고 교환한다면 업무의 간소화는 물론이고 장차 발생할 수 있는 분쟁의 가능성을 줄이게 되는데 그러기 위해서 필요한 것이 일반 거래조건 협정서(Agreement on General Terms and conditions of Business)이다.

2 일반 거래조건 협정서의 필요성

1) 업무의 간소화

장래의 거래에 대한 일반적 보편적 기준을 미리 설정함으로써 의문이나 다툼이 줄어들어 무역계약의 거래 성립의 시간을 단축시킬 수 있으며 이를 통해 업무가 간소화된다.

2) 무역 분쟁의 예방 효과

구체적 거래조건은 오랫동안 해오던 당사자라 하더라도 서로 간에 착각이나 또는 다른 사유에 의해서 다툼이나 분쟁이 발생할 여지가 있다. 일반 거래 조건에 대한 상호 합의가 있다면 그 만큼 오해나 분쟁의 소지가 줄어들게 되어 무역분쟁을 예방하는 효과가 있다.

3) 상관습의 차이에 대한 조정

무역은 국제간에 이루어지는 상거래이므로 언어, 문화, 관습 등이 서로 같지 않고 상이하여 실지 거래가 이루어지는 동안 상대방의 이해에 대한 부족으로 인해 실망하거나 또는 거래가 지속적으로 진행되지 않는 경우도 있다.

일반 거래조건 협정서를 체결하여 둔다면 상관습 차이에서 오는 오해를 줄이고 차이점을 미리 해결하여 상관습의 상이점에 대한 부분을 미리 조정해 놓을 수 있다.

3 일반 거래조건 협정서의 작성 시기

일반 거래조건 협정서의 작성 시기는 거래가 이루어지는 단계에서 본격적 거래가 이루어지기 직전이나 청약에 대한 승낙을 통해 계약이 성립된 후에 작성하는 것이 일반적이다.

4 주요내용

1) 주요 내용

(1) 거래 형태에 관한 조건

거래형태는 당사자 간의 거래라 할 수 있는 본인 대 본인(Principal to Principal)의 거래인지, 본인과 대리인의 거래인지 아니면 대리인 간의 거래인지를 명시한다.

(2) 계약 성립에 관한 조건

계약은 일반적으로 청약에 대한 승낙으로 계약이 성립하게 된다.

이러한 경우 CISG의 규정을 준용하는 경우도 있고 당사자 간의 합의에 의하여 청약과 승낙에 관한 사항을 별도로 명시할 수 있다.

(3) 계약물품에 관한 조건

약정 물품의 품질, 가격에 관한 일반적인 사항을 정하는 것으로 수입상은 주로 물품의 품질에 대한 관심이 상대적으로 높으므로 수입상의 의견이 까다롭게 제시되는 경우도 있다.

(4) 계약의 이행에 관한 조건

계약의 이행은 대상 물품을 선적하고 그에 대한 대가로 대금을 수령하는 일련의 과정을 말한다. 이러한 과정에서 선적에 관한 사항, 대금지급에 관한 사항, 보험·포장 등에 관한 기본적

사항을 명시하게 되는데 이 부분은 일반 거래조건 협정서의 가장 중요한 부분 중의 하나로 볼 수 있다.

2) 보조적 내용

(1) 분쟁 해결에 관한 조건

당사자 간에 클레임이 발생하거나 무역 분쟁이 발생하였을 때 이를 해결하기 위한 내용, 방법, 형식, 절차 등에 관한 사항을 명시하게 된다.

한 쪽에 일방적으로 유리한 내용이 명시되면 거래의 진행이 원만하게 이루어지기 어렵기 때문에 보편적이며 일반적인 내용을 기준으로 균형 있게 작성하는 것이 바람직하다.

(2) 기타의 조건

기타의 조건은 보편적인 내용이 아니라 할지라도 수입상과 수출상의 거래방식이 한 쪽에서는 일반적으로 보편화되어 있는 경우에 그 내용을 명시함으로써 장기적 반복적으로 동일한 효과를 발생하게 하는 것을 말한다.

예를 들어 수입상의 경우 일정한 품질기준 이상의 물품만을 항상 수입해야 하는 경우 수출시마다 공인 검사기관의 검사를 마치도록 하는 내용을 명시할 수 있고 수출상의 경우에는 대금결제의 중요성이 크기 때문에 D/A 또는 D/P거래를 회피할 수도 있다. 이러한 경우 신용장 또는 T/T거래를 선호하되 T/T 거래시 결제시기에 관한 기준을 미리 내용에 포함시켜 둘 수도 있다.

제 3 절 무역계약의 기본조건

1 의 의

무역계약에 있어서 당사자는 기본적으로 필요한 사항을 정하여 이를 계약서에 명시하여 문서화하고 이를 서명 교환함으로써 무역계약의 쌍방이 이를 준수하고 계약 내용에 따른 이행을 하게 된다. 이러한 경우에 당사자 사이에 필수적으로 약정해야 할 기본적인 조건이 필요하게 되는바 이를 기본조건이라 할 수 있으며 이러한 기본조건은 일반 거래조건 협정서에 기재될 수도 있고 개별매매계약서에 기재될 수도 있다. 일반적 무역계약에 있어서 기본 조건으로 제시되는 조건은 아래와 같다.

2 조건의 분류

1) 품질조건

(1) 의 의

품질조건이란 무역의 대상이 되는 물품의 품질에 대한 기준을 어느 정도로 할 것인가에 대한 문제로서 품질결정을 위한 방법, 품질결정을 위한 시기 그리고 품질을 어떻게 증명할 것인가 등에 대한 조건을 약정하는 것이다.

무역의 특성상 수출상은 대금결제에 비중을 두며, 수입상은 자신이 수입하는 물품에 대하여 보다 확실한 품질을 요구하는 경향이 있다. 따라서 품질조건은 양자의 합의에 의해 이루어지지만 수입상의 의견이 반영될 여지가 수출상보다 많다고 할 것이다.

(2) 품질결정방법

① 상표매매

상표매매라 함은 널리 알려진 상표(Trade mark)나 브랜드로서 약정 물품을 표시하는 방법이다. 이는 상표나 브랜드명이 유명하여 소비자에게 많이 알려진 경우에 사용되며 상표는 때에 따라서 품질을 보증하는 기능도 수행하기 때문에 상표를 기준으로 무역거래의 품질 판정기준으로 이용하기도 한다.

② 견본품 매매

견본품 매매는 견본품, 즉 샘플을 이용하여 품질기준을 정하고 처음에 정해진 견본품대로 물품을 만들어서 공급하는 매매계약에 많이 이용된다.

특히, 섬유직물 무역에서는 대부분이 아직까지 견본품을 이용한 무역거래가 진행된다.

여기서 견본은 상품 전체를 대표하는 품질의 기준이 되는 것이다. 견본의 종류는 여러 가지가 있으나 대표적인 견본품의 종류는 아래와 같다.

㉠ Original sample

수출상이 물품 제조를 위하여 수입상으로부터 받은 매수인이 제시한 최초의 견본이나 수출상이 매도를 위하여 수입상에게 제시해서 계약이 수락된 최초의 견본품을 원견본(Original sample)이라 한다.

㉡ Counter sample

Original sample을 기준으로 하여 가장 흡사하게 제작한 견본품을 가리켜 Counter sample이라 한다. 이 경우 sample은 주로 세 개 이상 만들어서 매수인에게 제시하는 경우가 많다.

㉢ Duplicate sample

무역거래 당사자 간 합의한 대로 물품이 만들어졌는지 확인하기 위하여 보관하는 sample을 의미한다. 보관용 샘플은 때로는 두 개 또는 세 개 이상 만들어서 공장과 영업소 등에 비치하고 완제품 생산시기에 이를 비교 검토하는 기준이 된다.

㉣ 선적 견본(Shipping sample과 Advance sample)

선적 견본은 수출상이 계약물품을 제조한 후 수입상의 참조를 위하여 또는 완제품 도착 전 매매를 위하여 선적물품과 동일한 물품을 미리 발송하게 되는데 이를 선적견본이라 한다. 선적견본은 보통 Shipping sample이라고 하며 sample 비용은 수출자가 통상 부담한다. 그 외에도 선적될 물품의 도착 전 다수의 수입상에게 판매 촉진 등의 목적으로 발송하는 견본이 있는데 이를 Advance sample이라고 부른다. 이는 참조용 견본의 의미보다는 수입상의 요구에 의하여 발송되는 경우가 대부분이고 선적 견본보다는 수량이 많기 때문에 물품의 비용과 운임을 수입상이 지불하는 것이 일반적이다.

③ 점검매매(Sales by inspection)

무역거래는 선물거래가 상당한 비중을 차지하고 있지만 수입상이 자신이 수입할 물품을 직접 점검하고 물품의 품질수준을 확인한 후에 매매하는 경우도 있다. 이를 점검매매라고 한다.

점검 매매의 형식은 여러 가지가 있을 수 있다. 물품의 제조 후에 수입상 또는 그 대리인이 현장에서 매수할 물품을 점검하는 경우도 있고 BWT(보세 창고도 거래)시에 상대국의 바이어가 손쉽게 물품을 점검할 수도 있다. 이러한 거래는 수입상의 품질기준이 까다로운 경우나 신규시장 개척할 때 등에 이러한 방법이 이용되기도 한다.

④ 규격매매(Sales by grade)

규격매매는 ISO나 KS 등과 같이 상품의 규격이 특정되어 있거나 수출국 또는 수입국의 표준규격이 정해져 있는 경우에 이용되는 매매방법을 말한다. 따라서 표준화 또는 규격화하기 어려운 물품에는 이러한 방법이 적용되기 어렵다.

⑤ 표준품 매매(Sale by standard)

표준품이란 품질을 대표하는 소량의 동종 상품을 말한다. 예를 들어 미수확 농산물의 경우 현물로 품질의 견본을 제시할 수 없으므로 수확시의 품질을 대표하는 표준품을 기준으로 품질을 결정하는 방법이다.

이때의 품질조건은 출하시의 평균중등 품질을 표준으로 하는 평균중등 품질조건과 판매가능 여부에 따라 품질의 표준을 정하는 판매적격 품질조건 그리고 공인검사기관등에 의하여 보통품질을 표준품질로 결정하는 보통표준 품질조건이 있다.

⑥ 명세서 매매

견본 제시가 어려운 선박, 항공기, 정밀기계 또는 철도차량 등은 설계도나 설명서에 의존하고 규격, 성능, 재질 등을 명시한 명세서에 의해 물품의 품질을 약정하게 되는 바 이러한 방식의 매매를 명세서 매매라 한다.

(3) 품질의 결정시기

① 의의

품질의 결정시기는 어느 시기에 품질을 결정하느냐에 대한 문제이다. 즉 선적시의 품질을 기준으로 하는 선적품질조건과 양륙시의 품질을 기준으로 하는 양륙품질조건 등의 문제에 대해서 매도인과 매수인이 합의하는 것을 말한다. 공산품이나 변질 또는 부패의 가능성이 낮은 물품의 경우에는 시기의 문제가 심각하지 않을 수도 있으나 시간의 경과에 따라 품질의 변화가 민감한 부분에 대해서는 품질의 결정시기에 대해서 보다 명확히 해둘 필요가 있다. 당사자 간의 특별한 합의가 없으면 정형거래조건을 준용한다.

② 선적품질조건

선적품질조건 이란 수출상에 의하여 인도된 물품이 선적시기에 약정된 품질과 일치하면 그 이후에 발생되는 변질 등의 문제에 대해서 매도인이 책임을 지지 않는 조건을 말한다.

③ 양륙품질조건

양륙품질조건이란 수출상에 의하여 인도된 물품이 선적지가 아닌 목적항에서 양륙 시에 약정된 품질과 일치할 것을 조건으로 하는 것을 말한다. 예를 들어 농산물 등의 경우 선박의 항해 중에 해수 등의 피해로 변질 부패되면 매도인이 이러한 피해에 대해 책임을 지는 조건이다.

(4) 품질증명 방법

① 의의

품질증명 방법은 매도인과 매수인의 계약 내용에 따라 그 계약과 일치하는 물품이 제공되었는지를 증명하는 방법상의 문제이다. 이는 거래 대상과 거래 형태에 따라 조금씩 차이가 있을 수 있으나 대체적으로 다음과 같은 방법에 의한다.

② 매도인의 품질증명

수입상이 오랫동안 매도인과 거래한 경우에는 매도인의 품질증명서를 인정하는 경우도 있다. 그리고 선적품질 조건 하에서의 선적시의 품질과 양륙시의 품질이 상이한 경우 매도인은 선적 이후의 변질에 대한 책임이 없으므로 품질증명 책임도 매도인에게 있다.

③ Surveyor

매매대상 물품의 검사, 감정, 증명을 전문적으로 하는 증명기관에서도 이에 대한 증명서를 발급함으로써 품질증명을 대신할 수 있다.

④ 매수인의 품질증명

양륙품질조건 하에서 수출국의 선적항을 출발하여 목적항까지 가는 도중 변질물품에 대한 책임을 매도인이 부담하고 있으므로 목적항에서의 품질의 증명책임은 매수인에게 있다.

2) 선적조건

(1) 의 의

무역계약에서 매도인은 계약과 일치하는 물품을 인도하고 매수인은 인도를 수령하고 대금을 지급할 의무를 부담한다. 매도인이 물품을 인도하기 위하여 인도의 시기, 장소, 방법 등에 대하여 당사자 간의 합의가 필요하다.

인도라 함은 영국 물품 매매법에 따르면 특정인이 타인에게 행하는 자발적인 점유의 이전을 말하며 선적이라 함은 신용장통일규칙에 따르면 과거에는 특정한 선박에 물품을 인도함을 의미하였으나 오늘날에 와서는 본선적재, 발송, 수탁뿐만 아니라 운송을 위한 인수, 우편 수령일, 접수일까지도 포함하는 광의의 개념으로 해석한다.

(2) 선적시기

① 의의

선적시기라 함은 매도인이 계약물품의 인도를 위하여 언제 또는 어느 기간 내에 선적할 것인가를 결정하는 시간적 한계를 말한다. 가까운 인접국가가 아닌 비교적 거리가 먼 국가와의 무역에서는 선적시기에 따라 선박의 운항 스케줄이 달라져서 목적항 도착일자가 작게는 일주일에서 멀리는 2주 이상 차이가 나는 경우도 있기 때문에 선적시기를 주의해서 결정해야 한다.

② 선적일에 대한 조건

㉠ 최종선적기일 조건

신용장거래 또는 일반적인 거래에서 가장 보편적으로 사

용되 선적시기에 관한 조건이다. 최종선적기일을 명시함으로써 수출상인 매도인은 합의된 날짜 또는 그 이전에 선적을 이행함으로써 계약 내용을 준수하게 된다.

㉡ 특정기간

신용장에서 on or about로 표기되어 있는 경우는 명시된 일자 이전의 5일부터 이후의 5일까지의 기간을 말한다. 즉 총 11일의 기간에 선적하라는 의미로 해석된다.

㉢ 특정 월의 특정기간

신용장에서 특정 월의 특정 기간이 정해진 경우는 다음에 의한다.

beginning:	1～10일
middle :	11～20일
end:	21～말일까지
first half:	1～15일
second half:	15～말일까지

③ 선적일 관련 용어

㉠ 당해일자가 포함되는 용어

to, until, till, from은 당해일자를 포함한다.

㉡ 당해일자가 제외되는 용어

after는 당해일자를 제외한다.

④ 즉시선적의 무효

선적시기를 명확하게 하지 않고 즉시 또는 조속히 선적하도록 하는 prompt, as soon as possible 등과 같은 표현을 사용하여

신용장이 개설된 경우에 은행은 이러한 용어를 무시한다. 그리고 수익자가 유효기일 내에 이 서류를 제시하는 경우 지급, 인수, 매입은행에서는 이를 수리한다.

(3) 분할선적(Partial shipment)과 환적(Transshipment)

① 분할선적(Partial shipment)

분할선적이란 인도하여야 할 물품을 한꺼번에 선적하지 않고 여러 회에 나누어 선적하는 것을 의미한다. 한편 할부선적은 일정 기간 동안 정해진 분량을 나누어 선적하므로 분할선적과는 개념의 차이가 있다.

분할선적을 허용하는 경우에는 Partial shipment allowed라고 명시하고 분할선적을 금지하는 경우에는 Partial shipment is not allowed라고 표시한다.

② 환적(transshipment)

환적이라 함은 선적된 물품을 목적지에 도착하기 전에 다른 선박 또는 다른 우송수단으로 옮겨 싣는 것을 환적이라고 한다. 신용장에서 Trans shipment allowed.라고 표기되어 있으면 환적을 허용한다는 의미이다.

과거에는 환적으로 인해 물품의 파손 또는 멸실 우려가 있어서 수입상들이 환적을 꺼리는 경향도 있었으나 컨테이너의 등장, 포장, 하역 기술의 발달로 화물의 손상 및 멸실의 위험성이 크게 감소했다.

3) 결제조건

(1) 의 의

결제조건은 매도인의 물품 인도에 대하여 매수인이 부담해야 할 의무로서 물품대금에 대한 지급시기, 방법, 결제통화, 지급수단 등에 관하여 약정하는 것을 말한다.

대금의 결제는 수출상에 있어서는 가장 중요한 업무의 한 부분이므로 거래의 안정성이 담보될 수 있도록 주의를 기울여 결제조건을 선택할 필요가 있다.

(2) 대금결제방법

① 신용장에 의한 결제

신용장은 개설의뢰인의 요청과 지시에 따라 개설은행이 신용장을 개설하게 되면 수익자인 수출상은 신용장의 내용에 일치하는 서류를 제시함으로써 수출물품의 대금을 결제 받는 조건부 지급확약이다.

신용장 거래는 국제간 가장 많이 이루어지는 대금결제방법 중의 하나이다. 국제간의 거래에 있어서는 특별한 경우를 제외하고 주문 당일 물품을 공급하고 대금결제를 받기는 어렵다.

계약이 성사되고 물품이 공급되기까지 일정 시일이 소요되며 단순히 계약서만 가지고는 이해 당사자 간의 원만한 거래가 어렵다. 이에 은행을 통하여 신용장이 개설되고 또 수익자는 이를 수취함으로써 신용장에 지시된 기일 안에 물품을 생산한 후 선적하고 그에 해당되는 증빙 서류를 거래은행에 제시하면 원만히 대금결제가 이루어지는 것이다.

② 송금 결제방식(Telegraphic Transfer)

수입량이 적어 자금 부담이 작은 거래이거나 수입자가 수출자의 신용을 의심하지 않는 경우 또는 수입자가 고의로 수입관세를 적게 내기 위하여 원래 매입가격보다 낮은 가격으로 수입 통관을 하려고 할 때(Under value) 이런 방식을 택하기도 한다. 그러나 실제 가격보다 낮게 신고된 물건은 덤핑 문제나 무역 분쟁의 원인을 제공하는 경우이므로 적극적으로 권장할 사항은 아니다. 서로 간에 정당한 방법으로 거래가 성사되어야 장기적이고 지속적인 거래가 이루어질 수 있으며, 이는 국가 신인도에도 영향을 줄 수 있기 때문이다. 이러한 경우에 물품을 생산하기 전에 송금이 이루어지는 경우도 있고 물품을 생산하여 최종 생산량이 확정된 후에 송금해 주는 경우도 있다. 수출자 입장에서는 선불로 받는 것이 물론 가장 바람직한 방법이며, 대부분 수입자들은 선불로 송금을 해주는 경우가 많다.

이 외에도 물품의 인도 인수와 동시에 또는 인도 인수 후 수출수입대금을 외화로 영수 또는 지급하는 방식, 즉 Cod와 Cad 방식이 있다.

③ 추심결제방식

이 방식은 신용장이 없이 수출자가 수출자의 거래은행에 환어음과 선적서류를 제시하고 수출자의 거래은행은 수입업자의 은행에 이 서류를 발송하게 되고 수입업자의 은행은 다시 수입업자에게 이 서류를 제시하여 대금결제를 받는 것이다. 이는 D/A와 D/P로 구분된다.

㉠ D/A(Document against acceptance)

이 거래는 쉽게 말해서 외상거래이다. 추심 은행이 수입업자에게 환어음을 제시하면 수입업자는 단순 서명만으로도 선적서류를 수취할 수 있으며 대금 지불은 하지 않은 상태에서 물품을 찾아갈 수 있다. 이는 보통 수입업자에게 외상 기일 이 주어지기 때문에 D/A 기간이 주어진다(예 D/A 60days).

㉡ D/P(Document against payment)

이는 수입자가 선적서류를 수취할 때 대금결제를 담보하는 조건이므로 외상거래라 볼 수는 없다. 그러나 역시 대금결제가 이루어지기까지 상당한 시간 동안 기다려야 하고 먼저 생산과 선적을 해야 하는 측면에서 수출자의 부담은 존재한다.

D/A 및 D/P 방식은 대금결제가 완전히 보장되지 않으므로 수출자는 상대의 신용도를 면밀히 따져 보아야 할 것이다. 특히 D/A의 경우에는 물품 인수 후 상당 기일이 지난 후에 결제하는 방법이므로 수출자는 이런 수출 방식을 택할 때 신중하여야 할 것이다.

④ 국제 팩토링 결제방식

물품공급업자가 구매업자에게 상품 등을 외상으로 판매한 후 발생되는 외상매출 채권을 팩토링 회사에 양도하고 팩토링 회사로부터 각종의 금융지원과 사무처리 등의 서비스를 제공받는 방법을 말한다.

⑤ 중장기 연불방식

플랜트 수출이나 대형의 수출이 이루어진 경우에 일시에 그 대금을 지불하는 것은 쉽지 않다. 이러한 경우에 물품 대금의 전부나 일부를 일정 기간에 걸쳐 나누어 지급하는 것을 말한다.

(3) 결제시기에 따른 결제방법의 분류

① 선지급

수출상이 매매 약정된 물품을 인도하기 전에 그 대금을 지급하는 경우를 말한다. CWO, T/T, 전대신용장 등이 이용된다.

② 후지급

수출상이 매매 약정된 물품을 인도한 후 일정기간이 경과하고 나서 그 대금을 지급하는 경우를 말한다. 신용장 방식에서는 일람불이 아닌 연지급신용장 또는 기한부매입신용장 등이 이용되며, 추심결제방식중의 하나인 D/A방식, 국제팩토링결제방식, 중장기 연불조건 등이 이에 해당한다.

③ 동시지급

수출상이 매매 약정된 물품을 인도하거나 물품에 대한 권리를 나타내는 서류의 인도와 동시에 대금의 결제가 이루어지는 방식을 말한다.

(4) 대금결제 통화

대금결제 통화는 약정된 물품을 매도인이 매수인에게 인도하고 결제를 받는 시점에서 결제수단이 되는 국별 통화를 말한다. 결제통화는 자국통화로 할 수도 있고 상대국 통화로 할 수도 있으며 제3국 통화로 할 수도 있다. 결제 통화에 따라 환위험이 발생할 수 있으므로 신중한 선택이 필요하다.

4) 가격조건(Trade Terms)

(1) 의 의

무역에 있어서 가격조건이라 함은 매매하고자 하는 물품의 수출입에 소요되는 비용을 누가 부담할 것인가에 관한 조건을 정하는 것으로 일반적으로 정형거래조건에 명시된 가격조건을 따라 정하며 이에 따라 포함되는 비용이 나뉘어지며 위험의 이전 시점도 또한 달라지게 된다.

(2) 가격조건 약정시의 고려사항

① 가격의 구성요소

가격조건을 약정할 때에는 가격의 구성요소, 즉 물품의 원가, 부대비용, 예상이익 등을 고려하여야 한다.

② 표시통화

표시통화는 자국, 상대국, 또는 제3국의 통화로 사용할 수 있다. 결제통화를 선택할 때에는 안정성과 교환성 및 유동성을 고려하여 환위험이 적고 안정적인 통화를 선택하는 것이 바람직하다.

5) 수량조건

(1) 의 의

수량조건은 수량의 단위, 표현방법, 결정시기, 계량의 방법 등

에 대하여 약정하는 것이다.

(2) 수량의 단위

수량은 길이, 개수, 면적, 포장, 중량, 용적 등을 기준으로 수량을 설정한다. 길이는 센티미터, 미터와 인치, 피트, 야드 등을 주로 사용하는데 섬유직물 수출 시에는 주로 야드 또는 미터를 사용하고 저급품의 경우에는 중량 단위로 하는 경우도 있다.

개수는 1 Piece 혹은 1Set, 1 Dozen 등이 사용된다. 또한 1 Gross라 하면 12 Dozen을 의미하며 이는 144Pcs를 말한다. 1 Small Gross는 10 Dozen을 의미하며 이는 120Pcs를 말한다.

포장은 상자, 곤포, 포대, 마대, 통, 묶음 등을 사용한다.

중량은 온스, kg, 파운드, 톤, 그램 등을 사용하며 Ton의 종류는 관습에 따라 다음과 같이 구분된다.

① long tone : 2240lbs: 1,016Kg

② short tone : 2,000lbs: 907.2Kg

③ metric ton : 2,204lbs: 1,000Kg

용적은 부피를 말하는데 일반적인 품목은 Cubic Meter로 그 부피를 재고 Barrel, Gallon, Liter 등의 단위도 사용된다.

(3) 수량의 표현방법

① 의의

무역거래 시 수량을 표현할 때 정확한 수량을 셀 수 있는 경우에는 정확히 수량을 표시하여 약정을 하지만 곡물이나 기타 수량을 정확하게 일치시키기 어려운 품목은 과부족 한도를 정해두는 것이 필요하다.

이러한 경우에 사용되는 방법이 과부족 용인 약관과 개산 수량조건이다.

② 과부족 용인 약관(More or less)

과부족 용인 약관은 당사자 간에 과부족의 허용범위를 미리 설정해두고 그 과부족 범위 내에서 선적이 이루어진 경우에는 이를 정당한 계약의 이행으로 간주하는 조항을 말한다. 과부족의 허용한도는 무역거래의 당사자인 매도인과 매수인의 합의 사항이다. 신용장 거래에서 과부족에 대한 문구가 없는 경우에 5% 과부족을 인정한다. 다만 선적수량이 초과되는 부분에 대하여 금액은 한도를 초과하지 못한다.

③ 개산 수량조건(Approximate quantity term)

개산 수량조건은 수량 문구 앞에 about, approximately, circa 등의 표현을 삽입하여 수량 표현에 탄력성을 부여하는 방법을 말한다. 신용장에서 개산 수량이 표현되면 수량(또는 단가, 금액)의 10%의 과부족을 인정한다.

(4) 수량의 결정시기

① 선적수량조건

선적지에서의 수량을 기준으로 약정하는 방식으로 선적지에서의 수량이 계약내용과 일치한 경우 운송도중 발생하는 수량의 변화에 대해서는 매도인이 책임을 지지 않는 조건을 말한다. 이때 매수인은 공인 검사기관 또는 공인 검량인 등의 검량을 받도록 하는 조건을 함께 약정하는 경우도 있다.

② 양륙수량조건

목적항에서의 수량을 기준으로 약정하는 방식으로 양륙할 때 수량을 확인하여 이를 기준으로 계약내용의 일치 여부를 따지는 조건으로 운송도중 발생하는 수량의 변화에 대한 책임을 매도인이 진다.

양륙수량은 매도인이 지정하는 공인 검량인 또는 공인검사기관에 의해 결정하는 것이 필요하다.

6) 포장조건

(1) 의 의

포장은 적절한 재료를 사용하여 매매물품의 보관, 운송, 하역 등에 있어서 물품의 손상 또는 멸실을 방지하기 위하여 그리고 상품의 가치를 유지하기 위하여 필요한 부분이다. 아무리 좋은 상품이라 하더라도 포장이 잘 이루어지지 못해 물품이 손상 또는 파손된다면 상품으로서의 값어치를 상실하게 되므로 상품의 내용과 가치에 맞는 포장 방법을 택해야 할 것이다.

(2) 포장의 종류

① 개장(Unitary packing)

상품의 최소 단위를 개별적으로 하나씩 포장하는 것으로 소비자의 구매욕구를 자극하도록 고안된 디자인 포장을 하는 것이 일반적이다.

포장 시에는 물품 보호와 외관의 모양을 고려하여 포장재료를 선택하여야 한다.

② 내장(Inner packing)

물품의 수송, 보관, 하역이 용이하도록 몇 개의 개장을 합하여 포장한다. 이때 주의할 사항은 개장을 너무 많이 합하여 포장하면 운송시에 어려운 경우가 있으므로 주의해야 하며 중량에 민감한 물품의 경우에는 수입상이 포장 중량을 제한하는 경우도 있다.

③ 외장(Outer packing)

외장은 일반적으로 튼튼한 포장재를 사용하고 나무상자, 판지, 마대 등이 이용된다. 그리고 외장에는 화인(Shipping Mark)을 표기하여 내부의 물품이 무엇인지를 확인하도록 한다.

(3) 포장의 방법

① 의의

포장은 운송에 어려움이 없도록 적당한 수량을 포장하여야 하며, 이때 각 포장 안에 내용물을 확인할 수 있도록 세부 포장명세서(Detail Packing list)를 작성하여야 한다. 포장을 하는 방법은 여러 가지가 있는데 직물류의 경우는 아래와 같은 방법이 주로 이용된다.

② 방법

㉠ Solid packing

Colour별로 구분하여 같은 Colour끼리 포장하는 방법으로 대부분의 경우 이 방법을 사용한다.

㉡ Assort packing

서로 다른 Col를 같은 비율로 섞어서 포장하는 방법으로

주로 중동 수출 시에 이 방법을 사용한다.

㉢ Bale packing

네모난 상자를 사용하지 않고 마대자루에 그대로 포장하는 방법으로 많은 수량을 선적하고 포장단가를 아낄 때 사용한다.

(4) 화 인(Shipping Mark)

① 의의

무역거래대상 물품의 바깥쪽에 물품의 식별을 위해서 특정기호, 포장번호, 목적지, 원산지 등을 표시하게 되는데 이를 화인이라고 하며, 통상적으로는 Shipping Mark 또는 Case Mark라고 부른다.

② 기능

화인은 물품의 식별기능이 가장 중요한 부분이며, 화물의 내용을 표시하는 기능을 겸하고 있고 보조적으로 취급상의 주의사항을 표시할 수도 있다.

③ 구성요소

화인은 일정한 기호로서 물품의 식별을 위해 주화인(main mark)을 사용하고 보조적으로 부화인(counter mark)을 사용하기도 한다. 그리고 화물번호(보통 1부터 최종화물번호까지), 원산지, 품명, 목적항, 수입상의 의뢰기호 등을 표기한다.

7) 보험조건

(1) 의 의

무역거래의 물품은 국제간에 이루어지므로 비교적 거리가 멀고 이동수단 또한 다양하다. 이러한 경우 예기치 못한 상황, 즉 운송중의 멸실, 손상, 전쟁 등의 각종 위험에 노출되게 된다. 우연히 닥칠 예기치 못한 위험을 예방 내지 방지하기 위하여 수출자 또는 수입자는 보험을 부보하게 되는데 보험료는 당해 물품의 내용, 금액, 거리, 국가의 위험성 등을 기준으로 다양하게 분류된다.

(2) 보험금액의 결정

보험금액은 보험사고 발생 시 보험회사가 지급해야 하는 손해배상의 금액의 최고한도를 말한다. 보험은 수출자가 부보하는 경우도 있고 수입자가 부보하는 경우도 있으나 통상 송장금액의 110%에서 125% 사이로 부보하는 것이 일반적이다.

(3) 보상의 범위

① 구협회 적하약관

1912년 제정된 약관으로 전위험담보조건(All Risk)인 ICC(A/R), 분손담보조건(With average)인 ICC(WA), 단독해손부담보조건(Free From Particular Average)인 ICC(FTA)으로 규정하고 있었으나 후에 신협회 적하약관으로 개정되었다.

② 신협회 적하약관(Institute Cargo Clauses)

런던보험자 협회와 로이드 보험협회가 구약관을 개정하여

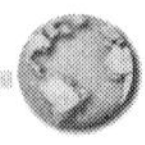

1982년부터 사용된 약관이다. ICC(A), (B), (C)조건, 협회전쟁약관, 협회 동맹파업약관 등이 있고 각 조건마다 보상의 범위가 다르게 보상된다.

(4) 정형거래조건과 부보의무의 귀속여부

① 의의

가격조건이 CIF 또는 CIP인 경우에는 매도인이 의무적으로 보험을 부보해야 한다. 그러나 기타의 경우에는 보험의 부보 의무가 없지만 매도인 또는 매수인이 자신의 위험책임이 존재하기 때문에 위험에 대비하여 당사자 임의로 보험을 부보하기도 한다.

② 매도인의 부보의무

가격조건이 CIF 또는 CIP인 경우에는 매도인이 매수인을 위하여 의무적으로 보험을 부보해야 한다.

③ 매수인의 임의부보

EXW, FCA, FAS, FOB, CFR, CPT조건에서는 운송중의 위험을 매도인이 부담하지 않으므로 매수인이 임의로 보험의 부보 여부를 결정한다.

④ 매도인의 임의부보

DAF, DES, DEQ, DDU, DDP조건에서는 운송중의 위험을 매도인이 부담하므로 보험가입 의무는 없지만 매도인이 임으로 보험의 부보 여부를 결정한다.

8) 분쟁해결에 관한 조건

(1) 의 의

무역은 국제간의 거래로서 상관습, 언어, 문화 등의 차이로 계약내용의 해석과 관련하여 분쟁이 발생할 소지가 있으며 이러한 경우 이를 처리하기 위하여 사전 합의가 필요하다. 또한 물품의 하자로 인하여 클레임이 제기되기도 한다. 당사자의 클레임 관련조항과 중재조항 등에 대하여 약정해두는 것이 필요하다.

(2) 클레임 조항

① 의의

클레임은 계약 당사자 중 일방이 계약에 의한 이행을 하지 않는 경우 계약 내용 또는 준거법에 의거 피해를 본 일방이 자신의 상실된 권리 또는 이익을 구제하기 위한 행위나 상대방에게 손해배상을 청구하는 것을 말한다.

② 내용

클레임 제기에 관하여는 제기기간, 근거, 제기방법 그리고 해결방법을 명시한다.

③ 해결방안

㉠ 당사자 간 해결

당사자 간 화해나 타협, 우호적 해결, 청구권의 포기, 손해의 배상 등의 방법으로 클레임이 해결될 수 있다.

㉡ 제3자의 개입에 의한 해결

당사자 간에는 서로 이해관계가 상반되는 경우가 일반적

으로 많이 있기 때문에 제3자의 개입에 의한 알선, 조정, 중재 등의 방법을 통하여 해결할 수도 있다.

(3) 중재조항

계약 당사자 간의 분쟁이 발생한 경우 소를 제기하면 시간과 비용이 많이 들게 된다, 이러한 경우 소를 제기하지 않고 중재인에게 의뢰하여 중재인의 판정을 최종적인 것으로 인정하여 중재조항을 명시하여 분쟁의 해결하는 방법을 말한다.

중재는 분쟁해결을 중재에 의한다는 조항을 미리 명시하거나 분쟁 발생 시 당사자의 합의가 있으면 가능하다. 당사자는 중재에 관한 절차, 장소, 중재기관 등을 합의하여야 한다.

(4) 소송관련 조항

무역 분쟁 발생 시 클레임, 알선, 조정, 중재 등의 방법에 의하지 하지 않고 소를 제기하여 당사자의 권리 또는 이익을 구제 받고자 하는 경우에는 소를 제기하여 해결할 수도 있다.

9) 기타 조건

(1) 불가항력 조항

① 의의

불가항력이란 계약 당사자의 정상적인 계약의 이행을 불가능하게 만드는 천재지변, 지진, 내란, 전쟁 등의 자연적 또는 인위적 사고를 말한다. 이러한 경우 계약의 이행이 원천적으로 봉쇄되어 불가능하게 될 수도 있고 계약이행 불능 사유가 제거되면 계약의 이행이 가능해지는 경우도 있다. 계약의 당사자는 불가항력 사유 발생 시 권리와 의무에 대하여 미리 규정해 두고 합의하는 것이 불가항력 조항이다.

② 불가항력 조항의 내용

㉠ 불가항력 사유

불가항력의 사유를 열거하고 열거하지 못한 사유에 대해서는 일반적인 문언을 명시한다.

㉡ 일정기간의 면책

불가항력의 사유가 발생하면 일정 기간 동안 계약을 위반한 경우라도 면책된다. 이는 사유 발생 시 계약위반자를 보호하는 역할을 하게 된다.

㉢ 매수인의 선택권

매수인은 불가항력으로 인하여 계약의 이행이 불가능한 경우 기간 연장을 통해 계약의 이행을 하도록 하거나 이를 취소할 수 있는 선택권을 가지게 된다.

③ 불가항력의 효과

불가항력의 사유가 발생하면 일정 기간 동안 계약의 효력이 정지되고 계약의 이행을 연장하는 효과가 발생한다. 계약기간 연장 후에도 불가항력 사태가 발생하면 양 당사자는 계약을 취소할 수 있다.

(2) Hardship 조항

Hardship은 계약 성사 이후 사정의 변화로 계약의 이행이 현저하게 상업적으로 곤란한 경우를 말한다. 불가항력은 계약의

이행이 불가능한 경우임에 반해 Hardship은 계약의 이행이 불가능하지는 않으나 계약의 이행으로 계약의 형평이 무너지는 등 여러 가지 어려운 사항에 닥쳤을 경우에 대비하여 합의한 조항으로 불가항력과는 구분되는 개념이다. 이러한 경우 계약의 수정이 가능하도록 약속하는 내용도 함께 포함한다.

(3) 완전합의 조항

당사자 간의 합의 내용이 계약서류에 모두 명시되었다는 것을 전제로 "이 계약서 작성 이전에 있었던 구술 및 서면 합의는 기속력을 상실한다."라는 내용을 명시하여 과거의 서면 합의에 대한 효력을 상실시키고 새로운 계약서에 명시된 조항만을 근거로 당사자의 권리의무를 발생시키는 것을 말한다.

(4) 권리침해 조항

무역계약에서 당사자 중 일방이 특허, 의장, 상표 등 제3자의 권리를 침해하는 물품을 주문하거나 인도한 경우 제3자의 배상청구로부터 면책된다는 것을 규정한 조항을 말한다.

(5) 검사조항

물품의 품질, 수량 등 검사에 관한 조항으로서 검사기관, 장소 시기, 비용부담 등에 대한 내용을 규정하는 것을 말한다.

〈무역계약의 기본조건〉

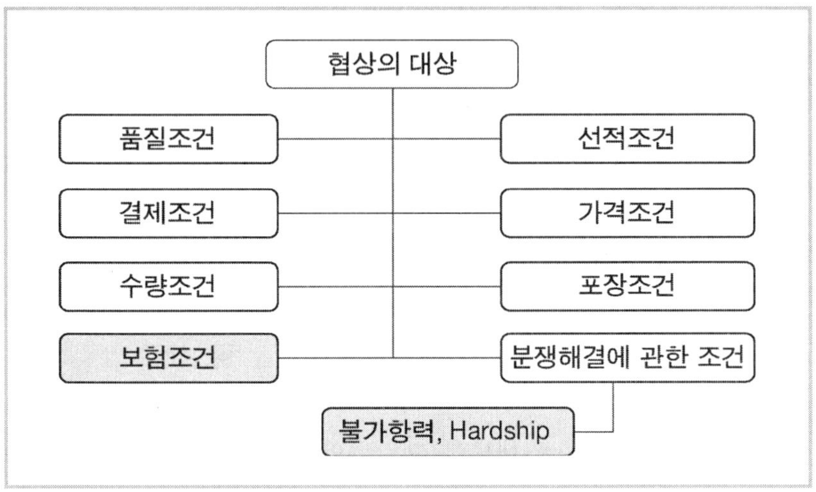

제4절 정형거래조건과 Incoterms

1 정형거래조건의 의의

언어, 문화, 관습, 지리적 환경이 서로 다른 국가 간의 무역거래에서는 국가 간의 상관습이 다양하고 상관습의 다양성에서 발생하는 혼란과 분쟁이 발생할 소지가 많다. 이를 피하기 위하여 국제 상관습에 대한 통일화 또는 표준화에 대한 노력이 꾸준히 진행되었다.

정형거래조건이라 함은 국제무역거래에서 당사자가 부담하는

의무의 내용, 즉 인도장소, 인도비용, 위험의 이전, 수출입통관 등에 대한 내용을 조건별로 명확히 정형화한 것이라 할 수 있다.

정형거래조건은 여러 가지가 있지만 가장 보편적으로 활용되고 있는 것은 ICC(International Chamber of commerce)가 제정한 Incoterms이다. Incoterms는 International commercial Terms의 약칭으로서 무역거래조건에 따른 해석에 관한 국제규칙(International Rules for the Interpretation of the Trades terms)이라 한다.

2 정형거래조건의 기능과 종류

1) 정형거래조건의 기능

(1) 계약 내용의 보완적 기능

무역계약이 체결되면 통상적으로 가격조건 및 기타 계약에 필요한 부분을 명시하게 된다. 이때 자세한 설명이 없다하더라도 정형거래조건을 활용함으로써 계약내용의 장황한 언급이 필요없게 된다.

(2) 무역거래의 간소화

정형거래조건은 오랫동안의 상관습에서 오는 이해관계의 차이점을 최대한 정형화시켜 표시하고 있기 때문에 계약내용을 일일이 열거할 필요가 없기 때문에 업무는 간소화 된다.

(3) 법률문제의 해석기준

정형거래조건은 계약조건에 포함되어 있는 당사자의 의무사항, 위험의 이전, 비용의 이전 등의 사항에 대하여 명시하고 있으므로 이를 통해 법률적 해석기준으로 활용되기도 한다.

〈정형거래조건의 기능〉

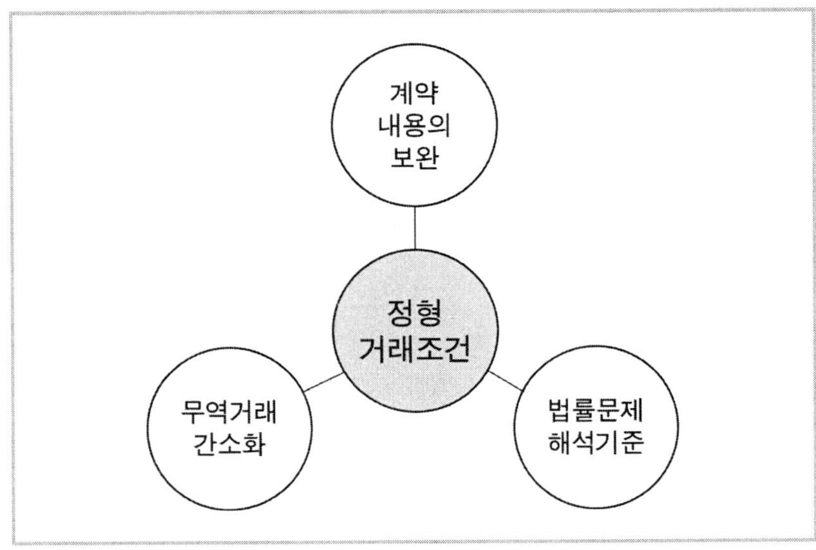

2) 정형거래조건의 종류

국제 무역거래에서 사용되는 정형거래조건으로는 ICC가 제정한 INCOTERMS가 가장 보편적으로 널리 사용되고 있으며 이를 포함하여 다음과 같은 정형거래조건들이 있다.

① ICC의 Incoterms

② ILA(International Law Association)의 CIF에 관한 와르소옥

스포드 규칙

③ 개정 미국 무역 정의(Revised American Trade Definition)

④ 미국의 통일 상법전(Uniform Commercial Code)

3 Incoterms 2010

1) 의 의

앞에서 언급한 바와 같이 Incoterms는 가장 보편적으로 활용되는 정형거래조건 중의 하나이다. Incoterms는 1936년 ICC에 의해서 "정형거래조건의 해석에 관한 국제 규칙"이 제정된 이래 7차에 걸쳐 개정되었다. 그 중에서 가장 나중에 개정된 것이 바로 Incoterms 2010인 것이다. 이는 상관습의 변화에 적응하고, 기존규정 업데이트, 관련규정의 통합 등, 현실을 반영하기 위한 노력의 일환이라 볼 수 있다.

2) Incoterms 2010의 활용

(1) Incoterms rule을 계약에 포함

새로이 개정된 Incoterms 2010을 적용하기 위하여 계약에 포함시켜서 사용할 수 있다. 이러한 경우 계약서에 그러한 내용을 명시하여야 한다. 예로 "the chosen Incoterms rule including the named place, followed by Incoterms® 2010"과 같은 문구를 삽입할 수 있다.

(2) 적절한 조건의 선택

각 조건에 따라 매수인과 매도인의 이행의무가 다르기 때문에 물품인도를 원활하게 하고 거래를 용이하게 하기 위하여 적절한 조건을 선택해야 한다. 예를 들어 당사자는 운송, 보험에 관한 의무를 추가할 수도 있다.

(3) 거래조건의 표현 간결

Incoterms rule은 거래조건의 표기에 의하여 인도장소나 운임부담의 주체, 보험가입여부 등에 대한 의무가 구체화 되어 있기 때문에 거래조건을 간결하게 표시하더라도 분쟁과 오해의 소지를 줄일 수 있다.

(4) Incoterms의 한계

Incoterms는 주로 물품인도에 관련된 당사자의 의무를 그 주된 내용으로 하고 있기 때문에 비용부담에 관하여 누가 의무를 부담하는지에 대해서는 다루지만 소유권의 이전, 계약위반의 결과로서 미치는 효과 등의 부분은 다루지 않고 있음을 잊지 말아야 한다.

4 Incoterms 2010의 주요특징

1) 도착지 인도조건의 변화(D Group)

인코텀즈 2000의 각 조건은 E그룹(1개조건), F그룹(3개조건), C그룹(4개조건), D그룹(5개조건) 으로 구분하여 전체 13개의 조

건을 사용하고 있었으나 Incoterms 2010에서는 D그룹의 조건이 5개에서 3개로 줄면서 용어 또한 변경되었다. DAT(Delivered at Terminal) 조건과 DAP(Delivered at Place)조건이 새로이 생기면서 Incoterms 2000의 DAF, DES, DEQ, DDU 조건을 대신하게 되었다.

2) Incoterms의 구분

(1) 어떤 운송수단에도 사용할 수 있는 조건

EXW - EX WORKS

FCA - FREE CARRIER

CPT - CARRIAGE PAID TO

CIP - CARRIAGE AND INSURANCE PAID TO

DAT - DELIVERED AT TERMINAL

DAP - DELIVERED AT PLACE

DDP - DELIVERED DUTY PAID

상기한 조건들은 하나 또는 하나이상의 다른 운송수단을 이용하여 물품을 인도하는 경우에도 사용할 수 있는 방법이다. 여기서 하나 이상의 다른 운송수단이라 함은 복합운송을 말한다. 또한 위의 7개 조건은 운송 중 해상운송을 포함하지 않고 있는 경우세도 사용할 수 있으며, 운송을 위하여 선박이 사용될 경우에도 사용할 수 있는 조건이다.

(2) 해상 또는 내수로 운송에만 사용할 수 있는 조건

FAS - FREE ALONGSIDE SHIP

FOB - FREE ON BOARD

CFR - COST AND FREIGHT

CIF - COST INSURANCE AND FREIGHT

3) 국제무역 및 역내거래에도 적용

Incoterms는 주고 국제 상거래, 즉 구경을 통과하는 물품의 거래에 전통적으로 사용되었지만 오늘날에 와서 EU와 같은 경제공동체 같은 곳에서의 국경의 중요성은 예전만큼 중요하지 않은 것이 현실이다. 새로이 개정된 Incoterms 2010에서는 적용 가능한 경우 국제 상거래는 물론이고 역내 거래에도 이를 적용하여 활용할 수 있다.

4) Guidance Notes(사용지침)

Guidance Notes(사용지침)에는 정형거래조건의 적용에 있어서 매도인과 매수인 사이의 언제 위험이 이전되는지, 비용이 어떻게 나누어지는지, 적절한 정형거래조건 등에 대한 설명이 있다.

5) 전자통신

이전 버전에서는 종이에 의한 서류를 전자문서 교환(EDI) 방식으로 대체할 수 있도록 하였다. Incoterms 2010에서는 전자적 수단에 의한 문서가 종이와 같은 효력을 가지는 것으로 하였다. 이렇게 함으로써 Incoterms 2010이 적용되는 동안 보다 더 새로운 전자적 수단의 발달을 촉진할 수 있도록 하였다.

6) 통관을 위해 필요한 정보와 보안

요즘에는 물품고유의 특성보다는 인체유해성이나 기타 다른 특성에 관련된 증명서를 요구하는 등 물품의 이동과 관련하여 보안관련 분야는 중요성이 점점 강조되고 있다. 새로이 개정된 Incoterms 2010에서는 매도인과 매수인 사이에 통관을 위하여 서로의 협조가 필요한 가운데 보안과 관련된 의무사항을 각각 구분하여 나타내고 있다.

7) 터미널 취급 수수료(THC)

THC란 Terminal handling charge의 약자로 물품 처리에 들어가는 추가적인 비용을 말한다. CPT, CIP, CFR, CIP, DAT, DAP와 DDP의 조건하에서 매도인은 물품을 합의된 장소에 인도하기 위하여 물품운송 계약을 체결한다. 이러한 경우 매도인이 운임을 지불하지만 통상적으로 매도인이 판매시점에서 매수인에게 운임을 포함시키기 때문에 실지로는 매수인이 운임을 지불하는 것이다. 운임에 터미널 취급수수료가 포함되지 않음 경우 운송인 또는 터미널 운영자는 물품을 인수하는 매수인에게 이러한 비용을 청구할 수 있다.이러한 경우 매수인은 두 번씩 수수료를 지불하지 않기를 원할 것이다. 즉 매도인에게 가격에 포함하여 운임을 지불하고 운송인이나 터미널 측에게 또다시 별도의 지출을 하여야 하기 때문에 이러한 문제를 해결하기 위하여 누가 이를 부담해야 하는지를 나타내고 있다.

8) Incoterms의 변형

수출상인 매도인과 수입상인 매수인은 양자의 합의에 의하여 정형거래조건의 일부를 변경하고자 할경우도 있다. 이러한 경우 Incoterms 2010에서는 이러한 변형을 금지하고 있지 않지만 이러한 변경으로 인해 오해와 분쟁의 소지가 생기지 않고 양자가 의도하는 효과를 달성할 수 있도록 매우 명확하게 하여야 할 것이다.

5 Incoterms의 각 조건

1) EXW (Ex Works: 공장인도조건)

(1) 해 설

수출상인 매도인이 자신의 공장 또는 작업장, 창고 등에 매수인의 임의 처분상태로 놓아두었을 때 매도인이 인도를 이행하는 것을 말한다.

매도인은 수출통관 절차를 이행할 책임이 없으며, 매수인의 집하차량에 적재할 의무도 없다. 이 조건은 매수인이 최대의 의무와 비용을 부담하여야 하는 조건이다. 수출상인 매도인이 수출절차를 이행할 능력이 부족하거나 수입상인 매수인이 수입국의 수출통관절차에 대한 의무마저 부담하므로 수입상이 여러 수출상으로부터 현지 공장에서 물품을 직접 구매하여 자신의 위험부담과 비용으로 수출국에서부터 물품을 직접 관리하여 수입하려 할 때 이러한 조건이 이용되기도 한다.

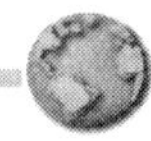

한편 실무에서는 매도인은 차량 적재의무가 없지만 매수인이 수배한 차량에 수출상의 비용으로 적재하고 때에 따라서는 수출통관조차도 부담하는 경우가 있다. 이러한 경우 수출상은 기본적으로 자신이 부담해야 할 의무의 범위에 대해서는 보다 확실히 알아둘 필요가 있다.

(2) 특 징

① 매도인의 최소의무, 매수인의 최대의무

이 조건은 정형거래조건 중 매도인이 부담하는 의무 중 최소한의 의무만을 부담한다. 가격조건에 운송비가 포함되지 않으므로 매수인이 구매하는 가격은 다른 조건과 비교해 볼 때 가장 단가가 저렴하다.

② 위험 및 비용부담

EXW 조건의 경우에는 매도인의 물품이 현존하는 장소에서 인도함으로써 그 물품에 대한 일체의 위험과 비용은 매수인이 부담하며 수출지에서의 통관비용도 매수인이 부담한다.

③ 복합운송방식의 수용

EXW조건은 어떠한 운송형태에도 이용할 수 있는 정형거래조건으로 현대적 운송방식인 컨테이너운송방식과 같은 복합운송방식 등에 적합하도록 고안되었으며 통상적으로 FCA가 국제상거래(International Trade)를 위해 고안되었다면 EXW는 역내거래(Domestic Trade)에 적합하다.

2) FCA (Free Carrier: 운송인도조건)

(1) 해 설

이 조건은 매도인이 매수인이 지정한 장소 또는 매수인이 지정한 운송인에게 물품을 인도하는 것이다. 인도가 영업소에서 행해지는 경우에는 매도인이 적재에 대한 책임을 지지만, 영업소가 아닌 기타의 장소에서 행해지는 경우에는 양륙에 대한 책임이 없다. 매수인이 운송인 이외의 자를 지명하였다면 매도인은 그 지명자에게 물품을 인도함으로써 인도책임을 다한 것으로 본다. 이 조건은 복합운송을 포함하여 어떤 운송수단에도 사용될 수 있다.

(2) 특 징

① 복합운송방식의 수용

FCA조건은 어떠한 운송형태에도 이용할 수 있는 정형거래조건으로 현대적 운송방식인 컨테이너운송방식과 같은 복합운송방식 등에 적합하도록 고안된 것이다.

② 매수인의 운송 계약체결의무

이 조건은 매도인이 매수인이 지정한 운송인에게 물품을 인도하는 것이므로 운송계약은 매수인이 체결한다. 이에 필요한 협조 부분은 매수인의 위험과 부담 하에 매도인이 협조한다.

③ 매수인의 수출통관의무

매수인은 적용 가능한 경우(where applicable) 수출통관에 대한 의무를 부담하지만 수입통관에 대한 의무는 부담하지 않는다.

3) FAS (Free Alongside Ship: 선측인도조건)

(1) 해 설

이 조건은 매도인에 의하여 약정물품이 매수인이 지정한 본선의 선측에까지 인도하는 조건을 말하며 수출통관절차는 적용 가능한 경우(where applicable) 매도인이 이행하여야 한다.

여기서 선측(Alongside Ship)이란 본선의 양화기 또는 부두 크레인 등에 의해 선내로 적재될 수 있는 선측으로 부두상 또는 본선 옆에 물품을 인도하는 장소를 말한다. 이 조건은 선박을 이용하여 운송하는 조건이므로 해상운송 또는 내수로 운송 이용시에만 사용할 수 있다.

(2) 특 징

① 운송형태의 제한

이 조건은 선측에 물품을 인도하는 방식이므로 해상운송 또는 내수로운송 방식의 거래조건에만 사용되는 조건이다.

② 매도인의 수출통관의무

FAS 조건에서는 매도인이 적용 가능한 경우(where applicable) 수출통관의무를 부담하지만 수입통관, 수입관세 등 수입과 관련된 의무는 부담하지 않는다.

③ 컨테이너 운송시 인도장소

물품이 컨테이너에 적재되어 있는 경우에 매수인은 선측이 아닌 터미널에서 운송인에게 물품을 인도한다. 이러한 경우 FAS조건은 부적절하기 때문에 FCA 조건을 사용해야 한다.

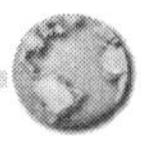

4) FOB (Free On Board: 본선인도조건)

(1) 해 설

본선인도조건은 무역계약 시 가장 보편적으로 활용되고 있는 무역거래방식의 하나이다. 본선인도란 물품이 지정된 선박의 본선에 적재될 때 매도인의 인도가 이루어지는 것으로 간주하며 수출통관 절차는 적용 가능한 경우(where applicable) 매도인이 부담한다. 매도인의 인도의무가 선박에 적재(on board)되었을 때 완료되므로 본선에 물품을 인도할 의도가 없는 경우에 FCA조건을 사용해야 한다. 이 조건은 본선인도가격이므로 해상운송 또는 내수로 운송에서만 사용될 수 있는 조건이다.

(2) 특 징

① 주운임 미지급 조건

FOB조건은 매도인이 본선적재 이전의 운송비용을 담당하고 본선적재 이후 발생하는 해상운임과 기타 경비를 매수인이 부담하므로 주운임 미지급조건이라 할 수 있다.

② 운송형태의 제한

이 조건은 본선에 물품을 인도하는 방식이므로 해상운송 또는 내수로 운송 방식의 거래조건에만 사용되는 조건이다.

③ 선적지 계약조건

C 그룹의 조건과 함께 대표적인 선적지 계약조건이라고 할 수 있다.

5) CFR (Cost and Freight: 운임포함조건)

(1) 해 설

운임 포함 조건도 무역계약 시 보편적으로 활용되는 무역거래 형태 중의 하나로서 물품이 본선에 선적되었을 때 매도인의 인도가 이루어지는 것으로 간주하며 수출통관절차는 적용 가능한 경우(where applicable) 매도인이 부담한다.

이 조건에서는 보험을 제외하고 물품을 합의한 목적항까지 운송하는 데 필요한 비용 및 운임을 매도인이 부담한다. 도착항에서 물품을 하역하는 비용이 발생한 경우 양자의 합의가 없는 한 그러한 비용은 매도인이 부담한다.

실무에서는 이 조건으로 계약 시 CNF로 아직까지 사용하고 있기도 하는데 정식 명칭은 CFR이므로 명칭을 사용함에 CFR로 사용할 것을 권유한다.

이 조건은 위험의 분기점이 본선에 적재되었을 때이므로 본선 적재 이전에 물품을 인도하는 경우에는 적하하지 않은 조건이다. 예를 들어 컨테이너를 이용하여 터미널에 인도가 이루어지게 하려면 CPT 조건을 사용해야 한다.

(2) 특 징

① 보험부보의무 없음

이 조건은 CIF 조건과는 달리 보험부보의무가 없다. 또한 본질적으로는 보험조건을 제외하고는 CIF 조건과 본질을 같이 한다.

② 운송형태의 제한

이 조건은 해상운송 또는 내수로 운송 방식의 거래조건에만 사용되는 조건이다.

③ 상징적 인도

이 조건은 선적 이후 물품의 멸실 및 손상의 위험을 매수인이 부담하고 매도인으로부터 제시된 서류와의 상환으로 대금을 지급하여야 되는 서류인도 조건, 즉 상징적 인도에 해당하는 조건이다.

④ 위험의 이전과 비용부담

CFR 조건하에서는 위험의 이전장소와 비용부담장소가 다르기 때문에 논란의 여지가 있다. 계약시점에서 도착항에 대해서는 구체적으로 명시하지만 선적항에 대하여는 구체적으로 명시하지 않을 있기 때문에 위험이 매수인에게 이전되는 장소가 구체적이지 않을 수 있다. 매수인이 원하는 특정장소에서 선적을 원하는 경우에는 매도인과 매수인이 이를 잘 식별하기 위하여 계약서에 명시하는 것이 바람직할 것이다.

6) CIF (Cost, Insurance and Freight; 운임보험료 포함조건)

(1) 해 설

이 조건은 FOB 조건과 더불어 가장 보편적으로 활용되는 거래방식 중의 하나이다. CIF조건에서는 물품이 본선에 적재되었을 때 매도인의 인도가 이루어지는 것으로 간주하며 수출통관절차는 적용 가능한 경우(where applicable) 매도인이 부담한다.

매도인은 보험료를 포함하여 물품을 목적항까지 운송하는데

필요한 비용 및 운임을 매도인이 부담한다. 보험료는 당사자의 특약이 있다면 그에 의하고 특약이 없는 경우에는 통상적으로 수출가격의 110% 또는 125%의 범위 내의 금액을 기준으로 매도인이 보험을 부보한다.

이 조건은 위험의 분기점이 본선에 적재되었을 때이므로 본선 적재 이전에 물품을 인도하는 경우에는 적하하지 않은 조건이다. 예를 들어 컨테이너를 이용하여 터미널에 인도가 이루어지게 하려면 CIP 조건을 사용해야 한다.

(2) 특 징

① 매도인의 보험부보 의무

이 조건에서는 매도인이 운송중의 물품의 멸실이나 손상의 위험을 대비하여 보험계약을 체결한다.

② 주운송비 지급조건

CIF조건은 매도인이 목적항까지의 운송계약을 체결하고 운송에 소요되는 비용을 부담한다.

③ 운송형태의 제한

이 조건은 해상운송 또는 내수로 운송 방식의 거래조건에만 사용되는 조건이다.

④ 상징적 인도

이 조건은 선적 이후 물품의 멸실 및 손상의 위험을 매수인이 부담하고 매도인으로부터 제시된 서류와의 상환으로 대금을 지급하여야 되는 서류인도 조건, 즉 상징적 인도에 해당하는 조건이다.

⑤ 위험의 이전과 비용부담

CIF 조건하에서는 위험의 이전장소와 비용부담장소가 다르기 때문에 논란의 여지가 있다. 계약시점에서 도착항에 대해서는 구체적으로 명시하지만 선적항에 대하여는 구체적으로 명시하지 않을 있기 때문에 위험이 매수인에게 이전되는 장소가 구체적이지 않을 수 있다. 매수인이 원하는 특정장소에서 선적을 원하는 경우에는 매도인과 매수인이 이를 잘 식별하기 위하여 계약서에 명시하는 것이 바람직할 것이다.

7) CPT (Carriage Paid to; 운송비 지급인도조건)

(1) 해 설

이 조건은 매도인이 지정한 운송인에게 물품을 인도하고 운송인이 물품을 목적지까지 운송하는 데 필요한 비용을 매도인이 부담한다. 이때 보험료는 수출자의 비용에서 제외된다. 수출통관비용은 적용가능한 경우(where applicable) 매도인이 부담한다. 이 조건은 복합운송을 포함하여 어떠한 운송 수단에도 사용될 수 있는 조건이다.

(2) 특 징

① 보험부보의무 없음

이 조건은 CIP 조건과는 달리 보험부보의무가 없다. 또한 본질적으로는 보험조건을 제외하고는 CIP 조건과 본질을 같이 한다.

② 주운송비 지급조건

CPT 조건은 매도인이 목적지까지의 운송계약을 체결하고 운송에 소요되는 비용을 부담한다.

③ 운송형태의 제한이 없음

CFR과 CIF 조건이 해상운송과 내수로 운송에만 사용되는 것과는 달리 CPT 조건은 운송형태에 관계없이 사용할 수 있으며 특히 복합운송에 적합한 조건이다.

8) CIP (Carriage and Insurance Paid to; 운송비 보험료 지급인도조건)

(1) 해 설

이 조건은 매도인이 지정한 운송인에게 물품을 인도하고 운송인이 물품을 목적지까지 운송하는 데 필요한 비용을 매도인이 부담한다. 이때 운송중의 멸실 또는 손상의 위험에 대비하여 부보하는 보험료는 수출자의 비용에 포함된다. 수출통관비용은 매도인이 부담한다. 이 조건은 복합운송을 포함하여 어떠한 운송수단에도 사용될 수 있는 조건이다.

(2) 특 징

① 매도인의 보험부보 의무

이 조건에서는 매도인이 운송중의 물품의 멸실이나 손상의 위험을 대비하여 보험계약을 체결한다.

② 주운송비 지급조건

CPT 조건은 매도인이 목적지까지의 운송계약을 체결하고 운송에 소요되는 비용을 부담한다.

③ 운송형태의 제한이 없음

CFR과 CIF 조건이 해상운송과 내수로 운송에만 사용되는 것과는 달리 CIP 조건은 운송형태에 관계없이 사용할 수 있으며 특히 복합운송에 적합한 조건이다.

9) DAT (Delivered at Terminal)

(1) 해 설

DAT 조건은 매도인이 지정 목적항 또는 지정장소에서 수입통관 미필상태의 물품이 양륙되지 않은 채로 도착한 운송수단 상에서 매수인의 임의처분 상태에 놓여 있을 때 인도하는 것을 말한다. 터미널이라 함은 부두, 창고, 컨테이너 야드(CY), 도로, 철도, 항공 터미널 등을 모두 포함하는 개념이다. 당사자가 물품을 터미널에서 다른 곳으로 운송하려고 하는 경우에는 DAP 또는 DDP 조건을 사용해야 한다.

수출통관 비용은 적용 가능한 경우(where applicable) 매도인이 부담하지만 수입통관비용, 수입관세 등 상대국에서 부담해야 할 관세 등은 매수인이 부담한다.

(2) 특 징

① 도착지 계약 조건

DAT 조건은 매도인이 지정 목적항 또는 지정장소에서 수입통

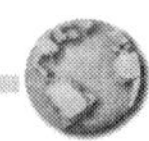

관 미필상태의 물품이 양륙되지 않은 채로 도착한 운송수단 상에서 매수인의 임의처분 상태에 놓여 있을 때 인도하는 것이므로 도착지 계약이라 할 수 있다.

② 매도인의 운송 계약 체결의무

DAT 조건에서는 약정물품의 인도를 위해 지정장소까지 운송을 수배하고 이에 해당하는 소요경비를 매도인이 부담한다.

③ 운송형태의 제한이 없음

DAT 조건 운송방식에 관계없이 사용될 수 있는 조건이다.

④ 매도인의 임의 보험 부보

매도인이나 매수인은 보험가입의무가 없으나 매도인이 운송중의 멸실이나 손상에 대비하여 보험을 가입할 수 있다.

10) DAP (Delivered at Place)

(1) 해 설

DAP (Deliverer at place) 조건은 매도인이 물품을 도착한 운송수단으로부터 지정된 장소에서 양륙하지 않은 상태로 매수인에게 물품을 인도하는 것을 말한다.

매도인은 지정된 장소까지 물품인도에 필요한 운송 계약을 체결하고 이에 대한 운임과 모든 위험을 부담한다.

매도인이 지정목적지에서 양하에 관한 비용을 부담한 경우 당사자의 별도의 합의가 없는 한 매도인이 이러한 비용을 부담한다.

수출통관 비용은 적용 가능한 경우(where applicable) 매도인이 부담하지만 수입통관비용, 수입관세 등 상대국에서 부담해야 할 관세 등은 매수인이 부담한다.

(2) 특 징

① 도착지 계약 조건

DAP 조건은 매도인이 지정된 장소에 물품이 양륙되지 않은 채로 도착한 운송수단 상에서 매수인의 임의처분 상태에 놓여 있을 때 인도하는 것이므로 도착지 계약이라 할 수 있다.

② 매도인의 운송 계약 체결의무

DAP 조건에서는 약정물품의 인도를 위해 지정장소까지 운송을 수배하고 이에 해당하는 소요경비를 매도인이 부담한다.

③ 운송형태의 제한이 없음

DAP 조건 운송방식에 관계없이 사용될 수 있는 조건이다.

④ 매도인의 임의 보험 부보

매도인이나 매수인은 보험가입의무가 없으나 매도인이 운송중의 멸실이나 손상에 대비하여 보험을 가입할 수 있다.

11) DDP (Delivered Duty Paid; 관세지급 인도조건)

(1) 해 설

관세지급 인도조건이라 함은 매도인이 지정 목적지까지 운송비용뿐만 아니라 수입통관을 이행하고 도착된 운송수단으로부터 양륙되지 않은 상태에서 매수인에게 인도하는 것을 말한다. 이 조건은 매도인이 부담해야 할 의무가 가장 많은 거래조건이다. 상대 수입국의 통관절차를 잘 모르는 경우 또는 매수인에게 수

입에 관한 모든 위험과 비용을 부담시키려면 DDP 조건 대신에 DAP 조건을 사용해야 한다.

(2) 특 징

① 도착지 계약

DDP 조건은 매도인이 계약물품을 수입국의 지정 목적지에서 매수인의 임의 처분 하에 물품을 적치하는 것을 조건으로 한다. 따라서 이는 도착지 계약에 해당된다.

② 매도인의 운송계약 체결의무

DDP 조건은 매도인이 지정 목적지까지 운송계약을 체결하고 이에 소요되는 비용을 부담하여야 한다.

③ 매도인의 수입통관의무

이 조건은 관세지급 인도조건이므로 매도인이 수입통관에 관한 절차를 이행하여야 하며 이에 소요되는 비용을 부담하여야 한다. 따라서 현존하는 정형거래조건 중에서 매도인이 부담해야 할 의무가 가장 많은 조건이다. 이 조건은 매수인이 수출입에 대한 상황을 잘 모르거나 혹은 매도인이 수입국 통관절차를 잘 아는 경우에 이 조건의 계약이 적합하다. 만일 수출상이 수입허가를 취득하지 못하거나 직간접적으로 수입국의 수입통관절차를 이행하기 곤란한 경우에는 DDP 조건 대신 DDU 조건을 사용할 수 있다.

6 Incoterms의 한계

Incoterms가 정형거래조건의 해석에 관한 통일된 규칙을 제공함으로써 무역거래를 원활하게 하지만 다음과 같은 한계를 가지고 있다.

1) 최소한의 해석기준

Incoterms는 무역계약 시 채택할 수 있는 무역 조건에 대한 최소한의 해석기준을 일하여 제시하고 있으며 운송계약이나 보험계약까지 포괄하여 적용되는 것은 아니다.

2) 매매 당사자의 권리의무

Incoterms는 무역거래 시 물품을 통환할 의무, 위험과 비용의 분기점등에 대해서 다루고 있으나 소유권과 재산의 이전, 계약위반시의 권리와의무의 범위 등에 대해서는 다루고 있지 않다.

3) 당사자 특약우선

Incoterms의 적용에 관하여 개별계약에서 당사자의 특약이 있는 경우에는 특약이 Incoterms에 우선하여 적용된다.

7 Incoterms 내용 정리

1) 운송형태에 의한 조건의 구분

(1) 해상운송 및 내수로 운송조건에서 사용가능한 조건

해상운송 및 내수로 운송조건에서 사용가능한 조건은 FAS, FOB, CFR, CIF 조건이다.

(2) 모든 운송형태에 사용 가능한 조건

모든 운송형태에 사용 가능한 조건은 EXW, FCA, CPT, CIP, DAT, DAP, DDP 조건이다.

2) 운송지에 의한 조건의 구분

운송지에 의한 조건은 당사자의 계약 내용에 따라 위험의 분기점을 구분하는 것으로 수출지인 선적지에서 물품의 멸실 이나 손상에 대한 매도인의 위험부담이 매수인에게 이전되는 것을 선적지 계약이라 하고 위험부담의 분기점이 수입국 내의 어느 지점에 존재하는 것을 도착지 계약이라 한다. 선적지 계약에는 E그룹, F그룹, C그룹이 해당되며 도착지 계약은 D그룹이 해당된다.

3) 보험계약의 당사자

(1) 매도인이 보험계약을 체결하여야 하는 경우

CIF, CIP 조건에서는 매도인이 운송중의 멸실이나 손상에 대하여 보험계약을 체결하여야 한다.

(2) 기타의 경우

CIF, CIP 조건을 제외하고는 보험의 부보 의무가 없다. 다만 매도인 또는 매수인이 자기 자신을 위하여 스스로 보험을 부보할 수도 있다. 즉, D그룹의 경우에는 매도인이 도착지까지의 운송과 운송 중에 발생하는 멸실 손상에 대비하여 매도인 스스로를 위하여 보험을 부보할 수 있고, 기타 매도인의 부보 의무가 없는 나머지 조건에 대하여는 매수인이 자신에게 이전된 위험을 담보하기 위하여 스스로 보험계약을 체결할 수가 있는 것이다.

〈Incoterms의 구성〉

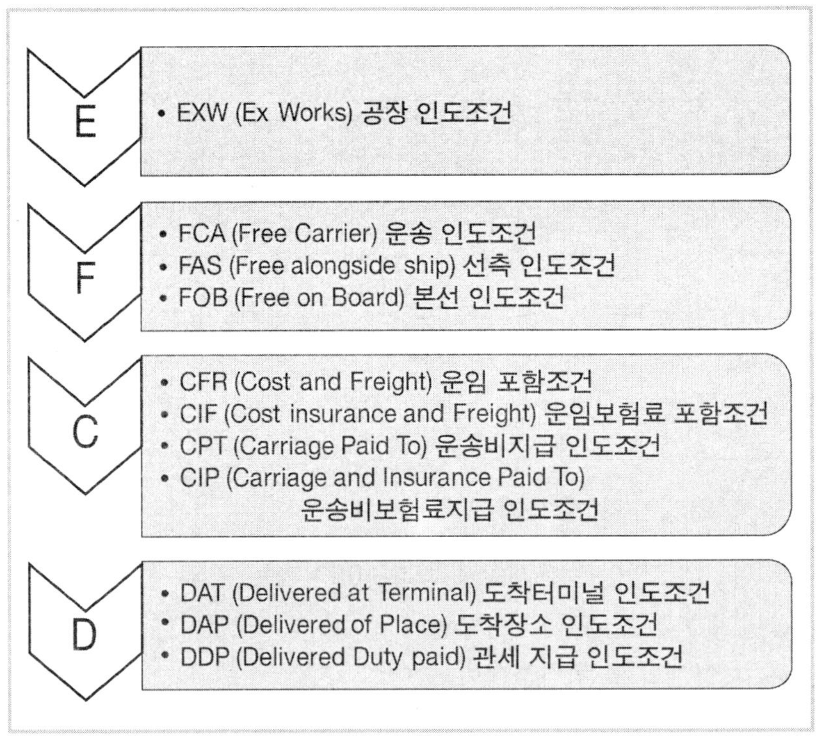

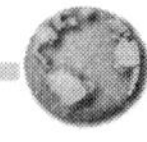

〈Incoterms의 내용정리〉

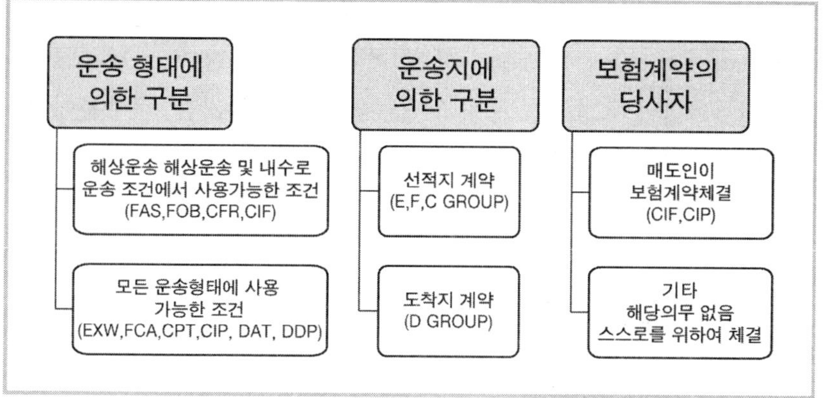

제 5 절 CISG

1 CISG의 의의

CISG는 국제물품 매매계약에 관한 유엔 협약(약칭 비엔나 협약)으로서 UN국제 거래법 위원회에서 성안한 협약이다. 국가마다 법체계와 상관습이 동일하지 않으므로 무역거래 시 분쟁발생의 위험이 항시 존재하므로, 분쟁으로 인한 불필요한 시간과 비용을 줄이기 위하여 준거법을 표준화 할 필요성이 높아짐에 따라 UN에의 하여 1980년 4월 11일 CISG가 성립되었으며 전문을 포함하여 총 101조로 구성되어 있다.

CISG는 1964년 The Uniform Law of International Sales of Goods와 The Uniform Law of Formation of Contracts for the International Sales of Goods에 기초를 두고 있으며 현재 대한민국, 미국, 캐나다, 독일, 프랑스 등 주요 무역국가들 대부분이 동 협약에 가입한 상태이다.

2 CISG의 특징

1) 포괄적인 법체계

CISG는 계약의 성립, 매도인과 매수인의 의무, 계약위반시의 구제방안, 손해배상, 이자, 면책 등에 대한사항을 포괄적으로 다루고 있다.

2) 국제 매매에 한정 적용

협약 제1조에서 이 협약은 국제매매(영업소가 서로 상이한 국가의 거래)에 적용되도록 하고 있다. 협약의 취지와 목적상 상관습이 서로 다른 국가 간의 청약과 승낙, 당사자의 의무 등에 대해 다루고 있는 것이다.

3) 합의에 의한 적용배제(제6조)

당사자는 합의에 의하여 적용을 배제시키거나 협약의 조항을 변경시킬 수도 있다.

이는 당사자의 합의를 우선 존중하는 사적자치의 원칙을 따라

이 협약에 우선하여 당사자의 합의가 있는 경우에는 이 협약의 전부 도는 일부의 적용의 배제가 가능함을 말한다.

4) 소유권이전 규정의 부재

이 협약은 당사자의 의무와 의무위반시의 구제 등에 대해서는 비교적 상세하게 다루고 있으나 소유권이전에 관하여는 별도의 규정을 두고 있지 않다.

5) 계약유지의 원칙

국제 물품매매 협약에 있어 일단 성립된 계약은 쉽게 소멸되는 것을 방지하고 계약의 이행을 통해 종료되도록 매도인의 하자 보완권, 추가이행기간의 인정 등 여러 가지 장치를 마련하고 있다.

3 CISG의 구성

CISG는 전문을 앞에 두고 제1부 적용범위와 총칙, 제2부 계약의 성립, 제3부 당사자의 권리와 의무, 제4부 최종규정이 있으며, 말미에는 후문으로 구성되어 있다. 전문은 상징적인 선언이라 볼 수 있으며 본분은 제1부에서는 적용의 기본원칙, 적용제외, 합의에 의한 적용배제, 협약해석의 원칙, 관습과 관행의 구속력 등의 일반적 규정에 대해서 언급하고 있으며 제2부에서는 청약의 기준, 효력발생, 승낙의 시기와 방법 등 계약의 성립에 대해 구체적으로 언급하였고, 제3부에서는 물품의 매매에 대한 부분을 다루면서 매도인과 매수인의 권리의무를 명시하고 이를 위반했을 때 각 당사자가 취할 수 있는 조치와 위험의 이전, 손해배상, 이자 면책, 해제의 효과 등에 대한 부분을 다루었으며, 제4부에 최종 규정 순으로 배열되어 있다. 최종규정에는 타협정과의 관계, 협약에 관한 선언절차 등이 언급되어 있다.

4 CISG의 적용범위

1) 적용의 기본 원칙(제1조)

CISG는 당사자가 서로 다른 국가에 영업소가 있고, 당해 국가가 모두 체약국인 경우 또는 국제 사법 규칙에 따라 체약국의 법률을 적용하게 될 경우에 당사자 간 적용의 배제에 관한 합의가 없는 경우에 CISG 규정이 적용된다. 즉 CISG는 국제매매계약에만 적용되며 당사자의 국적이나 민·상사상의 성격은 고려되지 아니하며 당사자 간 합의에 의하여 이 협약을 배제하거나, 효력감퇴 또는 변경의 합의가 없을 때 이 협약이 적용된다.

> ➲ 이 협약은 위의 조건에 따라 서로 다른 국가 간의 거래에 적용하며 당사자의 국적이나 당사자 또는 계약의 성격은 고려되지 아니한다.

2) 적용범위(적용이 배제되는 경우)(제2조~제6조)

(1) 특수 매매 등에 대한 적용 배제(제2조)

CISG는 개인용 가정용으로 구입되는 물품, 경매, 강제집행, 주

식, 지분, 투자증권 등과 같은 특수한 종류의 매매에는 적용되지 않는다.

(2) 서비스 계약 등의 적용 배제(제3조)

물품을 제조 하거나 생산하여 공급하는 계약이라 하더라도 주문 당사자가 그 제조 생산에 필요한 중요한 부분을 제공한 경우에는 이 협약의 적용이 배제되며 물품을 공급하는 당사자의 의무 중에서 대부분이 노동 또는 서비스의 공급으로 구성되어 있는 계약인 경우 이 협약이 적용되지 않는다.

> ➲ 협약 적용 제외 대상
> ① 제조 생산 시 주문자가 주요부분을 공급하는 경우
> ② 물품을 공급하더라도 노동 또는 기타 서비스 공급이 더 많은 비중을 차지하는 경우

(3) 계약의 효력 등에 대한 적용배제(제4조)

CISG 협약은 계약의 성립과 그로인해 발생하는 매도인의 권리와 의무를 규율하며, 계약 또는 어떤 조항이나 관행의 유효성 및 매각된 물품의 소유권에 관하여 계약이 미칠 수 있는 효과에 대해서는 적용되지 않는다.

> ➲ 적용대상과 제외대상
> ■ 적용대상
> 계약의 성립과 관련된 매도인과 매수인의 권리와 의무
> ■ 비적용대상
> ① 계약의 유효성, 조항의 유효성, 관행의 유효성
> ② 계약이 매각된 물품의 소유권에 관하여 미칠 수 있는 효과

(4) 사망 등의 적용 배제(제5조)

이 협약은 물품에 의하여 야기된 사람의 사망 또는 신체적인 상해에 대한 매도인의 책임에 대해서는 적용되지 않는다.

5 CISG 총칙(제7조~제13조)

1) 협약 해석 원칙(제7조)

(1) 의 의

CISG의 해석에 있어서 국제적인 성격과 적용의 통일성 및 신의성실의 준수를 고려하여야 하며 명시적 규정이 없는 경우에는 일반원칙에 따라 문제를 해결하며 그러한 원칙이 없을 경우에는 국제사법의 원칙에 의하여 적용되는 법률에 따라 해결되어야 한다.

(2) CISG의 해석 기준

① 국제적 성격의 고려

CISG는 국제물품매매에 관한 통일법과 국제물품 매매계약의 성립에 관한 통일법에 기초하여 성립된바 자국의 국내법상의 개념을 고려하기보다는 국제적인 성격을 우선적으로 고려하여야 한다.

② 통일성 증진

CISG의 해석에 있어서 협약에 가입한 국가들이 서로 다르게 해석을 한다면 분쟁의 해결이 용이하지 않으므로 국제적인 성격을 고려함과 동시에 적용의 통일성을 증진할 수 있도록 해석하도록 하고 있다.

③ 신의성실의 준수

신의성실의 기본원칙으로서 이는 오늘날 많은 국가들이 널리 인정하고 있는 사법의 기본원칙이다. CISG의 해석에 있어서도 국제적인 성격을 고려하여 통일성을 증진시키고 신의성실에 대한 고려가 있어야 함을 그 해석 기준으로 삼고 있다.

④ 일반원칙에 따른 해결

CISG에 의하여 규율되는 사항이나 이 협약에서 명시적으로 해결되지 아니하는 문제의 경우에는 앞에서 언급한 원칙과 신의성실의 원칙 등과 같은 일반원칙과 CISG의 다른 조항들로부터 얻어낸 일반원칙을 기준으로 하여 문제를 해결하여야 한다.

⑤ 국제 사법원칙에 의하여 적용 되는 법률에 따른 해결

CISG에서 일반원칙에 따른 해결을 할 수 없는 경우에는 재판권을 가진 법원 소재국의 규정에 의해 결정되는 준거법에 따라 해결되어야 한다. 이 원칙은 일반원칙을 우선적으로 적용하여 그 원칙에 따라 해결하되, 일반원칙이 없어서 해결이 곤란한 경우에 한하여 이 원칙을 적용하여야 할 것이다.

> ➲ 협약 해석 원칙
>
> ▪협약 해석 원칙 : 국제적인 성격, 통일성증진, 신의성실의 원칙
>
> ▪해결되지 않을 경우: 일반원칙 → 국제사법 원칙적용.

2) 당사자의 진술 · 행위의 해석 원칙 (제8조)

(1) 의 의

무역거래의 당사자인 매도인과 매수인은 거래과정에서 일정한

진술 또는 기타의 의사표시행위 등을 통하여 계약이 성립되며, 이에 따른 계약을 이행하게 되며, 쌍방이 원만히 의무를 이행하면 계약이 종료된다. CISG는 이러한 무역거래와 관련하여 다툼이 발생하고 당사자의 진술 또는 행위의 해석에 관하여 해석이 엇갈리는 경우 분쟁의 해결을 위한 정확한 해석 원칙에 대해 규정하고 있다.

(2) 당사자의 의도에 따른 해석

협약의 적용에 있어서 당사자의 진술 또는 기타의 행위는 상대방이 그 의도를 알았거나 몰랐을 리가 없는 경우에는 당사자의 의도에 따라 해석되어야 한다.

(3) 합리적인 제 3자의 이해도에 따른 해석

당사자의 의도에 따른 규정이 적용될 수 없는 경우에는 상대방과 같은 종류의 합리적인 자가 동일한 사정에서 가질 수 있는 이해도에 따라 해석되어야 한다.

(4) 관련된 사정의 상당한 고려

당사자의 의도나 합리적인 자가 가질 수 있는 이해도를 결정함에 있어서는 당사자 간의 교섭, 당사자 간에 구축된 관습, 관행 및 당사자의 후속되는 어떠한 행위를 포함하여 모든 관련 상황에 대한 상당한 고려가 있어야 한다.

> ➲ 교섭, 당사자 간 구축된 관습, 관행 및 후속되는 행위를 포함한 모든 상황에 대한 상당한 고려

3) 관행과 관습의 구속력(제9조)

(1) 의 의

무역거래는 대부분 지속적 · 반복적으로 거래가 계속되는 것이 보통이라 할 수 있다. 이러한 경우에 당사자는 계약 체결 시 거래조건 및 대금결제 방법을 정해놓고 같은 방법으로 반복적으로 거래를 하게 되는데 특정한 상대방과 명문화된 계약조항이 없다 하더라도 이러한 거래가 계속적으로 이루어지면 관행과 관습이 형성되게 된다. CISG는 거래가 반복되면서 구축된 관행 및 관습의 구속력에 대한 규정을 두고 있다.

(2) 합의에 의한 구속

당사자는 그들이 합의한 모든 관행과 당사자 간에 구축되어 있는 모든 관습에 구속된다.

(3) 통상적관습의 적용

별도의 합의가 없는 한, 당사자가 알았거나 알았어야 하는 관행으로 국제무역에서 해당되는 특정무역에 관련된 종류의 계약당사자에게 널리 알려져 있고 통상적으로 준수되고 있는 관행은 당사자가 이를 그들의 계약 또는 계약 성립에 묵시적으로 적용하는 것으로 본다.

> ➲ 관습과 관행의 구속력
> 당사자는 합의한 관행과 관습에 구속되며 널리 알려져 있고 통상적으로 준수되고 있는 관행도 계약 또는 계약의 성립에 적용된다.

4) 영업소 의미(제10조)

영업소란 계약의 어느 일방이 영업소를 둘 이상 갖고 있는 경우에는 계약의 이행과 가장 밀접한 관계가 있는 장소를 말하며, 당사자가 영업소를 갖고 있지 아니한 경우에는 당사자의 거소를 영업소로 참조한다.

5) 계약의 형식(제11조)

매매계약은 서면에 의하여 체결되거나 또는 입증되어야 할 필요가 없으며, 또 형식에 관해서도 어떠한 다른 요건에 따라야 하지 아니한다. 매매계약은 증인을 포함하여 여하한 수단에 의해서도 입증될 수 있다. 이는 무역계약의 특성이 불요식 계약이므로 반드시 서면을 통하여 계약이 성립되는 것은 아님을 의미한다.

6 계약의 성립과 관련된 규정(제14~제24조)

1) 청약 관련 규정

(1) 청약의 기준과 청약의 유인(제14조)

① 청약의 기준

1인 이상의 특정한 자에게 통지된 계약체결의 제의는 그것이 충분히 확정적이고 또한 승낙이 있을 경우에 구속된다고 하는 청약자의 의사표시를 하고 있는 경우에는 청약으로 된다.

어떠한 제의가 물품을 표시하고 또한 그 수량과 대금을 명시

적 또는 묵시적으로 지정하거나 또는 이를 결정하는 규정을 두고 있는 경우에는 이 제의는 충분히 확정적인 것으로 한다.

② 청약의 유인

의사를 명확히 표시하지 아니 한 1인 이상의 특정한 자에게 통지된 제의는 그 제의를 행한 자가 의사를 명확히 표시하지 아니하는 한 단순히 청약을 행하기 위한 유인으로 본다.

(2) 청약의 효력 발생, 철회, 취소 및 거절(제15조~제17조)

① 청약의 효력 발생(제15조)

청약은 피청약자에게 도달한 때 효력이 발생한다.

② 청약의 철회

청약은 취소 불능한 것이라도 청약의 도달 전 또는 그와 동시에 피청약자에게 도달하는 경우에는 이를 철회할 수 있다.

③ 청약의 취소(제16조)

㉠ 청약의 취소시기 및 요건

계약이 체결되기까지는 청약은 취소될 수 있다. 다만 이 경우에 취소의 통지는 피청약자가 승낙을 발송하기 전에 피청약자에게 도달하여야 한다.

㉡ 청약의 취소가 불가능한 경우

ⓐ 청약이 승낙을 위한 지정된 기간을 명시하거나 또는 기타의 방법으로 그것이 철회 불능임을 표시하고 있는 경우 또는

ⓑ 피청약자가 청약을 취소불능이라고 신뢰하는 것이 합

리적이고, 또 피청약자가 그 청약을 신뢰하여 행동한 경우

④ 청약의 거절(제17조)

청약은 취소 불능한 것이라도 거절의 통지가 청약자에게 도달한 때에는 그 효력이 상실된다.

2) 승낙과 관련된 규정(제18조~제22조)

(1) 승낙의 정의, 효력발생 시기 및 방법(제18조)

① 승낙의 정의

승낙이란 청약에 대한 동의를 표시하는 피청약자의 진술 또는 기타의 행위를 말한다.

침묵 또는 부작위 그 자체는 승낙으로 되지 아니한다.

② 승낙의 효력발생 시기

승낙은 청약에 대한 동의의 의사표시가 청약자에게 도달한 때 그 효력이 발생한다. 동의의 의사표시가 청약자가 지정한 기간 내에 도달하지 아니하거나, 어떠한 기간이 지정되지 아니한 때에는 청약자가 사용한 통신수단의 신속성을 포함하여 거래의 사정을 충분히 고려한 합리적인 기간 내에 도달하지 아니한 경우에는 그 효력이 발생하지 아니한다. 구두의 청약은 별도의 사정이 없는 한 즉시 승낙되어야 한다.

③ 기타의 의사표시에 의한 효력발생 시기

청약의 규정에 의하거나 또는 당사자 간에 확립된 관습이나 관행의 결과에 따라, 피청약자가 아무런 통지 없이 물품 발송이

나 대금지급에 관한 행위를 이행함으로써 동의의 의사표시를 할 수 있는 경우에는 그 행위가 이행된 때에 승낙의 효력이 발생한다. 다만 그 행위는 규정된 기간 내에 이행된 경우에 한한다.

(2) 변경된 승낙의 효력(제19조)

① 반대청약(Counter-offer)에 해당하는 경우

승낙을 의도하고는 있지만 이에 추가, 제한 또는 기타의 변경을 포함하고 있는 청약에 대한 회답은 청약의 거절이며 또한 반대 청약에 해당한다.

② 승낙에 해당되는 경우

승낙을 의도하고 있으나 청약의 조건을 실질적으로 변경하지 아니하는 추가적 또는 상이한 조건을 포함하고 있는 청약에 대한 회답은 청약자가 지체 없이 구두 상 또는 그러한 취지의 통지를 발송하지 아니하는 한 승낙에 해당된다. 청약자가 그러한 반대를 하지 아니하는 경우에는 승낙에 포함된 변경사항이 있는 청약의 조건이 계약의 조건으로 된다.

③ 실질적 변경에 해당되는 경우

여러 요소 중에서 단가, 대금결제, 품질, 수량, 인도장소와 시기, 상대방에 대한 당사자일방의 책임의 범위 또는 분쟁해결에 관한 추가적 또는 상이한 조건은 청약의 조건을 실질적으로 변경하는 것으로 본다.

(3) 승낙기간(제20조)

① 승낙기간의 기산일

㉠ 전보의 경우(telegram)

전보의 경우 청약자가 지정한 승낙의 기간은 전보가 발신을 위하여 교부된 때로부터 기산된다.

㉡ 서신의 경우(letter)

서신에서 청약자가 지정한 승낙의 기간은 서신에 표시된 일자로부터 기산된다. 그러한 일자가 표시되지 아니한 경우에는 봉투에 표시된 일자로부터 기산된다.

㉢ 전화, 텔렉스 또는 기타의 동시적 통신수단에 의한 경우

전화, 텔렉스 또는 기타의 동시적 통신수단에 의한 경우 청약자가 지정한 승낙의 기간은 청약이 피청약자에게 도달한 때로부터 기산된다.

② 공휴일 또는 비영업일의 산입여부

승낙의 기간 중에 들어 있는 공휴일 또는 비영업일은 그 기산의 계산에 산입되지만 기간의 말일이 청약자의 영업소에서의 공휴일 또는 비 영업일에 해당하는 이유로 승낙의 통지가 기간의 말일에 청약자의 주소로 전달될 수 없는 경우에는 이에 이어지는 최초의 영업일까지 승낙의 기간이 연장된다.

(4) 지연된 승낙이 효력을 갖는 경우(제21조)

① 청약자의 통지에 의한 효력 발생

지연된 승낙도 청약자가 지체 없이 구두로 피청약자에게 유효

하다는 취지를 통지하거나 그러한 취지의 통지를 발송한 경우에는 승낙으로서의 효력을 갖는다.

② 청약자의 통지에 의하지 않고 효력이 발생하는 경우

지연된 승낙이 포함되어 있는 서신 또는 기타의 문서가 통상적으로 전달된 경우라면 적시에 청약자에게 도달할 수 있었던 사정에서 발송되었다는 사실을 나타내고 있는 경우에 청약자가 지체 없이 피청약자에게 청약이 효력을 상실한 것으로 본다는 취지를 구두로 통지하거나 그러한 취지의 통지를 발송하지 아니하는 한 지연된 승낙은 승낙으로서의 효력을 갖는다.

(5) 승낙의 철회(제22조)

승낙은 그 승낙의 효력이 발생하기 이전 또는 그와 동시에 철회가 청약자에게 도달하는 경우에는 이를 철회할 수 있다.

3) 계약의 성립시기 및 도달의 정의(제23조~제24조)

(1) 계약의 성립시기(제23조)

계약은 청약에 대한 승낙이 이 협약의 규정에 따라 효력을 발생한 때에 성립된다.

(2) 도달의 정의(제24조)

청약, 승낙의 선언 또는 기타의 모든 의사표시는 그것이 상대방에게 구두로 통지되거나 또는 기타 모든 수단에 의하여 상대방 개별적으로, 상대방 영업소나 우편 송부처, 또는 상대방이 영업소나 우편송부처가 없는 경우에는 그 일상적인 거주지에 전달되었을 때에 상대방에게 "도달"한 것으로 본다.

7 물품매매의 총칙(제25조~제29조)

1) 계약의 본질적 위반(제25조)

(1) 의 의

계약 위반이란 일정의무를 부담하고 있는 당사자가 계약 및 준거법에 적합한 자신의 의무를 이행하지 않는 것을 말하며 이러한 경우 계약 및 준거법에 따라 상실당한 권리나 이익의 회복을 주장할 수 있게 되는데 이 협약에는 일정한 경우 계약의 본질적인 위반으로 인정하여 계약의 해제선언을 할 수 있도록 하고 있다.

(2) 본질적 위반의 정의

당사자의 일방이 범한 계약위반이 그 계약 하에서 상대방이 기대할 권리가 있는 것을 실질적으로 박탈할 정도의 손해를 상대방에게 주는 경우를 본질적 위반으로 한다.

(3) 본질적 위반의 구성 요건

① 권리의 실질적 박탈

당사자 일방이 범한 계약 위반에 의해 권리를 침해당한 당사자의 손해가 매매계약 하에서 기대할 권리가 있는 것을 실질적으로 박탈할 정도이어야 한다.

② 손해의 예측가능성

계약위반의 당사자는 자신의 계약 위반으로 인해 권리를 침해 당한 당사자가 실질적으로 권리를 박탈할 정도의 권리가 침해될 것이라는 결과를 예측할 수 있는 손해이거나 동일한 사정에서 그런 결과를 예측할 수 있는 손해이어야 한다.

2) 계약 해제의 효력발생 요건 및 통신상의 지연과 오류

(1) 계약 해제의 효력발생 요건(제26조)

계약해제의 선언은 상대방에 대한 통지로써 이를 행한 경우에 한하여 효력을 갖는다.

(2) 통신상의 지연과 오류(제27조)

별도의 명시적인 규정이 없는 한 어떠한 통지, 요청 또는 기타의 통신이 이 협약에 따라 적절한 수단으로 행하여진 경우에는 통신의 전달과정에서 지연 또는 오류, 또는 도착실패가 발생한다 하더라도 당사자가 그 통신에 의존할 권리를 박탈당하지 아니한다.

3) 특정이행의 청구와 국내법(제28조)

(1) 의 의

특정이행(Specific performance)의 청구라 함은 무역계약의 당사자중 일방이 계약에 따른 자신의 의무를 이행하지 않음으로써 계약위반을 범하게 된 경우 피해자가 구제를 위하여 계약위반자에게 의무의 이행을 청구하는 것을 말한다.

(2) CISG에서의 특정이행 청구권

① 매수인의 이행 청구권(제46조)

매수인은 청구와 모순되는 구제를 하지 않은 경우를 제외하고 매도인이 계약을 위반한 경우 그 의무의 이행을 청구할 수 있다.

② 매도인의 이행 청구권(제62조)

매도인은 청구와 모순되는 구제를 하지 않은 경우를 제외하고 매수인에 대하여 대금의 지급, 인도의 수령 또는 기타 매수인의 의무를 이행하도록 청구할 수 있다.

4) 계약의 변경 및 종료(제29조)

(1) 의 의

무역계약은 청약자의 청약에 대한 피청약자의 승낙으로 무역계약이 성립된다. 계약이 성립되면 당사자는 계약의 내용에 따른 권리와 의무를 가지게 되는데 정상적으로 계약을 이행하고 성립된 계약을 종료시키는 경우 또는 계약 성립 후 사정이 변경되어 계약을 변경하여야 하는 경우가 있다.

(2) 단순 합의에 의한 변경 또는 종료

계약은 당사자 쌍방의 단순한 합의만으로 변경되거나 또는 종료될 수 있다.

(3) 서면에 의한 계약 변경

어떠한 변경 또는 합의에 의한 종료를 서면으로 할 것을 요구하는 규정이 있는 서면에 의한 계약은 그 이외의 방법으로 변경

되거나 합의에 의하여 종료될 수 없다.

8 매도인의 의무 및 매수인의 구제방법 (제30조~제52조)

1) 의 의

무역계약은 쌍무계약의 성질을 띠고 있으므로 무역계약이 성립되면 계약의 당사자인 매도인과 매수인은 계약 및 준거법에 따라 계약내용을 이행하여야 한다. 기본적으로 매도인은 계약과 일치하는 물품을 제공, 서류인도 및 이에 따라 소유권을 이전하여야 하며 매수인은 인도를 수령하고 물품의 수령하는 대가로서 대금을 지급하여야 한다. CISG에서는 매도인과 매수인의 의무를 규정하고 있으며 계약위반에 대한 구제방법에 대해서 규정하고 있다.

2) 매도인의 의무 (제30조)

매도인은 계약과 협약에 요구된 바에 따라 물품을 인도하고, 이에 관련된 모든 서류를 교부하며, 또 물품에 대한 소유권을 이전하여야 한다.

☆ 매도인의 3대 의무
① deliver the goods ② hand over documents ③ transfer the property

3) 인도의 장소(제31조)

(1) 의 의

물품매매계약에 있어서 물품을 인도할 장소를 지정한 경우에는 지정한 장소에서 인도 하여야 한다.

매도인이 물품을 다른 특정한 장소에서 인도할 의무가 없는 경우에 관하여 CISG에서는 매도인의 인도의무에 관하여 규정하고 있다

(2) 매매계약이 물품의 운송을 포함하는 경우(운송조건부 매매계약)

매매계약이 물품의 운송을 포함하는 경우에는 매수인에게 전달하기 위하여 물품을 최초의 운송인에게 인도하여야 한다. 당사자중 일방이 물품의 운송수배의무를 부담하기로 한 경우 운송인을 통해 물품이 매수인에게 보내지게 되기 때문에 매도인은 최초의 운송인에게 물품을 인도하여야 한다.

(3) 매매계약이 물품의 운송을 포함하지 않는 경우

물품의 운송을 포함하지 않는 경우로서 계약이 특정물이나 특정한 재고품으로부터 인출되어야 하거나 또는 제조되거나 생산되어야 하는 불특정물, 또는 특정한 재고품으로부터 인출되어야 하거나 또는 제조되거나 생산되어야 하는 불특정물에 관련되어 있으며, 또한 당사자 쌍방이 계약 체결 시에 물품이 특정한 장소에 존재하거나 또는 그 장소에서 제조되거나 생산된다는 것을 알 수 있었던 경우에는 그 장소에서 물품을 매수인의 임의 처분하에 두어야 한다.

(4) 기타의 경우

기타의 경우에는 매도인이 계약체결 시에 영업소를 가지고 있던 장소에서 물품을 매수인의 임의처분 하에 두어야 한다.

4) 운송관련 의무 (제32조)

(1) 의 의

무역계약이 성립되면 계약 당사자는 물품의 운송에 따른 조건을 합의하고 그 합의에 따라 보통은 운송인을 통해 물품을 인도하게 된다. 비엔나협약에는 물품의 운송을 수배하거나 운송인에게 인도하는 경우 매도인에게 일정한 의무를 부여하고 있다.

(2) 물품의 특정 의무

매도인이 계약 또는 이 협약에 따라 물품을 운송인에게 인도하는 경우에 있어서, 물품이 화인에 의하거나 선적서류 또는 기타의 방법에 의하여 물품을 특정하여야 한다. 계약의 목적물로서 명확히 특정되어 있지 아니한 경우에는 매도인은 물품을 특정 하는 탁송통지서를 매수인에게 송부함으로써 물품을 특정하게 된다.

(3) 운송계약 체결의무

매도인이 물품의 운송을 수배하여야 할 의무가 있는 경우에는 매도인은 사정에 따라 적절한 운송수단에 의하여 운송의 통상적인 조건으로 지정된 장소까지의 운송에 필요한 계약을 체결하여야 한다. Incoterms에서 C그룹 및 D그룹의 조건인 경우 매도인이 운송 계약을 체결하여야 한다.

(4) 보험관련 정보 제공의무

매도인이 물품의 운송에 관련한 보험에 부보하여야 할 의무가 없는 경우에는 매도인은 매수인의 요구에 따라 매수인이 보험에 부보하는데 필요한 모든 입수 가능한 정보를 매수인에게 제공하여야 한다.

5) 인도의 시기 (제33조)

(1) 의 의

무역거래에서 매도인과 매수인은 통상적으로 인도시기에 대해서 합의하는 것이 일반적이다.

왜냐하면 인도시기는 매수인뿐만 아니라 매도인에게 있어서도 물품의 공급시기를 정확하게 하여 공급하여야 하기 때문이다. 매매계약에서 인도시기를 정한 경우에는 매도인이 그 시기에 맞게 물품을 인도하여야 할 의무를 부담한다.

(2) 계약상의 기일 또는 기간

매도인은 매수인에게 물품을 인도하여야 하는데, 어느 기일이 계약에 의하여 지정되어 있거나 또는 결정될 수 있는 경우에 그 기일에 물품을 인도하고, 어느 기간이 계약에 의하여 지정되어 있거나 또는 결정될 수 있는 경우에는 매수인이 기일을 선택하여야 하는 사정이 명시되어 있지 않는 한 그 기간 내의 어떠한 시기에 물품을 인도하여야 한다.

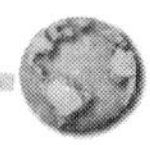

(3) 기타의 경우

매매계약 시 인도의 시기에 관한 합의가 없는 기타의 모든 경우에는 계약체결 후의 상당한 기간 내에(within a reasonable time) 물품을 인도하여야 한다.

6) 서류교부의 의무(제34조)

(1) 의 의

무역계약이 성립되면 매도인은 계약 및 이 CISG 규정에 따라 매수인이 물품의 인도를 수령하게 하기 위하여 필요한 물품에 관련된 서류를 매수인에게 교부하여야 한다.

(2) 계약에 적합한 서류의 교부

매도인이 물품에 관련된 서류를 교부하여야 할 의무가 있는 경우에는 매도인은 계약에서 요구되는 시기와 장소와 방법에 따라 서류를 교부하여야 한다.

(3) 매도인의 서류상 하자보완권

① 하자보완의 기한

매도인이 계약에서 정한 시기 이전에 서류를 교부한 경우, 매도인은 당해 시기까지는 서류상의 모든 결함을 보완할 수 있다.

② 하자보완의 제한

이 권리의 행사가 매수인에게 불합리한 불편이나 또는 불합리한 비용을 발생하게 하여서는 아니 된다.

③ 매수인의 손해 배상청구권

매도인에 의해 서류상의 하자가 보완된다 하더라도 매수인은 이 협약에서 규정된 바의 손해배상을 청구하는 모든 권리를 보유한다.

7) 물품의 적합성(제35조)

(1) 의 의

국제 무역거래에서 물품의 적합성 또는 일치성이란 매도인이 매수인에게 제공하는 물품이 계약에서 정한 내용과 일치하는 것을 말한다. 매수인은 무역계약과 일치하는 하자 없는 물품을 인수하고 이에 대한 대금지급을 하기를 원하기 때문에, 계약 내용에 적합하지 않은 물품의 인도가 이루어지면 매수인은 감액청구, 손해배상요구 등을 청구할 수 있다. 물품의 적합성에는 물적 적합성과 법적 적합성이 있다.

(2) 물적 적합성의 보장

① 의의

물적 적합성의 보장이란 매도인이 품질, 수량, 포장 등에 있어서 계약 내용에 적합한 물품을 인도할 의무를 부담하는 것을 말한다. CISG에서도 제35조에서 매도인은 계약에서 요구되는 수량, 품질 및 상품명세에 일치하고, 또한 계약에서 요구되는 방법으로 용기에 담거나 또는 포장된 물품을 인도하여야 한다고 규정하고 있다.

② 품질 적합성

매도인은 계약과 일치하는 상품명세 및 품질을 제공하여야 하는 의무가 있는데 CISG에서는 다음과 같은 판단기준을 규정하고 있다.

㉠ 당사자가 별도로 합의한 경우를 제외하고, 물품은 다음과 같지 아니하는 한 계약과 일치하지 아니한 것으로 한다(제35조 제2항).

ⓐ 물품은 그 동일한 명세의 물품이 통상적으로 사용되는 목적에 적합할 것

ⓑ 물품은 계약체결 시에 명시적 또는 묵시적으로 매도인에게 알려져 있는 어떠한 특정의 목적에 적합할 것. 다만 사정으로 보아 매수인이 매도인의 기량과 판단에 신뢰하지 않았거나 또는 신뢰하는 것이 불합리한 경우에는 제외한다.

ⓒ 물품은 매도인이 매수인에게 견본 또는 모형으로서 제시한 물품의 품질을 보유할 것

㉡ 매수인이 불일치를 알고 있었을 경우

매수인이 계약체결 시에 물품의 어떠한 불일치를 알고 있었거나 또는 알지 못하였을 리가 없는 경우에는 매도인은 물품의 어떠한 불일치에 대하여 따른 책임을 지지 아니한다.

③ 수량 적합성

CISG는 수량 적합성을 규정하고 있지만 구체적인 내용은 계약조항에 위임하고 있다.

④ 포장적합성

CISG는 포장에 대한 적합성을 규정하고 있다.

㉠ 물품의 포장 적합성

물품은 그러한 물품에 통상적인 방법으로 또는 통상적인 방법이 없는 경우에는 그 물품을 보존하고 보호하는데 적절한 방법으로 용기에 담거나 또는 포장되어 있을 것이라고 규정하고 있다.

㉡ 매수인이 불일치를 알고 있었을 경우

매수인이 계약체결 시에 물품의 어떠한 불일치를 알고 있었거나 또는 알지 못하였을 수가 없는 경우에는 매도인은 물품의 어떠한 불일치에 따른 책임을 지지 아니한다.

⑤ 적합성의 결정시점(제36조)

㉠ 적합성의 결정시점

매도인은 위험이 매수인에게 이전하는 때에 존재한 어떠한 불일치에 대하여 계약 및 이 협약에 따른 책임을 진다. 이는 물품의 불일치가 그 이후에 드러난 경우에도 동일하다.

㉡ 의무 위반에 기인한 불일치

매도인은 전항에서 규정된 때보다 이후에 발생하는 어떠한 불일치에 대해서도 그것이 매도인의 어떠한 의무위반에 기인하고 있는 경우에는 이에 책임을 진다. 그러한 의무위반에는 일정한 기간 동안 물품이 통상적인 목적 또는 어떠한 특정의 목적에 적합성을 유지할 것이라는 보증, 또는 특정된 품질이나 특질을 보유할 것이라는 보증의 위

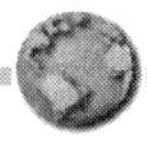

반도 포함된다.

⑥ 인도만기 전의 물품하자 보완권(제37조)

㉠ 의의

인도만기 전의 물품하자 보완권이란 매도인이 물품의 인도기일 이전에 물품을 인도한 경우, 인도된 물품의 하자가 있는 경우에 약정된 인도기일까지 물품의 하자를 보완할 수 있는 것을 말한다.

㉡ 인도만기전의 물품하자 보완권

매도인이 인도기일 이전에 물품을 인도한 경우에는 매수인에게 불합리한 불편이나 또는 불합리한 비용을 발생시키지 아니하는 한 매도인은 그 기일까지는 인도된 물품의 모든 부족분을 인도하거나 또는 수량의 모든 결함을 보충하거나, 또는 인도된 모든 불일치한 물품에 갈음하는 물품을 인도하거나, 또는 인도된 물품의 모든 불일치를 보완할 수 있다. 그러나 매수인은 이 협약에서 규정된 바의 손해배상을 청구하는 모든 권리를 보유한다.

㉢ 하자보완권 행사의 요건

매도인이 하자보완권을 행사할 수 있는 요건은 아래와 같다.

ⓐ 인도기일 이전에 물품의 인도를 이행했어야 한다

ⓑ 보완 가능한 하자이어야 한다.

ⓒ 매수인에게 불합리한 불편이나 또는 불합리한 비용을 발생시키지 아니하여야 한다.

㉣ 매수인의 손해배상 청구권

매수인은 이 협약에서 규정된 바의 손해배상을 청구하는

모든 권리를 보유한다.

(3) 법적 적합성(제41조~제42조)

① 의의

국제 무역거래에서 물품의 적합성 또는 일치성이란 매도인이 매수인에게 제공하는 물품이 계약에서 정한 내용과 일치하는 것을 말한다. 매수인은 무역계약과 일치하는 하자 없는 물품을 인수하고 이에 대한 대금지급을 하기를 원하기 때문에, 계약 내용에 적합하지 않은 물품의 인도가 이루어지면 매수인은 감액청구, 손해배상요구 등을 청구할 수 있다. 매도인의 법적 적합성 보장이란 매수인이 물품에 대한 권리를 행사함에 지장이 없도록 상대국의 법규나 규칙에 위배되지 않는 물품을 인도해야 한다는 것을 말한다.

② CISG 규정

㉠ 제3자의 청구권으로부터 자유로운 물품의 인도

매도인은 매수인이 제3자의 권리 또는 청구권을 전제로 물품을 수령하는 것에 동의한 경우가 아니한, 제3자의 청구권으로부터 자유로운 물품을 인도하여야 한다. 그러나 그러한 제3자의 권리 또는 청구권이 공업 소유권 또는 기타 지적소유권에 기초를 두고 있는 경우에는 매도인의 의무는 제42조에 의하여 규율된다.

㉡ 제3자의 지적 소유권 등으로부터 자유로운 물품의 제공

매도인은 계약 체결 시에 매도인이 알았거나 또는 알지 못하였을 수가 없는 공업 소유권 또는 지적 소유권에 기

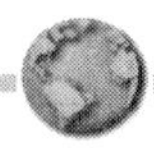

초를 두고 있는 제3자의 권리 또는 청구권으로부터 자유로운 물품을 인도하여야 한다.

ⓐ 제3자의 권리 또는 청구권의 범위

그 권리 또는 청구권은 다음과 같은 국가 법률에 의한 공업소유권 또는 기타 지적소유권에 기초를 두고 있는 경우에 한한다.

㉮ 물품이 어느 국가에서 전매되거나 또는 기타의 방법으로 사용될 것이라는 것을 당사자 쌍방이 계약 체결 시에 예상한 경우에는 그 물품이 전매되거나 또는 기타의 방법으로 사용되는 국가의 법률

㉯ 기타의 모든 경우에는 매수인이 영업소를 갖고 있는 국가의 법률

ⓑ 적합성 보장의무의 제한

다음과 같은 경우에는 매도인에 대하여 법적 적합성의 보장에 관한 의무를 적용하지 아니한다.

㉮ 계약 체결 시에 매수인이 그 권리 또는 청구권을 알았거나 또는 알지 못하였을 수가 없는 경우

㉯ 그 권리 또는 청구권이 매수인에 의하여 제공된 기술적 설계, 디자인, 공식 또는 기타의 명세서에 매도인이 따른 결과로 발생한 경우

(4) 물품검사 및 불일치의 통지(제38조~제39조)

① 의의

무역계약에 따라 매도인이 인도한 물품을 매수인이 수령하는 경우, 매수인은 수령한 물품이 계약 및 준거법에 일치하는지를

확인하기 위하여 지체 없이 검사할 의무를 부담한다. 검사 결과 하자가 발견되었다면 지체 없이 이를 매도인에게 통지하여야 한다.

② 물품의 검사기간

㉠ 실행 가능한 짧은 기간 내에 물품을 검사

매수인은 그 사정에 따라 실행 가능한 짧은 기간 내에 물품을 검사하거나 또는 물품이 검사되도록 하여야 한다.

㉡ 계약이 물품의 운송을 포함하고 있는 경우

계약이 물품의 운송을 포함하고 있는 경우에는 검사는 물품이 목적지에 도착한 이후까지 연기될 수 있다.

㉢ 운송 중에 목적지가 변경된 경우

물품이 매수인에 의한 검사의 상당한 기회도 없이 매수인에 의하여 운송 중에 목적지가 변경되거나 또는 전송되고, 또한 계약 체결 시에 매도인이 그러한 변경이나 전송의 가능성을 알았거나 또는 알았어야 하는 경우에는 검사는 물품이 새로운 목적지에 도착한 이후까지 연기될 수 있다.

③ 불일치의 통지시기

㉠ 상당기간 내 통지의무

매수인이 물품의 불일치를 발견하였거나 발견하였어야 하는 때부터 상당한 기간 내에 매수인에게 불일치의 성질을 기재한 통지를 하지 아니한 경우에는 매수인은 물품의 불일치에 의존하는 권리를 상실한다.

㉡ 불일치 통지 기간의 제한

어떠한 경우에도, 물품이 매수인에게 현실적으로 인도된 날로부터 늦어도 2년 이내에 매수인이 매도인에게 불일치의 통지를 하지 아니한 경우에는 매수인은 물품의 불일치에 의존하는 권리를 상실한다. 다만 이러한 기간의 제한이 계약상의 보증기간과 모순된 경우에는 그러하지 아니하다.

㉢ 검사 및 통지 의무 적용의 예외

ⓐ 매도인의 악의 및 불고지

물품이 불일치가 매도인이 알았거나 또는 알지 못하였을 수가 없는 사실에 관련되고 또 매도인이 이를 매수인에게 고지하지 아니한 사실에도 관련되어 있는 경우에는 매도인은 물품의 검사기간과 불일치의 통지시기에 관련된 규정을 원용할 권리가 없다.

ⓑ 통지 불이행의 정당한 이유

매수인의 불일치 사실의 통지의무 규정에도 불구하고, 매수인은 요구된 통지의 불이행에 대한 정당한 이유가 있는 경우에는 제50조에 따라 대금을 감액하거나 또는 이익의 손실을 제외한 손해배상을 청구할 수 있다.

④ 제3자의 권리에 대한 통지

㉠ 상당한 기간 내 통지의무

매수인이 제3자의 권리 또는 청구권을 알았거나 또는 알았어야 하는 때로부터 상당한 기간 내에 매도인에게 그 제3자의 권리 또는 청구권의 성질을 기재한 통지를 해야 한다.

㉡ 통지의무 위반의 효과

매수인이 청구권의 성질을 기재한 통지를 하지 하니 한 경우에는 매수인은 법적 적합성 보장(제41조 또는 제42조)의 규정을 원용할 권리를 상실한다.

㉢ 매도인의 악의에 대한 권리제한

매도인이 제3자의 권리 또는 청구권 및 그 성질을 알고 있었던 경우, 매도인은 전항의 규정을 원용할 권리가 없다.

㉣ 통지 불이행의 정당한 이유

매수인의 통지의무 규정에도 불구하고, 매수인은 요구된 통지의 불이행에 대한 정당한 이유가 있는 경우에는 제50조에 따라 대금을 감액하거나 또는 이익의 손실을 제외한 손해배상을 청구할 수 있다.

9) 매도인의 계약 위반에 대한 매수인의 권리구제

(1) 매수인의 구제방법(제45조)

① 매도인의 의무

CISG에서는 매도인이 계약과 협약에 요구된 바에 따라 물품을 인도하고, 이에 관련된 모든 서류를 교부하며, 또 물품에 대한 소유권을 이전하여야 한다고 규정하고 있으며, 앞에서 살펴본 바와 같이 여러 가지 협약에서 요구하는 인도의무와 기타 계약상의 의무를 부담하도록 되어 있다. 매도인이 이러한 자신의 의무를 위반하게 되면 계약위반에 이르게 되면 이러한 경우에 매수

인은 이 협약이 정하는 바에 따라 구제조치를 취할 수 있다.

② 매도인의 계약 위반에 대한 매수인의 구제 방안

매도인이 계약이나 CISG에 따른 의무를 이행하지 아니하는 경우, 매수인이 자신의 상업적 이익을 회복하기 위하여 대체품 인도, 감액, 추가기간설정, 손해배상청구 등의 권리를 행사할 수 있다.

③ 손해배상청구권과 기타 구제권과의 관계

매수인은 손해배상이외의 구제조치를 취하는 권리의 행사로 인하여 손해배상을 청구할 수 있는 권리를 박탈당하지 아니한다. 따라서 매수인이 계약 해제를 선언하거나 이행을 청구하는 등 구제를 구하는 권리를 행사한다 하더라도 이행상의 지연이나 기타 다른 하자로부터 발생하는 손해에 대한 배상을 별도로 청구할 수 있다.

④ 유예기간(Period of Grace) 적용 배제

매수인이 계약위반에 대한 구제를 구할 때에는 법원 또는 중재판정부는 매도인에게 어떠한 유예기간도 적용하여서는 아니 된다.

(2) 매수인의 이행청구권(제46조)

① 의의

매수인은 매도인이 계약 및 준거법에 적합한 의무를 이행하지 않을 경우 매도인에게 그 의무의 이행을 청구할 수 있는 권리를 보유한다. 매수인의 이러한 의무의 이행을 청구할 수 있는 권리

를 이행청구권이라 한다. 매수인의 이행 청구권은 대체품 인도 청구권과 하자보완 청구권을 포함한다.

② 이행청구권의 행사 제한

매수인은 매도인에게 그 의무의 이행을 청구할 수 있다. 다만 매수인이 이러한 청구와 모순되는 구제를 구한 경우에는 그러하지 아니하다. 매수인이 특정의무의 이행을 청구하면서 그와 모순되는 권리를 행사하지 못하게 하기 위함이다.

(3) 대체품 인도 청구권

① 의의

대체품인도 청구권이란 매도인이 인도한 물품이 계약과 일치하지 아니한 경우 매수인이 불일치 물품을 대체할 수 있는 다른 물품을 인도할 것을 청구할 수 있는 권리를 말한다.

② 요건

이러한 청구는 불일치가 계약의 본질적인 위반을 구성하고 또 대체품의 청구가 제39조에 따라 지정된 통지와 함께 또는 그 후 상당기간 내에 행해지는 경우에 한한다.

(4) 수리에 의한 하자보완 청구권

① 의의

매수인의 수리에 의한 하자보완 청구권이란 매도인이 매수인에게 인도한 물품이 계약과 일치하지 아니한 경우에는 매도인에게 수리를 청구하여 수리에 의하여 물품의 불일치를 보완하여 줄 것을 요구할 수 있는 권리를 말한다.

② 요건

물품이 계약과 일치하지 아니한 경우에는 매수인은 모든 사정으로 보아 불합리하지 않은 한 매도인에 대하여 수리에 의한 불일치의 보완을 청구할 수 있다. 수리의 청구는 통지시기(제39조)에 따라 지정된 통지와 함께 또는 그 후 상당기간 내에 행해져야 한다.

(5) 추가기간 설정권(제47조)

① 의의

의무이행 추가기간 설정권이라 매도인의 계약 불이행에 대하여 매수인이 계약에 따른 의무의 이행을 매도인이 할 수 있도록 상당한 기간만큼의 추가기간을 정할 수 있는 권리를 말한다.

② 추가기간 설정의 효과

㉠ 추가기간 중 다른 구제권 행사의 제한

매수인이 매도인으로부터 그 지정된 추가기간 내에 이행하지 아니하겠다는 뜻의 통지를 수령하지 않은 한, 매수인은 그 기간 중에는 계약 위반에 대한 어떠한 구제도 구할 수 없다.

㉡ 추가기간중의 손해배상 청구

그러나 매수인은 이로 인하여 이행의 지연에 대한 손해배상을 청구할 수 있는 권리를 박탈당하지 아니한다.

③ 계약의 해제가 가능한 경우

㉠ 계약 또는 이 협약에 따른 매도인의 어떠한 의무의 불이

행이 계약의 본질적인 위반에 상당하는 경우

㉡ 인도불이행의 경우에는 매도인이 협약의 규정(제47조 제1항)에 따라 매수인에 의하여 지정된 추가기간 내에 물품을 인도하지 아니하거나, 매수인이 그 지정된 기간 내에 인도하지 아니하겠다는 뜻을 선언한 경우

(6) 계약 해제권(제49조)

① 의의

계약 해제란 무역계약의 성립 후 당사자 일방의 의무 불이행으로 계약의 목적을 달성할 수 없는 경우 그 상대방이 계약을 처음부터 없었던 것과 같이 계약 전의 상태로 환원시키는 것을 말한다.

② 계약 해제의 요건

㉠ 매도인의 본질적인 위반

계약 또는 이 협약에 따른 매도인의 어떠한 의무의 불이행이 계약의 본질적인 위반에 상당하는 경우에는 계약 해제를 선언할 수 있다.

㉡ 추가기간 내의 인도 불이행

CISG 규정에 따라 매수인에 의하여 지정된 추가기간 내에 매도인이 물품을 인도하지 아니하거나, 또는 매도인이 그 지정된 기간 내에 인도하지 아니하겠다는 뜻을 선언한 경우에는 계약 해제를 선언할 수 있다.

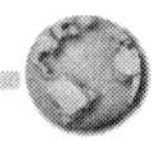

㉢ 인도가 이루어진 경우

매도인이 물품을 이미 인도한 경우에는 매수인은 다음과 같은 시기에 계약의 해제를 선언하지 않는 한 그 해제의 권리를 상실한다.

ⓐ 인도의 지연

인도의 지연에 관해서는, 매수인이 인도가 이루어진 사실을 알게 된 때로부터 상당한 기간 내에 계약 해제를 선언하지 않으면 해제 권리를 상실한다.

ⓑ 인도지연 이외의 모든 위반

㉮ 매수인이 그 위반을 알았거나 또는 알았어야 하는 때로부터 상당기간 내 계약 해제를 선언하지 않으면 해제 권리를 상실한다.

㉯ 따라 매수인에 의하여 지정된 어떠한 추가기간이 경과한 때 또는 매도인이 그러한 추가기간 내에 의무를 이행하지 아니하겠다는 뜻을 선언한 때로부터 상당기간 내 계약 해제를 선언하지 않으면 해제 권리를 상실한다.

㉰ 매도인에 의하여 제시된 어떠한 추가기간이 경과한 때 또는 매수인이 이행을 승낙하지 아니하겠다는 뜻을 선언한 때로부터 상당기간 내 계약 해제를 선언하지 않으면 해제 권리를 상실한다.

③ 물품일부의 불일치(제51조)

매도인이 물품의 일부만을 인도하거나, 또는 인도된 물품의 일부만이 계약과 일치하는 경우에는 부족 또는 불일치한 부분에 관하여 적용한다.

인도가 완전하게 또는 계약에 일치하게 이행되지 아니한 것이 계약의 본질적인 위반에 해당하는 경우에 한하여, 매수인은 계약 그 전체의 해제를 선언할 수 있다.

(7) 대금감액 청구권(제50조)

① 의의

매수인의 대금 감액 청구권이란 인도한 물품이 계약과 일치하지 아니하는 경우에는 대금이 이미 지급된 여부에 관계없이 매수인은 실제로 인도된 물품이 인도 시에 가지고 있던 가액과 계약에 일치하는 물품이 그 당시 가지고 있었을 가액에 대한 동일한 비율로 대금을 감액할 수 있는 권리를 말한다.

② 요건

㉠ 대금지급 여부와 무관

㉡ 비율에 따른 감액

③ 행사의 제한

매도인이 규정에 따른 의무의 불이행을 보완하거나, 매수인이 그러한 조항에 따른 매도인의 이행의 승낙을 거절하는 경우에는 매수인은 대금을 감액할 수 없다.

(8) 조기인도 및 수량 초과분 거절권(제52조)

① 조기인도의 수령 거절권

조기인도의 수령 거절권이란 매도인이 지정된 기일 전에 물품을 인도하는 경우에는 매수인은 인도를 수령하거나 또는 이를

거절할 수 있는 권리를 말한다.

② 수량초과분의 인수 거절권

수량초과분의 인수 거절권이란 매도인이 계약에서 약정된 것보다도 많은 수량의 물품을 인도하는 경우에는 매수인은 초과수량의 인도를 수령하거나 또는 이를 거절할 수 있는 권리를 말한다. 매수인이 초과수량의 전부 또는 일부의 인도를 수령하는 경우에는 매수인은 계약비율에 따라 그 대금을 지급하여야 한다.

(9) 매도인의 하자 보완권(제37조 및 제48조)

① 인도만기 전의 물품하자 보완권(제37조)

㉠ 의의

인도 만기 전의 물품 하자 보완권이란 매도인이 물품의 인도기일 이전에 물품을 인도한 경우, 인도된 물품의 하자가 있는 경우에 약정된 인도기일까지 물품의 하자를 보완할 수 있는 것을 말한다.

㉡ 인도만기전의 물품하자 보완권

매도인이 인도기일 이전에 물품을 인도한 경우에는 매수인에게 불합리한 불편이나 또는 불합리한 비용을 발생시키지 아니하는 한 매도인은 그 기일까지는 인도된 물품의 모든 부족분을 인도하거나 또는 수량의 모든 결함을 보충하거나, 또는 인도된 모든 불일치한 물품에 갈음하는 물품을 인도하거나, 또는 인도된 물품의 모든 불일치를 보완할 수 있다. 그러나 매수인은 이 협약에서 규정된 바의 손해배상을 청구하는 모든 권리를 보유한다.

㉢ 하자보완권 행사의 요건

매도인이 하자보완권을 행사할 수 있는 요건은 아래와 같다.

ⓐ 인도기일 이전에 물품의 인도를 이행했어야 한다.

ⓑ 보완 가능한 하자이어야 한다.

ⓒ 매수인에게 불합리한 불편이나 또는 불합리한 비용을 발생시키지 아니하여야 한다.

㉣ 매수인의 손해배상 청구권

매수인은 이 협약에서 규정된 바의 손해배상을 청구하는 모든 권리를 보유한다.

② 인도기일 후의 물품하자 보완권(제48조)

㉠ 의의

인도기일후의 물품하자 보완권이란 매도인이 물품의 인도기일 이후에 물품을 인도한 경우, 인도된 물품의 하자가 있는 경우에 자신의 비용으로 의무의 어떠한 불이행을 보완할 수 권리를 말한다.

㉡ 인도기일후의 하자 보완권

매도인은 인도기일 후에도 불합리한 지체 없이 그리고 매수인에게 불합리한 불편을 주거나 또는 매수인이 선 지급한 비용을 매도인으로부터 보상받는데 대한 불확실성이 없는 경우에는 자신의 비용부담으로 그 의무의 어떠한 불이행을 보완할 수 있다. 그러나 매수인은 이 협약에 규정된 바의 손해배상을 청구하는 모든 권리를 보유한다.

㉢ 하자보완권 행사의 요건

ⓐ 불합리한 지체 없이 그리고 매수인에게 불합리한 불편을 주지 말아야 한다.

ⓑ 매수인이 선 지급한 비용을 매도인으로부터 보상받는데 대한 불확실성이 없어야 한다.

ⓒ 자신의 비용부담으로 그 의무의 어떠한 불이행을 보완하여야 한다.

㉣ 매수인의 손해배상 청구권

매수인은 이 협약에 규정된 바의 손해배상을 청구하는 모든 권리를 보유한다.

9 매수인의 의무 및 매도인의 구제방법 (제53조~제70조)

1) 의 의

무역계약은 쌍무계약의 성질을 띠고 있으므로 무역계약이 성립되면 계약의 당사자인 매도인과 매수인은 계약 및 준거법에 따라 계약내용을 이행하여야 한다. 기본적으로 매도인은 계약과 일치하는 물품을 제공, 서류인도 및 이에 따라 소유권을 이전하여야 하며 매수인은 인도를 수령하고 물품을 수령하는 대가로서 대금을 지급하여야 한다. CISG에서는 매도인과 매수인의 의무를 규정하고 있으며 계약위반에 대한 구제방법에 대해서 규정하고 있다.

2) 매수인의 기본의무 (제53조)

매수인은 계약 및 이 협약에 따라 요구된 바에 의하여 인도를 수령하고 물품대금을 지급하여야 한다.

☆ 매수인의 기본의무
① 인도의 수령 ② 물품대금지급

3) 대금지급의무

(1) 의 의

무역계약에 있어 매수인은 인도를 수령하고 물품대금을 지급하는 것을 가장 기본적인 의무로 하고 있다. 매수인은 계약에 정해진 대로 결제방법에 따라 약정된 시기, 장소에서 약정한 지급수단으로 물품대금을 지급하여야 한다.

(2) 대금지급을 위한 조치(제54조)

매수인의 대금지급의무는 지급을 가능하게 하기 위한 계약 또는 어떠한 법률 및 규정에 따라 요구되는 그러한 조치를 취하고 또 그러한 절차를 준수하는 것을 포함한다.

예를 들어 신용장 방식에 의한 결제라면 매수인은 특별한 별도의 약정이 없다 하더라도 신용장 통일규칙에 따라 신용장 개설 등의 조치를 취하여야 할 것이다.

(3) 대금이 불확정된 계약(제55조)

계약이 유효하게 성립되었으나, 그 대금을 명시적 또는 묵시적

으로 지정하지 아니하거나 또는 이를 결정하기 위한 조항을 두지 아니한 경우에는 당사자는 반대의 어떠한 의사표시가 없는 한 계약 체결 시에 관련거래와 유사한 사정 하에서 매각되는 동종의 물품에 대하여 일반적으로 청구되는 대금을 묵시적으로 참조한 것으로 본다.

(4) 순중량에 의한 대금결정(第56條)

대금이 물품의 중량에 따라 지정되는 경우에 이에 의혹이 있을 때에는 그 대금은 순중량에 의하여 결정되어야 한다.

(5) 대금의 지급장소(第57條)

① 특정한 장소에서 대금을 지급하여야 하는 경우

특정한 장소에서 대금을 지급하여야 하는 의무가 있는 경우에는 그 장소에서 대금을 지급하여야 한다.

② 특정한 장소에서 대금을 지급하여야 할 의무가 없는 경우

매수인이 기타 어느 특정한 장소에서 대금을 지급하여야 할 의무가 없는 경우에는 매수인은 다음과 같은 장소에서 매도인에게 이를 지급하여야 한다.

㉠ 매도인의 영업소 또는

㉡ 지급이 물품 또는 서류의 교부와 상환으로 이루어져야 하는 경우에는 그 교부가 행해지는 장소

③ 계약 체결 후 영업소 변경

매도인은 계약 체결 후에 그 영업소를 변경함으로 인하여 야기된 지급의 부수적인 비용의 모든 증가액을 부담하여야 한다.

(6) 대금지급시기(제58조)

① 지급기일이 정해져 있는 경우

매수인이 기타 어느 특정한 기일에 대금을 지급하여야 할 의무가 있는 경우에는 그 특정한 기일 내에 대금지급을 하여야 한다.

② 특정한 기일에 대금을 지급하여야 할 의무가 없는 경우

매수인이 기타 어느 특정한 기일에 대금을 지급하여야 할 의무가 없는 경우에는 매수인은 매도인이 계약 및 이 협약에 따라 물품 또는 그 처분을 지배하는 서류 중에 어느 것을 매수인의 임의처분 하에 인도한 때에 대금을 지급 하여야 한다. 매도인은 그러한 지급을 물품 또는 서류의 교부를 위한 조건으로 정할 수 있다.

③ 매도인의 지급과 관련된 권리

㉠ 특정한 기일에 대금을 지급하여야 할 의무가 없는 경우

매수인이 기타 어느 특정한 기일에 대금을 지급하여야 할 의무가 없는 경우에 매도인은 대금지급을 물품 또는 서류의 교부를 위한 조건으로 정할 수 있다.

㉡ 계약이 물품의 운송을 포함하는 경우

계약이 물품의 운송을 포함하는 경우에는 매도인은 대금의 지급과 상환하지 아니하면 물품 또는 그 처분을 지배하는 서류를 매수인에게 교부하지 아니한다는 조건으로 물품을 발송할 수 있다.

④ 대금지급 전의 물품검사

㉠ 의의

매도인은 항상 대금결제에 신경을 쓰고 있으며, 매수인

은 언제나 자신의 물품이 계약과 일치하는지의 여부에 관심을 쏟고 있다. 매매계약 시 검품규정이 있었다면 그에 따라 물품대금지급 전 매수인이 물품을 검사할 권리를 가진다.

㉡ 매수인의 대금지급 전 물품검사권

매수인은 물품을 검사할 기회를 가질 때까지는 대금을 지급하여야 할 의무가 없다.

㉢ 매수인의 대금지급 전 물품검사권 제한

당사자 간에 합의된 인도 또는 지급의 절차가 매수인이 그러한 기회를 가지는 것과 모순되는 경우에는 매수인의 대금지급 전 물품검사권을 행사할 수 없다.

(7) 매수인의 대금지급의무와 매도인의 지급청구(제59조)

매수인은 매도인 측의 어떠한 요구나 그에 따른 어떠한 절차를 준수할 필요 없이 계약 및 이 협약에 의하여 지정되었거나 또는 이로부터 결정될 수 있는 기일에 대금을 지급하여야 한다.

→ 매도인 측의 요구나 절차를 따지지 않고 기일에 지급하는 것으로 족하다.

4) 인도의 수령의무(제60조)

(1) 의 의

인도의 수령이라 함은 매도인이 계약 및 협약의 규정에 따라 약정된 물품을 인도할 때 이를 수령하는 것을 말한다.

(2) 인도의무의 내용

매수인의 인도수령의 의무는 매도인에 의한 인도를 가능하게 하기 위하여 매수인에게 합리적으로 기대될 수 있었던 모든 행위를 하는 것과 물품을 수령하는 것으로 구성된다.

(3) 인수거절

① 조기인도의 수령 거절권

조기인도의 수령 거절권이란 매도인이 지정된 기일 전에 물품을 인도하는 경우에는 매수인은 인도를 수령하거나 또는 이를 거절할 수 있는 권리를 말한다.

② 수량초과분의 인수 거절권

수량초과분의 인수 거절권이란 매도인이 계약에서 약정된 것보다도 많은 수량의 물품을 인도하는 경우에는 매수인은 초과수량의 인도를 수령하거나 또는 이를 거절할 수 있는 권리를 말한다. 매수인이 초과수량의 전부 또는 일부의 인도를 수령하는 경우에는 매수인은 계약비율에 따라 그 대금을 지급하여야 한다.

③ 인수 거절권

CISG에서 인수거절에 대한 명문규정은 찾아볼 수 없으나 조기인도 및 수량초과인도에 대한 인수 거절권을 명시한 것으로 볼 때 이를 인정하는 것으로 해석함이 타당하다.

이러한 경우에는 CISG 제39조에 따라 상당기간 내에 그 취지를 매도인에게 통지하여야 할 것이다.

5) 매수인의 계약위반에 대한 (매도인의 권리) 구제 (제61조~제65조)

(1) 매도인의 구제방법(제61조)

① 매수인의 의무

매수인은 무역계약 및 이 협약의 규정에 따라 인도를 수령하고 물품대금을 지급하여야 한다.

② 매수인의 계약 위반에 대한 매도인의 구제

매수인이 계약 또는 이 협약에 다른 어떠한 의무를 이행하지 아니하는 경우에는 매도인은 이행청구권, 추가기간 설정권, 계약해제권, 물품명세확정권, 손해배상청구권을 행사할 수 있다.

③ 손해배상 청구권과 다른 구제권과의 관계

매도인은 손해배상 이외의 구제를 구하는 권리의 행사로 인하여 손해배상을 청구할 수 있는 권리를 박탈당하지 아니한다.

④ 유예기간(Period of Grace)의 적용배제

매도인이 계약위반에 대한 구제를 구할 때에는, 법원 또는 중재판정부는 매수인에게 어떠한 유예기간도 허용하여서는 아니된다.

(2) 이행청구권(제62조)

① 의의

매도인의 이행청구권이란 매수인이 해당 계약 및 이 준거법에서 요구하는 인도의 수령 및 대금지급의무 등의 의무를 이행하지 않을 때 매도인이 매수인에 대하여 그 이행을 청구하는 권리를 말한다.

② 이행청구권의 내용

매도인은 매수인에 대하여 대금의 지급, 인도의 수령 또는 기타 매수인의 의무를 이행하도록 청구할 수 있다.

③ 이행청구권 행사의 제한

매도인이 이러한 청구와 모순되는 구제를 구한 경우에는 이행청구권을 행사하지 못한다.

(3) 추가기간 설정권(제63조)

① 의의

매도인의 추가기간 설정권이란 매수인의 계약 불이행에 대하여 매도인이 계약에 따른 의무의 이행을 매수인이 할 수 있도록 상당한 기간만큼의 추가기간을 정할 수 있는 권리를 말한다.

② 추가기간 설정의 효과

㉠ 추가기간 중 다른 구제권 행사의 제한

매도인이 매수인으로부터 그 지정된 추가기간 내에 이행하지 아니하겠다는 뜻의 통지를 수령하지 않은 한, 매수인은 그 기간 중에는 계약 위반에 대한 어떠한 구제도 구할 수 없다.

㉡ 추가기간 중의 손해배상 청구

그러나 매도인은 이로 인하여 이행의 지연에 대한 손해배상을 청구할 수 있는 권리를 박탈당하지 아니한다.

(4) 계약 해제권(제64조)

① 의의

계약 해제란 무역계약의 성립 후 당사자 일방의 의무 불이행으로 계약의 목적을 달성할 수 없는 경우 그 상대방이 계약을 처음부터 없었던 것과 같이 계약 전의 상태로 환원시키는 것을 말한다.

② 계약 해제의 요건

㉠ 매수인의 본질적인 위반

계약 또는 이 협약에 따른 매수인의 어떠한 의무의 불이행이 계약의 본질적인 위반에 상당하는 경우에는 계약 해제를 선언할 수 있다.

㉡ 추가기간 내의 대금지급 또는 인도수령의무 불이행

CISG 규정에 따라 매도인에 의하여 지정된 추가기간 내에 매수인이 대금을 지급하지 않거나 물품의 인도를 수령하지 아니하거나, 또는 매수인이 그 지정된 기간 내에 이를 이행하지 아니하겠다는 뜻을 선언한 경우에는 계약 해제를 선언할 수 있다.

③ 대금을 지급한 경우의 계약 해제

그러나 매수인이 대금을 이미 지급한 경우에는 매도인은 다음과 같은 시기에 계약의 해제를 선언하지 않은 한 그 해제의 권리를 상실한다.

㉠ 매수인에 의한 이행의 지연

매수인에 의한 이행의 지연에 관해서는, 매도인이 그 이행이 이루어진 사실을 알기 전에 계약의 해제를 선언하여야 한다.

㉡ 매수인의 기타 모든 위반

매수인에 의한 이행의 지연 이외의 모든 위반에 관해서는 매도인이 그 위반을 알았거나 또는 알았어야 하는 때로부터 상당기간 내, 또는 협약에 따라 매도인에 의하여 지정된 어떠한 추가기간이 경과한 때로부터 상당기간 내, 또는 매수인이 그러한 추가기간 내에 의무를 이행하지 아니하겠다는 뜻을 선언한 때로부터 상당기간 내에 계약의 해제를 선언하여야 한다.

(5) 물품명세 확정권(제65조)

① 의의

대부분의 경우에 있어서는 무역 체결당시 물품명세에 대하여 구체적인 합의가 이루어지지만 특별한 사정이 있는 경우에는 매수인이 일정기간 경과 후 물품의 명세를 확정하여 통지하기로 합의 하는 경우가 있다. 이러한 경우 매수인은 합의한 기간 내에 물품의 명세를 확정하여야 하지만 이를 지체하여 명세를 확정하지 아니하는 경우, 이 협약에서는 매도인의 명세 확정을 통하여 매도인의 권리를 구제할 수 있다.

② CISG 상의 물품명세 확정권

계약상 매수인이 물품의 형태, 용적 또는 기타의 특징을 지정하기로 되어 있을 경우에 만약 매수인이 합의된 기일 또는 매도인으로부터의 요구를 수령한 후 상당한 기간 내에 그 물품명세

를 작성하지 아니한 때에는, 매도인은 그가 보유하고 있는 다른 모든 권리의 침해 없이 매도인에게 알려진 매수인의 요구조건에 따라 스스로 물품명세를 작성할 수 있다.

③ 요건

㉠ 계약상 매수인이 물품의 형태, 용적 또는 기타의 특징을 지정하기로 되어 있어야 한다.

㉡ 매도인으로부터의 요구를 수령한 후 상당한 기간 내에 그 물품명세를 작성하지 아니한 경우라야 한다.

④ 매도인의 통지 의무

매도인이 스스로 물품명세를 작성하는 경우에는 매도인은 매수인에게 이에 관한 세부사항을 통지하여야 하고, 또 매수인이 이와 상이한 물품명세를 작성할 수 있도록 상당한 기간을 지정하여야 한다.

⑤ 매도인의 물품명세의 효력

매수인이 물품명세에 관한 세부사항의 통지를 수령한 후 지정된 기간 내에 이와 상이한 물품명세를 작성하지 아니하는 경우에는 매도인이 작성한 물품명세가 구속력을 갖는다.

10 위험의 이전

1) 위험부담의 일반원칙 (제66조)

(1) 위험부담의 일반원칙

위험이 매수인에게 이전된 이후에 물품의 멸실 또는 손상은 매수인을 대금지급의 의무로부터 면제시키지 아니한다.

(2) 예 외

그 멸실 또는 손상이 매도인의 작위 또는 부작위에 기인한 경우에는 그러하지 아니하다.

2) 운송조건부 계약품의 위험 (제67조)

(1) 특정장소에서 인도할 의무가 없는 경우

매매계약이 물품의 운송을 포함하고 있는 경우에 매도인이 특정한 장소에서 이를 인도하여야 할 의무가 없는 때에는, 위험은 물품이 매매계약에 따라 매수인에게 송부하도록 최초의 운송인에게 인도된 때에 매수인에게 이전한다.

(2) 특정한 장소에서 물품을 운송인에서 인도하여야 할 의무가 있는 경우

매도인이 특정한 장소에서 물품을 운송인에게 인도하여야 할 의무가 있는 경우에는 위험은 물품이 그러한 장소에서 운송인에게 인도되기까지는 매수인에게 이전하지 아니한다.

(3) 서류와 위험의 이전과의 관계

매도인이 물품의 처분을 지배하는 서류를 보유하는 권한이 있다는 사실은 위험의 이전에 영향을 미치지 아니한다.

(4) 위험이전의 유예

물품이 명확히 특정되기까지는 화인, 선적서류, 매수인에 의한

통지 또는 기타의 방법에 의하여 위험이 이전되지 아니한다.

3) 운송 중 매매물품의 위험 (제68조)

(1) 운송 중 매매물품의 위험 이전시기

운송 중에 매각된 물품에 관한 위험은 계약 체결 시로부터 매수인에게 이전한다.

그러나 사정에 따라서는 위험은 운송계약을 구현하고 있는 서류를 발행한 운송인에게 물품이 인도된 때로부터 매수인이 부담한다.

(2) 매도인이 위험을 부담하는 경우

매도인이 매매계약의 체결 시에 물품이 이미 멸실 또는 손상되었다는 사실을 알았거나 또는 알았어야 하는 경우에 이를 매수인에게 밝히지 아니한 때에는, 그 멸실 또는 손상은 매도인의 위험을 부담한다.

4) 기타경우의 위험 (제69조)

(1) 기타의 경우 위험

제67조 및 제68조에 해당되지 아니하는 경우에는 위험은 매수인이 물품을 인수한 때, 또는 매수인이 적시에 이를 인수하지 아니한 경우에는 물품이 매수인의 임의 처분 하에 적치되고 매수인이 이를 수령하지 아니하여 계약위반을 범하게 된 때로부터 매수인에게 이전한다.

(2) 매도인의 영업소 이외의 장소에서 물품을 인수하여야 하는 경우

매수인이 매도인의 영업소 이외의 장소에서 물품을 인수하여야 하는 경우에 위험은 인도의 기일이 도래하고 또 물품이 그러한 장소에서 매수인의 임의 처분 하에 적치된 사실을 매수인이 안 때에 이전한다.

(3) 특정되지 아니한 물품의 경우

계약이 아직 특정되지 아니한 물품에 관한 것인 경우에는 물품은 계약의 목적물로서 명확히 특정되기까지는 매수인의 임의 처분 하에 적치되지 아니한 것으로 본다.

5) 매도인의 계약 위반 시의 위험(제70조)

매도인이 계약의 본질적인 위반을 범한 경우에는 제67조, 제68조 및 제69조의 규정은 그 본질적인 위반을 이유로 매수인이 원용할 수 있는 구제를 침해하지 아니한다.

11 매도인과 매수인의 의무에 공통되는 규정(제71조~제88조)

1) 이행정지권(제71조)

(1) 의 의

이행정지권이라 함은 무역계약 체결 이후 당사자 일방이 일정

한 사유의 결과로 의무의 실질적인 부분을 이행하지 않을 것이 명백하게 된 경우 자신의 의무의 이행을 정지할 수 있는 권리를 말한다.

(2) 요 건

당사자 일방은 계약체결 후에 상대방의 이행능력 또는 신뢰성에 대한 중대한 결함이나 상대방의 계약이행의 준비 또는 계약이행의 행위의 결과로 의무의 실질적인 부분을 이행하지 않을 것이 명백하게 된 경우 자신의 의무의 이행을 정지할 수 있다.

예를 들어 매수인이 계약 체결 후 부도 또는 기타의 사유로 대금을 지급할 능력이 없다는 것이 명백하게 될 경우 매도인은 생산을 정지할 수 있으며, 매도인이 계약된 물품을 인도할 능력이 없는 것으로 밝혀지는 경우 매수인은 신용장 개설과 같은 의무이행을 정지할 수 있다.

(3) 발송된 물품에 대한 인도중지

매도인이 전항에 기술된 사유가 명백하게 되기 전에 이미 물품을 발송한 경우에는 비록 매수인이 물품을 취득할 권한을 주는 서류를 소지하고 있더라도, 매도인은 물품이 매수인에게 인도되는 것을 중지시킬 수 있다. 본 항의 규정은 매도인과 매수인 간에서의 물품에 대한 권리에만 적용한다.

(4) 이행정지 즉시 통지의무

이행을 정지한 당사자는 물품의 발송 전후에 관계없이 상대방에게 그 정지의 통지를 즉시 발송하여야 하고, 또 상대방이 그 이행에 관하여 적절한 확약을 제공하는 경우에는 이행을 계속하여야 한다.

2) 이행기일 전의 계약 해제권(제72조)

(1) 의 의

이행기일 전의 계약 해제권이란 무역계약의 당사자가 계약의 체결 후 계약의 이행기일이 도래하기 전에 당사자 일방이 일정한 요건에 해당되면 계약해제를 선언할 수 있는 권리를 말한다.

(2) 요 건

계약의 이행기일 이전에 당사자의 일방이 계약의 본질적인 위반을 범할 것이 명백한 경우에는 상대방은 계약의 해제를 선언할 수 있다.

(3) 상당한 통지의무(reasonable notice)

시간이 허용하는 경우에는 계약의 해제를 선언하고자 하는 당사자는 상대방이 그 이행에 관하여 적절한 확약을 제공할 수 있도록 하기 위하여 상대방에게 상당한 통지를 발송하여야 한다.

(4) 상대방이 의무를 이행하지 아니할 것을 선언한 경우

전항의 요건은 상대방이 그 의무를 이행하지 아니할 것을 선언한 경우에는 상당한 통지의무를 적용하지 아니한다.

3) 분할이행계약의 해제(제73조)

(1) 의 의

분할이행계약이란 무역거래에서 한 번에 물품을 모두 인도하지 않고 나누어서 인도할 것을 약정한 경우를 말한다. 물품의 주문 수량이 너무 많아 한꺼번에 인도하기가 곤란한 경우이거나 매수인이 하루라도 빨리 물품을 인수해야 할 사정이 있는 경우에는 당사자의 합의에 의해서 분할인도 조건으로 계약을 체결할 수 있다. 분할이행계약의 해제권이란 계약물품의 분할인도를 약정한 경우 당사자 일방이 어떠한 의무의 불이행에 대하여 일정한 요건 하에서 계약의 해제를 선언할 수 있는 권리를 말한다.

(2) 요 건

물품의 분할인도를 위한 계약의 경우에 있어서 어느 분할부분에 관한 당사자 일방의 어떠한 의무의 불이행이 그 분할부분에 관하여 계약의 본질적인 위반을 구성하는 경우에는 상대방은 그 분할부분에 관하여 계약의 해제를 선언할 수 있다.

(3) 장래의 분할부분에 대한 계약 해제

어느 분할부분에 관한 당사자 일방의 어떠한 의무의 불이행이 상대방으로 하여금 장래의 분할부분에 관하여 계약의 본질적인 위반이 발생할 것이라는 결론을 내리게 하는 충분한 근거가 있는 경우에는 상대방은 장래의 분할부분에 관하여 계약의 해제를 선언할 수 있다. 다만 상대방은 상당기간 내에 이를 행하여야 한다.

(4) 계약 전체에 대한 해제권

어느 인도 부분에 관하여 계약의 해제를 선언하는 매수인은 이미 행하여진 인도 또는 장래의 인도에 관해서도 동시에 계약의 해제를 선언할 수 있다. 다만 그러한 인도부분들이 상호의존관계로 인하여 계약 체결 시에 당사자 쌍방이 의도한 목적으로 사용될 수 없을 경우에 한한다.

4) 손해배상 (제74조~제77조)

(1) 의 의

무역계약은 쌍무계약이므로 당사자들은 계약내용에 따라 서로의 의무를 이행하여야 한다.

무역계약의 당사자가 상대방의 계약위반으로 말미암아 손해를 입게 되는 경우에는 자신이 행사할 수 있는 구제권과 별도로 손해를 입힌 상대방에게 손해배상을 청구할 수 있다. 손해배상 청구권은 매도인과 매수인 모두에게 인정되는 권리로써 다른 구제권의 행사와 별도로 행사할 수 있음을 CISG는 규정하고 있다.

(2) 손해배상액 산정(제74조)

당사자 일방의 계약위반에 대한 손해배상액은 이익의 손실을 포함하여 그 위반의 결과로 상대방이 입은 손실과 동등한 금액으로 한다.

(3) 손해배상액의 한도(제74조)

그러한 손해배상액은 계약 체결 시에 위반의 당사자가 알았거

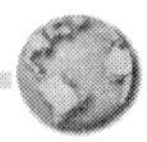

나 알았어야 할 사실 및 그 사정에 비추어서 계약 체결 시에 계약 위반의 가능한 결과로서 예상하였거나 또는 예상하였어야 하는 손실을 초과할 수 없다.

(4) 대체거래시의 손해배상액(제75조)

계약이 해제되고 또한 해제 후에 상당한 방법과 상당한 기간 내에 매수인이 대체품을 구매하거나 또는 매도인이 물품을 재 매각한 경우에는 손해배상을 청구하는 당사자는 계약대금과 대체거래의 대금과의 차액뿐만 아니라 손해배상 산정규정에(제74조) 따라 회수 가능한 기타의 모든 손해배상액을 회수할 수 있다.

(5) 시가에 기초한 손해배상액(제76조)

① 시가의 의미

시가라 함은 물품의 인도가 행해졌어야 할 장소에서 지배적인 가격을 말하고, 그 장소에서 아무런 시가가 없는 경우에는 물품의 운송비용의 차이를 적절히 감안하여 상당한 대체가격으로 할 수 있는 다른 장소에서의 가격을 말한다.

② 시가의 적용

㉠ 기본원칙

계약이 해제되고 또한 물품에 시가가 있는 경우에는 손해배상을 청구하는 당사자는 제75조에 따라 구매 또는 재매각을 행하지 아니한 때에는 계약대금과 계약해제시의 시가와 차액과 손해배상규정(제74조)에 따라 회수 가능한 기타의 모든 손해배상액을 회수할 수 있다.

㉡ 물품인수시의 시가를 적용하는 경우

그러나 손해배상을 청구하는 당사자가 물품을 인수한 후에 계약을 해제한 경우에는 계약해제시의 시가에 대신하여 물품인수시의 시가를 적용한다.

(6) 손실 경감의무(제77조)

① 손실 경감을 위한 조치

계약위반을 주장하는 당사자는 이익의 손실을 포함하여 그 위반으로부터 야기된 손실을 경감하기 위하여 그 사정에 따라 상당한 조치를 취하여야 한다.

② 손실 경감의무 위반의 효과

손실경감을 위한 조치를 취하지 아니하는 경우에는 위반의 당사자는 경감되었어야 하는 손실의 금액을 손해배상액에서 감액하도록 청구할 수 있다.

5) **이자**(제78조)

당사자 일방이 대금 또는 기타 모든 연체금액을 지급하지 아니한 경우에는 상대방은 제74조에 따라 회수가능한 손해배상액의 청구에 침해받지 아니하고 그 금액에 대한 이자를 청구할 권리를 가진다.

6) **계약 불이행에 대한 면책**(제79조~제80조)

(1) 의 의

무역계약은 쌍무계약이므로 당사자들은 계약 및 준거법에 따라

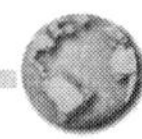

서로의 의무를 이행하여야 한다. 무역의 당사자가 자신의 의무를 이행하지 않는다면 계약을 위반한자는 계약 및 준거법에 따라 의무불이행에 대한 책임을 지는 것이 원칙이지만 일정한 경우에 해당할 경우 계약위반에 대한 책임을 지지 않는데 이를 면책이라 한다.

(2) 계약 불이행에 대한 면책(제79조)

① 계약 당사자의 의무 불이행에 대한 면책

당사자 일방은 그 의무의 불이행이 자신의 통제를 벗어난 장애에 기인하였다는 점과 계약 체결 시 그 장애를 고려하거나 또는 그 장애나 장애의 결과를 회피하거나 극복하는 것이 합리적으로 기대될 수 없었다는 점을 입증하는 경우에는 자신의 어떠한 의무의 불이행에 대하여 책임을 지지 아니한다.

② 고용된 제3자의 불이행에 대한 면책

당사자의 불이행이 계약의 전부 또는 일부를 이행하기 위하여 고용된 제3자의 불이행에 기인한 경우에는 그 당사자는 다음과 같은 경우에 한하여 그 책임이 면제된다.

㉠ 당사자가 전항의 규정에 따라 면책될 때

㉡ 당사자가 고용한 제3자가 전항의 규정이 그에게 적용된다면 역시 면책되는 경우

③ 면책이 인정되는 기간

본조에 규정된 면책은 장애가 존재하는 동안의 기간에만 효력을 갖는다.

④ 계약 불이행자의 의무

㉠ 상대방에게 통지하여야 할 의무

불이행의 당사자는 장애와 그것이 자신의 이행능력에 미치는 영향에 관하여 상대방에게 통지하여야 한다.

㉡ 통지 불이행에 대한 책임

불이행의 당사자가 장애를 알았거나 또는 알았어야 하는 때로부터 상당한 기간 내에 그 통지가 상대방에게 도착하지 아니한 경우에는 당사자는 그러한 불착으로 인하여 발생하는 손해배상액에 대한 책임이 있다.

⑤ 기타 권리와의 관계

본조의 규정은 어느 당사자에 대해서도 이 협약에 따른 손해배상액의 청구 이외의 모든 권리를 행사하는 것을 방해하지 아니한다.

(3) 자신의 귀책사유와 불이행(제80조)

일방의 당사자는 상대방의 불이행이 자신의 작위 또는 부작위에 기인하여 발생한 한도 내에서는 상대방의 불이행을 원용할 수 없다.

7) 계약 해제의 효과(제81조~제84조)

(1) 의 의

계약 해제란 무역계약의 성립 후 당사자 일방의 의무 불이행으로 계약의 목적을 달성할 수 없는 경우 그 상대방이 계약을 처음부터 없었던 것과 같이 계약 전의 상태로 환원시키는 것을 말

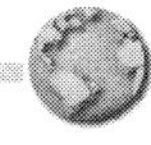

한다.

(2) 계약의무 소멸과 반환청구(제81조)

① 계약의무의 소멸

계약의 해제는 이미 발생한 모든 손해배상의 의무를 제외하고 양당사자를 계약상의 의무로부터 면하게 한다.

② 분쟁해결 및 기타 조항과의 관계

해제는 분쟁해결을 위한 어떠한 계약조항이나 계약의 해제에 따라 발생하는 당사자의 권리와 의무를 규율하는 기타 모든 계약조항에 영향을 미치지 아니한다.

③ 반환 청구권

계약의 전부 또는 일부를 이행한 당사자 일방은 상대방에 대하여 그 계약 하에서 자신이 이미 공급하였거나 또는 지급한 것에 대한 반환을 청구할 수 있다.

④ 반환의 시기

당사자 쌍방이 반환하여야 할 의무가 있는 경우에는 양당사자는 동시에 이를 이행하여야 한다.

(3) 물품의 반환이 불가능한 경우의 계약해제 (제82조)

① 매수인의 권리제한

매수인이 물품을 수령한 상태와 실질적으로 동등한 물품을 반환하는 것이 불가능한 경우에는 매수인은 계약의 해제를 선언하거나 또는 매도인에게 대체품의 인도를 요구하는 권리를 상실한다.

② 매수인의 권리가 상실되지 않는 경우

㉠ 물품을 반환하거나 또는 매수인이 물품을 수령한 상태와 실질적으로 동등한 물품을 반환하는 것이 불가능한 사유가 매수인의 작위 또는 부작위에 기인하지 아니한 경우

㉡ 제38조에 규정된 검사의 결과로 물품의 전부 또는 일부가 이미 멸실되었거나 또는 변질된 경우

㉢ 매수인이 불일치를 발견하였거나 또는 발견하였어야 하는 때 이전에 물품의 전부 또는 일부가 이미 매수인에 의하여 정상적인 영업과정에서 매각되었거나, 또는 정상적인 사용과정에서 소비되었거나 또는 변형된 경우

(4) 기타의 구제방법(제83조)

매수인은 제82조에 따라 계약의 해제를 선언하는 권리 또는 매도인에게 대체품의 인도를 요구하는 권리를 상실했다하더라도 계약 및 이 협약에 따른 기타 모든 구제방법을 보유한다.

(5) 이익의 반환(제84조)

① 매도인의 대금 반환 및 이자지급

매도인이 대금을 반환하여야 할 의무가 있는 경우에는 매도인은 대금이 지급된 날로부터의 그것에 대한 이자도 지급해야 한다.

② 매수인의 이익 반환의무

매수인은 다음과 같은 경우에는 물품의 전부 또는 일부로부터 취득한 이익을 매도인에게 반환해야 한다.

㉠ 매수인이 물품의 전부 또는 일부를 반환하여야 하는 경우

㉡ 매수인이 물품의 전부 또는 일부를 반환하거나 또는 그가 물품을 수령한 상태와 실질적으로 동등하게 물품의 전부 또는 일부를 반환하는 것이 불가능함에도, 매수인이 이 계약의 해제를 선언하였거나 또는 매도인에게 대체품의 인도를 요구한 경우

→ 인도된 물품과 실질적으로 동등한 상태로 반환 하는 것이 불가능 함에도 매수인이 계약의 해제를 선언하였거나 매도인에게 대체품의 인도를 요구한 경우에는 물품으로부터 취득한 이익도 매도인에게 반환해야 한다.

8) 물품의 보존(제85조~제88조)

(1) 매도인의 보존의무(제85조)

① 매도인의 물품을 보존하기 위한 합리적인 조치의무

매수인이 물품의 인도수령을 지체한 경우이거나 대금의 지급과 물품의 인도가 동시에 이행되어야 하는 때에 매수인이 그 대금을 지급하지 아니하고 매도인이 물품을 점유하고 있거나 기타의 방법으로 그 처분을 지배할 수 있는 경우에는 매도인은 물품을 보존하기 위하여 그 사정에 합리적인 조치를 취하여야 한다.

② 매도인의 물품유치권

매도인은 자신의 합리적인 비용을 매수인으로부터 보상받을 때까지 물품을 유치할 권리가 있다.

(2) 매수인의 보존의무(제86조)

① 매수인의 물품을 보존하기 위한 합리적인 조치의무

매수인이 물품을 수령한 경우에 있어서 그 물품을 거절하기 위하여 계약 또는 이 협약에 따른 어떠한 권리를 행사하고자 할 때에는, 매수인은 물품을 보존하기 위하여 그 사정에 합리적인 조치를 취하여야 한다.

② 매수인의 물품유치권

매수인은 자신의 합리적인 비용을 매도인으로부터 보상받을 때까지 물품을 유치할 권리가 있다.

③ 매수인의 인수거절시 물품점유 의무

㉠ 물품점유 의무

매수인 앞으로 발송된 물품이 목적지에서 매수인의 임의 처분 하에 적치된 경우에 있어서 매수인이 물품을 거절하는 권리를 행사할 때에는, 매수인은 매도인을 위하여 물품을 점유하여야 한다.

㉡ 물품점유 조건

물품의 점유는 대금의 지급이 없이 그리고 불합리한 불편이나 불합리한 비용이 없이 행하여 질수 있는 경우에 한한다.

㉢ 적용배제

매도인이나 또는 매도인을 위하여 물품을 관리하도록 수권된 자가 목적지에 있는 경우에는 이를 적용하지 아니한다.

㉣ 점유자의 권리와 의무

매수인이 인수 거절권을 행사하는 물품을 점유하는 경우에는 물품을 보존하기 위한 합리적인 조치의무를 부담하며 물품유치권을 갖는다.

(3) 제3자 창고 기탁(제87조)

물품을 보존하기 위한 조치를 취하여야 할 의무가 있는 당사자는 그 발생한 비용이 불합리한 것이 아닌 한, 상대방의 비용으로 물품을 제3자의 창고에 기탁할 수 있다.

(4) 물품의 매각(제88조)

① 물품보존의무자의 매각

물품을 보존하여야 할 의무가 있는 당사자는 상대방이 물품의 점유 또는 반송에 있어서, 또는 대금이나 보존비용의 지급에 있어서 불합리하게 지연한 경우에는 적절한 방법으로 물품을 매각할 수 있다.

㉠ 매각의 주체

물품을 보존하여야 할 의무가 있는 당사자

㉡ 요건

상대방이 물품의 점유 또는 반송에 있어서, 또는 대금이나 보존비용의 지급에 있어서 불합리하게 지연한 경우

㉢ 합리적인 통지의무

상대방에 대하여 그 매각의 의도에 관한 합리적인 통지가 있어야 한다.

② 변질물품에 대한 합리적 조치의무

물품이 급속히 변질되기 쉬운 것이거나 또는 그 보존에 불합리한 비용이 요구되는 경우에는 물품을 보존하여야 할 의무가 있는 당사자는 이를 매각하기 위한 합리적인 조치를 취하여야 한다. 보존의 의무가 있는 당사자는 가능한 한, 상대방에게 매각의 의도에 관하여 통지를 하여야 한다.

③ 매각비용 유보권 및 잔액 반환 의무

물품을 매각하는 당사자는 매각의 대금으로부터 물품의 보존과 그 매각에 소요된 합리적인 비용과 동등한 금액을 유보할 권리를 갖는다. 그러나 그 당사자는 상대방에게 잔액을 반환하여야 한다.

CHAPTER 04

이론과 실제 (계약의 성립을 위한 해외출장)

앞에서 언급한 바와 같이 청약자의 청약에 대해서 청약의 상대방인 피청약자의 승낙으로 무역계약은 성립된다. 청약은 우편, fax, e-mail 등 여러 방법으로 할 수도 있고 해외출장을 가서 수입상인 바이어에게 직접 청약을 하고 바이어의 승낙으로 계약이 성립될 수도 있다. 여기에서는 계약의 성립을 위한 해외출장시의 경험을 토대로 언급하고자 한다.

제 1 절 매매계약서

매매계약서(Sales Contract)는 무역계약의 증거로서 남을 수 있고, 각 거래조건을 명시함으로써 차후에 발생할 수 있는 분쟁을 예방하기 위해서라도 필요하다.

다만 현지 Agent를 통해서 거래를 성사시키는 경우에는 현지 Agent가 계약내용에 따라 Indent나 계약서를 대신 작성해 주는 경우도 있다.

어떠한 경우이든 매매계약서가 급히 필요한 경우도 생기기 때문에 반드시 매매계약서를 준비하여 해외출장에 임하는 것이 필요하다. 매매계약서에는 계약내용, 즉 품목, 수량 단가 금액이 기본적으로 명시되어 있어야 하며 가격조건, 대금결제방법은 필수적으로 기재하여야 하며 납기일, 포장방법 등의 보조적 내용에 대해서도 명시하여 2부에 각각 서명하고 한 부씩 서로 보관하게 된다.

제 2 절 청약과 승낙

일반적으로 청약에 대한 승낙은 단기에 이루어지는 경우도 있고 수입상의 선택에 시간이 필요하다면 그 기간이 경과한 후에야 승낙 또는 청약의 거절 등의 의사표시를 하게 된다.

그러나 해외출장은 상대방과 마주 보면서 이루어지기 때문에 단시간 안에 계약의 성립 여부가 결정되는 경우가 많다. 보다 확실하게 계약으로 성사시키기 위해서는 각자의 노하우가 있겠으나 아래와 같은 방법으로 계약을 성사시킨 경험이 있다.

1 배짱으로 영업하라.

유럽출장을 가던 중 해외시장조사를 겸해 두바이(아랍에미리

트 공과국)에 약 3일간 머무른 적이 있다. 당시 준비한 품목은 모두 유럽시장에 맞는 품목이었고, 유럽 수입상들이 필요로 하는 품목을 준비해서 출장을 갔기 때문에 실질적으로 두바이에서는 별다른 기대를 하지 않은 상태였다.

그 곳에서 아시아 최대의 수입상인 N 수입상과의 접촉을 시도했다. 힘들게 약속을 잡아 사무실에 갔더니 대한민국 최대그룹이라 할 수 있는 이름만 대면 알 수 있는 S그룹 해외영업팀 직원이 2명이나 먼저 와서 기다리고 있었다. 약 10분 정도 기다리다보니 누군가 나와서 S그룹 직원에게 오늘은 바쁘니 다음에 들르라고 하였다.

약속을 하고도 물리칠 수 있을 만큼 친할 수도 있고 아니면 수입상이 너무 거대하다보니 수출상을 우습게 여기는 바이어도 존재하는 게 사실이라 자못 궁금하였다. 그들은 상담을 위하여 이미 30분을 기다렸기 때문이다.

그들은 가고 나는 2층으로 올라갔다. 올라가서 Sample을 펼쳐 보여줬다.

한눈에 느끼기에 그들은 내가 가져간 Item에 관심이 있는 듯했다.

그가 나에게 첫 질문을 던졌다.

"내가 누군지 압니까?"

나는 대답했다.

"잘 모릅니다."

그가 큰 거상이라는 것과 Leading Buyer라는 것은 알고 있었지만 그 이외의 사항은 아는 바가 없으므로 모른다고 대답했던 것이다.

그의 장황한 설명과 자랑이 이어졌다. 한국의 어느 어느 업체로부터 얼마만큼의 물량을 수입한다는 내용이었다. 결국은 나를 약간 주눅 들게 하려는 것 같았다.

이윽고 흥정이 이어졌다. 각 품목별로 가격을 물어보았다. 나는 나의 판단기준에 따라 가격을 제시하였다.

그의 가격과 나의 가격은 상상을 초월할 정도로 격차가 컸고 이름도 없는 회사가 무슨 가격이 그리 비싸냐고 했다.

나는 긴말을 하지 않고 짐을 꾸렸고 그는 왜 그러냐고 반문했다.

"당신네 회사가 우리 회사를 모르는 것과 우리가 당신을 모르는 것은 같은 이치입니다. 당신이 다른 업체로부터 아무리 많은 물량을 수입해도 나와는 상관이 없습니다. 시간이 별로 없으니 다른 바이어들과 이야기하는 것이 나을듯하여 짐을 꾸립니다."라고 대답하였다.

그의 거만함은 바로 수그러들었다.

이윽고 사환을 시켜 차 대접을 할 테니 조금만 있다가 가라는 것이었다.

못 이기는 척하고 차를 마시자 우리 품목을 다시 보면 안 되냐고 질문을 던졌다. 나는 가격에 대한 아이디어가 없으면 보나마나 아니냐고 반문을 했다.

그러지 않으리라는 다짐을 받고 다시 가방을 열었다.

상담은 아주 쉽게 풀렸다.

즉석에서 25만 불의 계약이 이루어졌고, 주문 상세내역도 바로 결정되었다. 그날 저녁에 다시 전화가 왔다. 다음날 한 번 더 보자는 것이었다. 다음날 아침 그는 추가로 25만 불의 주문을 했다. 예상치 못한 결과였다.

사실 난 처음부터 그가 내가 제시한 품목에 관심이 있다는 것

을 알았다. 그는 내가 다른 수출상처럼 그의 의도에 따라 영업을 하기를 바랐던 것이었다. 그랬다면 나는 터무니없는 가격에 계약을 성사시키고 시장개척의 중요성을 부르짖으며 본사의 생산팀을 설득해야 했을 것이다. 나는 그의 의도에 말리지 않기 위하여 마치 거상 임상옥이 중국에서 인삼을 불 지르려 한 것처럼 한 것이다.

그는 감정에 치우친 상인이 아니라 영업이익이 있다면 영업을 위해 거래를 성사시켜야 된다는 냉정함을 갖춘 비즈니스맨이었기 때문에 거래는 원만히 성사되었고 그 후 매월 일정량의 수입을 계속하게 되었던 것이다.

2 품목에 대한 자신감을 가지라.

해외영업을 목적으로 첫 출장을 갔을 때의 일이다. 바이어와의 상담 경험도 겨우 몇 회 되지 않은 상태에서 혼자 가방을 싸서 미국으로 향하였다.

그 곳에서 미국의 거대 수입상 중의 하나인 M사의 부사장과 약속시간(Appointment)을 정할 수 있는 기회가 생겼다. 아침 일찍 회사에 당도하니 회사가 엄청나게 컸고 상담실 역시 아주 크고 넓었다. 차 한 잔을 마시고 나서 상담이 시작되었다. 이것저것 물어 보는 통에 정신이 없을 지경이었다.

그러다 갑자기 단일 품목을 100만 불 수준의 주문을 할 테니 독점으로(Exclusive) 공급 가능하냐는 질문을 받았다.

첫 출장에 너무 강한 상대를 만나서 그런지 등에서는 이미 식은땀이 흐르고 있음을 느꼈다.

지금은 쿼터가 없어져서 얼마든지 수출이 가능했지만 당시에는 619M이라는 카테고리에 속하는 쿼터품목으로서 쿼터량이 없는 경우에는 수출이 불가능한 상태였다.

회사에서 보유하고 있는 양은 약 10만 불 정도를 소화할 수 있는 상태였고 당시 쿼터 사정이 좋지 않아 타 회사의 대행도 불가능한 상태였다.

솔직히 사실을 이야기하고 10만 불 정도가 가능함을 이야기했으나 결국 오더는 성사되지 못했다.

한국에 돌아와서 곰곰이 식은땀 흘린 이유를 생각했다. 가장 큰 이유는 입사 몇 개월 만에 첫 출장에다 품목에 대한 자신감이 결여되어 있었음을 알았다.

영업에서는 생산에 대한 두려움을 가질 필요는 없다. 정당한 가격, 적당한 납기가 가능하다면 이는 분명히 성사될 수 있는 거래이기 때문이다.

또한 내가 팔고자 하는 품목은 누가 뭐래도 내가 가장 잘 알고 있다는 생각으로 영업에 임한다면 보다 좋은 결과가 있을 것이다.

3 영업에 필요한 말만 하라.

해외영업시 언어의 구사력은 중요한 요소 중의 하나임이 틀림없다. 그러나 언어의 구사력이 좋다고 영업력이 뛰어나다고는 할 수 없다. 왜냐하면 주변에 언어의 구사력이 약하면서도 얼마든지 해외영업을 잘 하는 분들도 많이 있고, 불필요한 말로 인해

상대방에 대한 신뢰를 떨어뜨리고, 오히려 그것이 화근이 되어 상대방의 주문이 더 까다롭게 되는 경우도 있기 때문이다.

4 본사와 긴밀한 연락을 하라.

프랑스 파리에서 있었던 일이다. 파리를 여러 번 다니다 보니 주말에 지하철을 타고 이곳저곳 관광명소를 혼자서도 충분히 돌아다닐 수 있을 만큼 지리가 훤하다.

프랑스 바이어 중에서 D상사가 있다. 젊은 세 친구가 합작하여 만든 회사로 공격적인 영업을 하는 회사였다. 파리에서 상담이 이루어졌다. 품목을 꼼꼼히 연구하며 이야기를 나누다보니 몇 가지 품목에 대하여 시 생산이 필요한 경우가 있었다.

당시 관행으로 시 생산은 시간도 엄청 소요되고 생산 비용 때문에 영업 당사자도 함부로 결정을 내릴 수는 없는 상황이었다. 회사에서는 이미 영업력을 인정받은 상태라 가능할 수도 있었으나 그 내용에 따라 생산을 해야 하는 생산 팀은 몇 배의 고생을 해야 하고 또 영업 결과가 좋지 않은 경우 화살이 영업자에게 되돌아가는 경우도 있을 수 있기 때문에 조심스러울 수밖에 없는 부분이었다.

가장 먼저 바이어의 구매 연결가능성을 점검했다. 그가 왜 이 품목을 원하는지 어떻게 판매하고 싶은 것인지를 꼼꼼히 따진 후 본사에 연락을 했다. 본사에서는 진행가능으로 판정이 내려졌고 시 생산을 완료하고 신규품목이라 일 년이 넘도록 이 품목은 장수를 누렸다.

5 상대방의 상관습을 존중하라.

로마에서는 로마의 관습을 따르듯이 무역은 특정한 일개국을 상대로 하는 것이 아니므로 각 국가별 상관습 거래형태 등에 대해서 인정을 하고 존중하는 것은 무척 중요하다.

아프리카는 신용장거래보다는 주로 현금을 송금하거나 현금을 가지고 우리나라에 와서 필요한 물품을 구매하는 경우도 있으며, 호주에서는 신용장거래와 T/T 거래가 모두 이루어지고 있으나 신용장 개설비용이 비싸서 소액의 경우에는 T/T 거래를 선호한다.

그러나 대금결제가 생산 전에 이루어지지 않고 생산이 완료된 후에 대금을 송금하는 것이 일반적이다. 나도 첫 거래시 선수금을 요구하다가 거래가 취소된 경험을 가지고 있다. 그 후에는 상대방의 관습을 따랐는데 결제문제는 한 번도 생긴 적은 없다.

또한 중동의 아라비아 상인들은 무척 결정이 느린 편이다. 상담 중 하루에도 몇 번씩 기도시간에 맞춰 기도를 하며 중요한 순간에 결정을 보류하는 경우도 많이 있기 때문에 인내심이 필요하며 두바이의 인도계 상인들은 에누리를 좋아하기 때문에 그에 대한 대비도 단단히 하고 있어야 한다.

폴란드는 주로 선금, 중도금, 마지막 대금결제 순으로 대금결제가 이루어진다. 그러므로 해외 영업 시에는 상대의 상관습을 존중해서 그에 가장 보편적이며 합리적인 방안으로 거래를 해야 한다. 다만 일부 상인들은 결제에 대한 개념이 불명확한 곳도 있으므로 결제조건이 원만하지 않은 경우에는 신중한 결정을 하여야 함은 두말할 나위도 없다.

제 3 부

무역계약의 이행

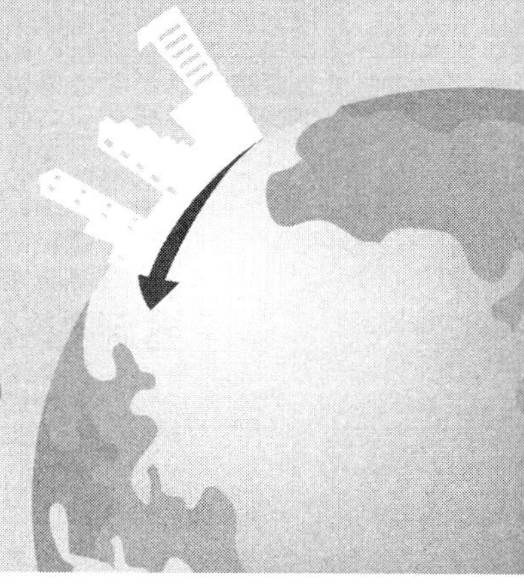

CHAPTER 01

무역계약의 당사자

제 1 절 무역계약의 이행

1 의 의

무역계약은 불요식 계약, 쌍무계약, 낙성계약, 유상계약의 성격을 가지고 있다. 무역계약이 성립하면 매매 당사자인 매도인과 매수인은 그 계약 내용에 따르는 권리를 향유하며 또한 그 계약 내용에 따르는 의무를 이행하여야 한다.

매도인은 기본적으로 물품을 매수인에게 인도해야 하고 소유권 또한 이전해야 할 의무를 부담하고 있으며 매수인은 이 인도를 수령하고 대금을 지급할 의무를 이행하여야 한다.

계약위반 시에는 당사자 사이에 정한 계약 내용에 따라 발생하는 손해를 배상해야 하고 준거법에 따라 피해에 대한 구제조치를 취할 수도 있다.

2 물품의 인도

1) 의의

인도란 물품이나 권리를 타인에게 넘겨주는 것을 의미하는데 영국 물품 매매법에 의하면 특정인의 타인에 대한 자발적인 점유의 이전을 말한다.

2) 현실적 인도와 추정적 인도

(1) 현실적 인도

현실적인도(Actual delivery) 란 매도인이 매수인 또는 그가 지정한 제3자에게 물품의 점유를 이전시키는 행위를 말한다.

(2) 추정적 인도(constructive delivery)

추정적 인도란 매도인이 현품을 인도하는 것이 아니지만 인도가 이루어진 것으로 추정하는 것을 말한다.

① 상징적 인도

상징적 인도란 물품을 운송인과 같은 수탁자인 제3자가 점유하고 있고 그 물품을 대표하는 선하증권과 같은 권리증권을 매수인에게 인도함으로써 물품의 인도가 이루어진 것으로 추정하는 것을 말한다.

② 간이 인도

매매 대상 물품이 매매가 이루어지기 전에 매수인에게 점유되고 매매 후 실지로 물품의 이전은 이루어지지 않고 단순한 의사표시로서 물품의 인도가 이루어진 것으로 추정하는 것을 말한다.

③ 지시 인도

매매물품을 매도인의 수탁자인 제3자가 점유하고 매매 후 이에 대한 권리를 매수인에게 양도하며, 제3자가 매도인의 수탁자가 아닌 매수인의 수탁자로서 계속 물품을 점유하는 것을 말한다.

3) 인도의 장소

물품의 인도장소란 매수인이나 매수인이 지시한 대리인 또는 운송인에게 물품을 인도하는 장소를 말한다. 당사자가 명시적 묵시적으로 인도장소에 대한 합의를 하였다면 그 합의 장소에서 인도하여야 한다.

별도의 합의가 없는 경우에는 정형거래조건에서 제시하는 장소가 인도장소가 된다.

4) 인도시기

인도시기는 매매대상물품을 매도인이 매수인 또는 매수인의 지시를 받는 대리인의 처분 하에 두어야 하는 시점을 말한다. 계약상의 최종 인도기일이 정해진 경우 그 최종기일 내에 인도하여야 하며 인도의 기간이 정해진 경우에는 그 기간에 인도하여야 한다. 계약에서 특정한 기일 또는 기간이 없는 경우에는 상당한 기간(reasonable time) 이내에 물품을 인도한다.

인도시기의 중요성

거래 당사자가 특정기간을 인도시기로 하는 경우에는 매도인은 그 시기에 알맞게 물품을 인도하여야 한다. 예로 우리나라의 경우에는 연말에도 대부분 업무를 하지만 유럽 및 미주 지역에서는 half day schedule로 일을 하는 경우도 있고 아예 휴무를 하는 국가도 많다.

이러한 경우에는 물품의 처리가 불가능하므로 예기치 못한 비용이 발생되는 경우가 있으므로 주의하여야 한다.

3 소유권이전

1) 의 의

소유권이란 물품을 사용, 수익, 처분할 수 있는 권리를 말한다. 따라서 소유권이 이전된다 함은 물품의 사용, 수익, 처분할 수 있는 권리의 양도를 의미한다. 즉 매매대상 물품에 대한 사용, 수익, 처분할 수 있는 권리가 매도인에게서 매수인으로의 이전을 말하는데 비엔나 협약에서는 소유권의 이전에 관하여 매도인이 소유권을 이전하여야 한다는 규정만 존재할 뿐 구체적 규정은 나타나 있지 않다.

2) 소유권이전의 원칙

(1) 영국물품 매매법상의 소유권의 이전

특정물품의 경우 매매계약이 이루어지고 계약당사자가 물품의 소유권이전의 의사표시를 한 때 소유권이 매수인에게 이전된다.

(2) 미국의 통일 상법 전

물품에 대한 소유권은 당사자 간 합의된 방법 및 조건에 따라 매도인으로부터 매수인에게 이전한다고 규정하고 있다.

(3) Incoterms

Incoterms에서는 매매당사자의 의무규정만을 두고 있으며 소유권이전에 관한 특별한 규정은 없다.

(4) 우리나라 민법

우리나라 민법에서는 인도를 통하여 소유권이전의 효력이 발생하는 것으로 하고 있다.

4 위험의 이전

1) 의 의

무역거래대상 물품은 비교적 장기적으로 또한 장거리를 이동하게 되므로 물품에 대한 멸실, 손상, 변질 등의 위험(risk)에 노출되게 된다. 따라서 이러한 위험이 어느 시기에 매도인에게서 매수인으로 이전되느냐에 대한 문제로서 위험의 이전으로 인해

발생한 손해에 대해서는 위험의 분기점을 기준으로 따져야 할 것이며 위험이 이전되기 이전의 손해는 매도인이 부담하고 위험이 이전되고 난 이후의 손해는 매수인이 부담하게 된다.

2) 위험이전의 원칙

(1) 소유권자의 위험부담 원칙

물품의 소유권자가 그 물품에 대하여 위험을 부담한다는 원칙으로 영국의 보통법, 영국 물품매매법, 미국의 통일 매매법 등이를 채택하고 있다.

(2) 소유권과 위험의 분리

소유권과 위험은 따로 분리될 수 있다. 즉 당사자의 별도의 합의가 있다면 소유권의 이전시기와 위험의 이전시기를 별도로 정할 수 있다. 당사자의 별도의 합의가 없는 경우에는 준거법을 따른다.

제 2 절 무역계약 당사자의 의무

1 의 의

무역계약이 성립되고 나면 매도인과 매수인의 그 계약 내용에 따라 의무를 이행하여야 한다. 당사자의 별도의 합의가 있는 경

우에는 그 내용에 따르지만 일반적으로 볼 때 매도인은 계약의 이행을 위해 물품을 매수인에게 인도하여야 하고 매수인은 매도인의 인도를 수령할 의무가 있고 물품에 대한 대금을 지급하여야 할 의무를 부담하게 된다.

여기서는 매매법의 통일을 위하여 UN에 의하여 제정된 CISG 규정을 중심으로 살펴보기로 한다.

2 매도인의 의무

1) 물품의 인도

(1) 당사자 간의 합의가 있는 경우

계약당시 당사자의 합의가 있다면 합의 내용에 따라 합의된 장소와 인도기일 또는 기간 내에 매수인의 임의 처분 하에 적치하거나 운송인에게 인도하여야 한다.

(2) 당사자 간의 합의가 없는 경우

인도에 관하여 당사자 간의 구체적인 합의가 없는 경우에는 준거법상의 규정 또는 관습에 따라 매수인에게 물품을 인도한다.

2) 서류의 제공

(1) CISG의 규정

매도인이 물품과 관련된 서류를 교부할 의무가 있다면, 매도인은 계약에서 요구되는 시기, 장소 및 형식으로 서류를 교부하여야 한다.

(2) 서류의 종류

일반적으로 매도인이 선적을 위하여 그리고 매수인의 인도의 수령을 위하여 제시되는 서류는 아래와 같다.

① 계약 물품과 관련된 서류: Commercial Invoice, Inspection Certificate, Weight note, Packing list, Detail Packing list 등
② 물품의 인도와 관련된 서류: 선하증권(B/L), 항공화물 운송장, 부두수취증, 본선수취증 등
③ 보험관련 서류: 보험증권, 보험증명서, 포괄예정 보험 하에서 발행된 확정 통지서 등
④ 통관 관련 서류: 원산지 증명서(C/O), 영사송장, 세관송장 등

(3) 서류의 의미

상기 서류는 일반적으로 매도인이 물품을 선적한 후 필요한 서류를 타 기관으로부터 발급받거나 직접 발급하여 그 서류를 구비하여 은행을 통하여 또는 직접 매수인에게 제시함으로써 대금을 결제 받게 된다.

3) 소유권의 이전

매매계약이 성립되고 매도인이 매수인에게 물품의 인도는 물론이고 소유권 또한 이전하여야 하는 것은 당연한 논리이다. 하지만 CISG에서는 구체적인 규정 없이 소유권을 이전하여야 한다는 원칙만을 선언하고 있다.

4) 기 타

(1) 위험과 비용의 부담

매도인은 매수인과 합의한 시기 이전에 물품의 멸실 손상 등에 대한 위험을 부담하여야 하며, 물품을 인수하기 전에 발생하는 각종의 비용을 부담하여야 하는데 이 비용은 계약 내용 또는 가격 조건에 따라 서로 상이하다.

(2) 종속 계약의 체결

일반적으로 무역계약은 앞에서 언급한 바와 같이 다수의 종속계약이 수반된다. 무역계약의 이행을 위하여 당사자 합의사항이나 정형거래조건에 의하여 매도인은 종속계약(운송 계약, 보험계약, 금융계약)을 체결한다.

3 매수인의 의무

1) 물품의 인수

(1) 의 의

매도인의 물품 인도에 대하여 매수인은 이에 대한 인도를 수령하고 대금을 지급하여야 한다고 CISG는 규정하고 있다. Incoterms에서도 매수인의 인수와 대금지급의 규정을 두고 있다.

(2) 인수 거절권 행사시 통지

계약 내용과 상이한 물품 또는 품질 그리고 인도기간이 경과된 경우 등에는 인수를 거절할 수 있으며, 매수인은 상당기간

(Reasonable time) 내에 그 취지를 매도인에게 통지하여야 한다.

(3) 매수인의 부당한 인수 거절

매도인이 계약 내용에 따라 인도한 물품을 부당하게 인수 거절하는 경우에는 매수인이 인수의무 위반으로 발생되는 일체의 위험 및 추가 비용을 부담하여야 한다.

2) 대금의 지급

가장 기본적인 매수인의 의무로서 매도인의 물품인도에 대하여 매수인은 그 대금을 결제하여야 한다. 지급 시기와 방법 장소, 결제통화 등은 합의된 내용에 따른다.

3) 물품의 검사 및 하자의 통지

(1) 물품의 검사

매수인은 그 사정에 따라 실행 가능한 짧은 기간 내에 물품을 검사하거나 또는 물품이 검사되도록 하여야 한다.

(2) 하자의 통지

매수인이 물품의 불일치를 발견하였거나 발견하였어야 하는 때부터 상당기간 내에 매도인에게 불일치에 대한 통지를 하지 아니한 경우에는 불일치에 대한 클레임을 제기할 권리를 상실한다. 어떠한 경우에도 물품이 현실적으로 인도된 날로부터 2년 이내에 매수인에게 불일치 사실을 통지하지 않은 경우에 매수인은 불일치에 의존하는 권리를 상실한다. 다만 보증기간이 2년을 넘

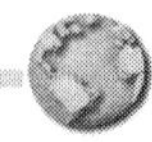

는 경우에는 그렇지 아니하다.

4) 위험 및 비용 부담

매수인은 매도인과 합의한 시기 이후에 물품의 멸실 손상 등에 대한 위험을 부담하여야 하며, 물품을 인수한 후에 발생하는 각종의 비용을 부담하여야 하는데 이 비용은 계약 내용 또는 가격 조건에 따라 서로 상이하다.

CHAPTER 02

무역대금의 결제

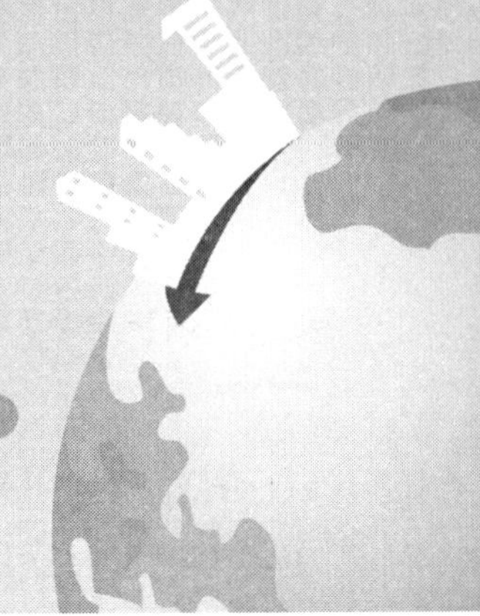

제 1 절 무역대금의 결제

1 의 의

무역계약은 쌍무계약으로서 매도인이 계약과 일치하는 물품을 매수인에게 공급하고 그 물품을 수령할 수 있도록 필요한 각종의 서류를 매수인에게 제공하게 되며 매수인은 매도인의 이러한 이행에 따르는 결과로서 인도를 수령하고 그에 대한 대가로서 무역 대금을 매도인에게 지급하여야 하는데 이를 대금결제라고 한다. 대금의 결제는 당사자 간 서로 합의한 방법에 따라 결제통화, 결제시기 등이 정해지며 매수인은 마땅히 결제시기에 대금을 지급하여야 하나 이 의무를 이행하지 않는다면 매도인은 이에 대한 구제조치를 취할 수 있다.

2 결제 수단

1) 현 금

현금을 결제 수단으로 사용하는 경우는 그리 많지 않은 편이다. 왜냐하면 무역이 국제간의 거래임을 감안할 때 현실적으로 현금을 수송하고 보관하는 것이 용이하지 않을 뿐 아니라 이동 중의 분실 또는 도난의 위험성 또한 높기 때문에 현금을 결제수단으로 사용하는 경우는 흔한 경우는 아니다. 그렇기는 하지만 아프리카에서 신용장개설 및 송금이 어려울 때 바이어들이 직접 현금을 가지고 와서 계약을 체결하고 대금결제를 하는 경우도 있으며 동구권의 일부 국가에서는 상관행상 현금으로 결제하는 경우도 있다.

2) 환

(1) 의 의

환이라 함은 멀리 있는 채권자에게 현금 대신에 어음, 수표, 증서 따위를 보내어 결제하는 방식을 말한다. 외국환이라 함은 결제통화가 우리나라 통화가 아닌 다른 나라의 통화로 현금 대신에 어음, 수표, 전신환 등을 보내서 결제하는 방식을 말한다.

외국환으로 가장 보편적으로 사용되는 통화는 달러(미국통화)가이고 유럽에서는 유로로 결제하는 경우도 있을 수 있다. 그리고 가까이 있는 일본의 엔도 사용되기도 한다. 환율은 이 때 자국화폐와 결제수단인 외국환과의 교환 비율을 이야기하는 것이다.

(2) 환의 분류

환은 장소에 따라 내국환과 외국환으로 분류되며, 자금의 이동 방식에 따라 순환과 역환으로 구분된다.

① 순환

송금환으로서 채무자가 은행에 대금을 지급하고 채권자 또는 수취인에게 송금하여 줄 것을 의뢰하는 것을 말하며 방법에 따라 송금환 수표, 우편송금환, 전신송금환으로 구분된다.

㉠ 송금환 수표(D/D: Demand Draft)

수입업자가 은행으로부터 송금 수표를 발급받아 수출업자에게 우송하는 방식을 말한다.

㉡ 우편 송금환(M/T: Mail Transfer)

수입업자의 요청에 따라 송금은행이 지급은행에 일정금액을 지급하여 줄 것을 위탁하는 우편환을 발행해 지급은행으로 우송하는 방식을 말한다.

㉢ 전신환(T/T: Telegraphic Transfer)

전신을 통하여 수입자가 수출자의 계좌로 송금하는 방식을 말하며 오늘날 무역에서 신용장을 제외한 송금방식 중 가장 보편적으로 활용되는 결제수단 중의 하나이다.

② 역환

추심환으로 채권자가 채무자에게 지급을 청구할 때 사용하는 환이다. 무역에서 쓰이는 추심환은 외국환으로서 지급지가 외국으로 되어 있는 어음 또는 수표를 은행이 매입하거나 추심의뢰를 받아 외국 지급은행이 지급을 청구하여 결제가 이루어지도록 하고 있다.

3) 환어음

(1) 의 의

환어음이라 함은 환어음 발행인이 지급인에 대하여 채권금액을 수취인이나 그 지시인 또는 소지인에게 무조건 지불할 것을 위탁하는 유통성을 띤 요식 유가 증권을 말한다.

(2) 환어음의 당사자

① 발행인(drawer)

무역계약에 있어서 환어음의 발행인은 환어음을 발행하고 서명하는 자로서 수출상인 매도인이다.

② 지급인(drawee)

이때 매도인은 환어음에 기명날인을 하여 환어음을 발행하게 되는데 신용장인 경우에는 개설은행을 지급인으로 하며 추심방식에서는 매수인이 지급인이 된다.

③ 수취인(payee)

수취인이라 함은 환어음 금액을 지급 받을 자로서 발행인 또는 발행인이 지정하는 제3자가 된다.

(3) 환어음의 종류

① 일람불 어음

환어음이 지급인에게 제시되면 결제가 즉시 이루어지는 어음을 말한다.

② 기한부 어음

환어음이 발행되거나 제시된 후 일정 기간이 지난 후에 지급되는 어음을 말한다.

㉠ 일람 후 정기출급(after sight): 지급인에게 제시된 날로부터 일정 기일이 경과된 날이 만기일

㉡ 일부 후 정기출급(after date): 어음의 발행일로부터 일정 기일이 경과된 날이 만기일

㉢ 확정일 출급(on a fixed date): 어음상에 확정된 날이 만기일

3 대금결제방식의 구분

1) 의 의

무역 대금은 결제형태, 환의 이동방향, 물품의 인도, 대금결제방법 등을 기준으로 구분해 볼 수 있다.

2) 결제형태를 기준으로

결제 형태를 기준으로 신용장방식, 추심결제방식(D/A 또는 D/P), 송금결제방식 등이 가장 보편적으로 활용되고 있으며 국제팩토링방식 등의 방식이 활용되기도 한다.

3) 환의 이동방향을 기준으로

환의 이동방향을 기준으로 구분할 때 그 환이 매수인에게서 매도인에게로 이동하고 그 결제도 매수인에게서 매도인에게로

결제된다면 순환방식이라 하고 환어음은 매도인에게서 매수인에게로 제시되지만 대금은 매수인에게서 매도인에게 결제되는 방식을 역환방식이라고 한다.

4) 인도의 대상을 기준으로

(1) 현물상환 결제

매도인이 계약과 일치하는 물품을 매수인 혹은 그가 지시하는 대리인의 처분 하에 인도하고 대금지급이 이루어지는 방식을 말한다.

(2) 서류상환 결제

서류상환 결제는 매도인이 계약과 일치하는 물품을 선적하고 그 물품과 관련된 서류를 제시하는 경우 이와 상환으로 대금결제가 이루어지는 방식을 말한다.

제 2 절 신용장에 의한 결제

1 의 의

신용장에 대하여는 ICC의 정의와 신용장 통일규칙에 신용장의 정의가 명시되어 있다. 이를 기준으로 간략하게 정의한다면 다음과 같다. 신용장이라 함은 조건부 지급확약으로서 신용장에 명시된 서류와의 상환으로 명시된 기한 내에 명시된 금액까지 신용장에 명시된 내용과 일치하는 서류를 제시했을 때 매수인의 요청과 지시에 따라 혹은 은행 스스로를 위하여 행동하는 개설은행이 이를 지급하도록 하는 문서상의 확약이라 할 수 있다.

2 신용장의 기능

1) 대금결제의 수단으로서의 기능

신용장은 단순송금 방식, 추심결제방식과 더불어 가장 많이 활용되는 대금결제방식 중 하나의 중요한 수단으로서의 기능을 담당한다.

국제간의 신용상태를 알기 어려운 입장에서 은행을 통하여 개설된 신용장을 통해 명시된 서류를 제시하면 은행에서는 수입상과의 원 계약과 관계없이 신용장만을 기준으로 서류를 심사하여 이에 해당하는 대금을 지급하는 조건부 지급 확약이기 때문이다.

2) 금융기능

화환신용장은 은행의 조건부 지급확약이기 때문에 이를 담보로 수출하는 매도인이나 수입하는 매수인의 관계은행으로부터 금융상의 혜택을 받을 수 있도록 금융기능을 제공한다.

수출상은 신용장을 담보로 하여 내국신용장을 개설할 수 있으며 필요한 무역금융을 활용할 수도 있으며 수출을 진행하고 이에 신용장에서 명시하는 서류를 은행에 제시하면 수출대금을 회

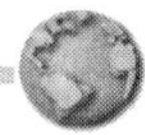

수할 수 있다.

한편 수입상은 물품의 선적 시에 수입대금을 결제하는 것이 아니라 선적서류가 개설은행에 당도했을 때 결제를 하므로 그만큼 자금을 활용할 수 있는 장점이 있고 또한 대도(Trust receipt)를 이용하면 대금결제 없이 신용공여방식으로 미리 자신이 수입한 물품을 인수할 수도 있다.

3) 신용상의 위험 제거

매도인과 매수인은 국적을 달리하고 비교적 먼 거리에 있기 때문에 신용상태를 수시로 확인하는 것이 어렵다. 그러나 신용장 방식을 선택하면 은행을 통한 지급 보증이 되므로 수입상의 신용상태와 관계없이 마음 놓고 물품을 제조하여 수출할 수 있다.

4) 상품입수 불능의 위험 제거

신용장 거래를 매수인의 입장에서 보면 신용장을 개설한 경우 매도인인 수출상이 신용장 조건에 명시된 조건과 일치하는 선적서류를 은행에 제시해야 대금결제가 이루어지므로 상품을 입수하지 못한 상태에서 이루어지는 결제, 또는 상품입수 불능의 위험을 간접적으로 제거시키는 역할을 한다.

5) 거래의 원활화

무역거래는 국적이 서로 다른 나라와의 사이에서 이루어지는 교역이다. 따라서 수입상은 선불로 미리 결제를 한 경우 수출상으로부터 상품의 입수에 대한 위험을 감수해야 하고 수출상의 경우 부분적으로 선지급을 받았다 하더라도 최종 물품이 제조되어 선적시점에 수입상이 나머지 대금을 결제하여야 하는데 거리가 너무 멀리 떨어져 있다 보면 상황의 변화에 대한 위험을 감수할 수밖에 없다. 이러한 경우에 신용장은 양자의 상품입수 불능 위험과 대금회수 불능의 위험요인을 줄여 거래를 원활화시키는 기능을 담당하게 된다.

3 수출상과 수입상의 신용장의 효용

1) 의 의

신용장은 수출상뿐만이 아니라 수입상에게도 그만큼 거래를 활성화시킬 수 있는 역할을 한다. 수출상의 입장과 수입상의 입장에서 본 효용을 살펴보면 아래와 같다.

2) 수출상의 효용

(1) 대금회수의 안전성

신용장 개설은행에서 발행된 신용장은 신용장 개설의뢰인인 수입상의 신용상태의 변화에 관계없이 은행에서 신용장에 명시된 조건과 일치하는 서류와의 상환으로 대금을 결제받을 수 있기 때문에 대금회수에 대한 위험이 경감되고 안정성이 보장된다.

(2) 무역금융의 활용

신용장을 담보로 하여 내국신용장(Local L/C)을 개설하여 국내 제조업자에게 제조 가공에 따르는 비용을 담보하는 역할을 할

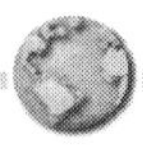

수 있다. 무역 금융의 경우 은행과의 약정 시 무역 금융한도를 설정해두고 그 범위 내에서 내국신용장을 개설하는 경우도 있지만 원 신용장을 기준으로 그에 따르는 내국신용장을 개설하는 경우도 많다.

(3) 거래의 안정성

무역거래에서 수입상의 대상물품 인수와 수출상의 대금결제에 대한 부분은 항상 가장 중요한 몫을 차지한다. 이러한 경우 은행의 신용을 담보로 개설된 은행의 조건부 지급 확약서라 할 수 있는 신용장이 통용됨으로써 거래는 더욱더 안정화된 것이 사실이다.

(4) 매매 교섭 시 유리

신용장거래는 수입상의 매매 교섭 시에도 유리하지만 수출상에게도 대금결제의 안정성과 거래의 안정성 등의 이유로 매매 교섭 시 서로를 충족시키는 유리한 방법이다.

3) 수입상의 효용

(1) 거래의 안정성

수입상인 매도인의 입장에서 보면 추심방식을 선택하면 수입상에게 유리할 수 있으나 수출상이 이를 반기지 않고, 송금방식을 선택하면 자금 부담이 가중될 수도 있으며 또한 부분적으로라도 선 지급을 한 경우에는 상품입수에 대한 위험을 부담해야 한다. 그러나 신용장의 경우에는 신용장에 명시된 조건과 일치

하는 서류가 제시되는 경우에 한하여 그 내용에 따라 지급이 이루어지므로 수입상의 입장이나 수출상의 입장에서 모두 거래의 안정성을 보장한다고 볼 수 있다.

(2) 매매 교섭 시 유리

신용장 방식은 수출상의 입장에서 거부할 필요가 없는 건전한 거래방식이므로 수출상에게도 유리하기 때문에 수입상에게도 매매 교섭을 그만큼 용이하게 해준다. 기한부 신용장의 경우에는 소정의 이자를 계상하지만 일람불로 할 경우 약간의 Discount도 가능하다.

(3) 금융부담 경감 및 무역 금융의 활용

수입상의 경우 당장의 현금 부담이 없이도 신용장의 개설이 가능하고 선적서류 도착 시에도 신용공여방식인 대도라는 방법을 통해 수입화물을 인수할 수 있는 장점이 있다.

(4) 인도시기의 예상

신용장 기재사항 중의 하나가 인도시기이다. 보통 최종선적기간(not later than~)을 표시하게 되는데 최종선적기간 전에 선적되고 항해일수를 따져보면 수입상이 원하는 물품이 언제쯤 목적항에 도착하는지를 예상할 수 있다. 이를 통상 ETA(estimated time of arrival)라고 한다.

(5) 물품의 선적에 대한 확인

신용장 조건은 신용장에서 요구되는 조건을 일치시키는 서류

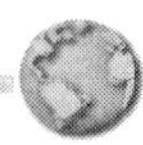

를 수출상이 제시했을 경우에만 은행이 이를 심사하여 그에 대한 대금을 지급하는 것이다. 따라서 계약과 일치하는 물품에 대한 심사를 은행이 하고 내용이 불일치하는 경우에는 은행은 이를 개설의뢰인인 수입상에 통보하게 된다. 따라서 선적에 대한 서류 확인을 은행이 대신 해주고 불일치서류 도착 시 인수할 것인가의 여부도 최종 결정할 수 있다.

제 3 절 추심방식에 의한 결제

1 의 의

1) 추심의 의의

추심 통일규칙에 의하면 추심은 은행이 접수한 지시에 따라 인수 또는 지급을 받기 위하여 또는 인수 및 지급과 상환으로 서류를 인도하기 위하여 또는 기타의 조건으로 서류를 인도하기 위하여 서류를 취급하는 것을 말한다. 추심의 대상이 되는 서류는 금융서류(financial documents)와 상업서류(commercial documents)를 말한다.

금융서류란 환어음, 약속어음, 수표, 지급영수증 또는 기타 금전의 지급을 받기 위하여 사용되는 이와 유사한 증서를 말한다. 그리고 상업서류라 함은 송장, 선적서류, 권리증권 또는 이와 유사한 서류 또는 기타 금융서류를 제외한 모든 서류를 말한다.

2) 추심의 종류

(1) 화환 추심

상업서류가 첨부된 금융서류의 추심 또는 금융서류가 첨부되지 않은 상업서류만의 추심을 말한다.

(2) 무화환 추심

상업서류가 첨부되지 아니한 금융서류의 추심을 말한다.

2 추심당사자

1) 의 의

추심당사자란 추심거래에 관련된 추심의뢰인, 추심의뢰은행, 추심은행, 제시은행, 지급인을 말한다.

2) 추심당사자

(1) 추심의뢰인(Principal)

은행에 추심을 의뢰하는 수출상인 매도인을 말한다. consignor, drawer, seller라고도 한다.

(2) 추심의뢰은행(Remitting Bank)

수출상의 추심을 의뢰받은 수출국의 은행을 말한다.

(3) 추심은행(Collecting Bank)

추심에 참가하는 은행 중 추심의뢰은행을 제외한 모든 은행을

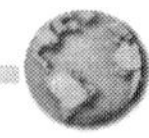

말한다. 추심지시서에 따라 지급인에게 추심하여 대금을 송부하는 은행이다.

(4) 제시은행(Presenting Bank)

추심은행이 수입업자의 거래은행이 아닌 경우에 제시은행이 지급인에게 추심서류를 제시한다.

(5) 지급인(Drawee)

추심 지시서에 따라 서류를 제시받는 자로서 매수인, 즉 바이어에 해당된다.

3 D/A와 D/P

1) D/A (Document against acceptance)

D/A란 인수도 조건으로서 수출상이 수입자 앞으로 송장, B/L, Packing list 등의 기본서류와 함께 기한부 어음을 발행하여 수출상의 거래은행(추심의뢰은행)을 통하여 수입상의 거래은행(추심은행)에 제시되면 수입상이 그 은행을 통하여 환어음을 인수하는 조건으로 선적 서류를 받아 통관을 하고 환어음의 만기일에 대금을 결제하여 추심의뢰은행으로 송금하여 수출상에게 대금을 결제 받는 방식을 말한다.

D/A 거래는 기한부 어음이 발행되므로 계약시 만기일자를 표기하고 환어음 발행 시 그리고 송장에 D/A 만기일을 표기하고 때에 따라서 수출상의 계좌번호를 상업송장에 표기하기도 한다.

2) D/P (Document against payment)

D/P 거래는 지급인도 조건으로서 수출상이 수입자 앞으로 송장, B/L 등의 기본서류와 함께 일람불 어음을 발행하여 추심의뢰은행을 통하여 수입국의 추심은행에 전달되면 수입상이 일람불 환어음을 결제함과 동시에 선적 서류를 받아 통관을 진행하는 방식을 말한다.

D/A와 D/P는 둘 다 추심방식에 의한 결제를 한다는 점에서는 동일하지만 D/A는 기한부 어음이 발행되기 때문에 결제 없이 상품의 입수가 가능하고 D/P는 일람불 어음이 발행되기 때문에 서류인수와 동시에 결제도 이루어져야 한다는 점이 다르다.

3) D/A와 D/P의 효용

(1) 수입상의 효용

① 자금부담 경감

추심방식은 수입자 측면에서는 자금의 부담이 상당히 경감되는 조건으로 신용장 방식보다도 더욱 유리한 방법이다. 신용장을 개설하려면 최소한 담보 내지 신용에 대한 은행의 평가와 기준이 있어 신용장 개설 한도가 정해져 있는 것이 현실이다. 그러나 추심 방식은 은행에서 신용장과 비교해 볼 때 서류심사에 대한 아무런 책임도 부담하지 않고 단순히 서류를 관리하는 입장 정도밖에는 되지 않으므로 수입자 측면에서는 신용장 개설한도나 기타 자신의 신용 평가의 결과에 관계없이 무역거래를 할 수 있기 때문에 수입자에게는 매우 유리하다. 더구나 D/A의 경우에는 대상물품을 수입 통관 후 일정기간이 경과한 후에 결제하기

때문에 수입물품을 판매한 후 그 대금으로 결제를 할 수 있는 장점도 있다.

② 상업 위험의 회피

수입상의 입장에서는 선 지급하는 대금이 없고 오로지 선적서류가 당도한 이후에 결제를 하게 되므로 수입 물품을 인수하지 못하거나 기타 금전적인 위험이 적다.

③ 거래의 활성화

D/A의 경우에는 일정기간 경과 후 대금을 지불하는 것이기 때문에 수입상의 경우 상품을 입수하고 판매한 후에 대금을 결제하는 경우도 많다.

따라서 수입상의 측면에서는 자금의 여유가 없더라도 수출상에 많은 주문을 할 수 있기 때문에 거래는 더욱 활성화 되는 측면이 있다.

(2) 수출상의 효용

① 수출 경쟁 수단으로 활용

일반적으로 추심결제방식은 수출상이 대금결제에 대한 위험을 부담하여야 하기 때문에 수출상이 이 방법을 활용하려면 자금여건이 좋아야 한다. 그리고 대부분의 수출상은 이 방법을 사용하는 것을 회피하는 경향이 있기 때문에 이 방법을 사용하는 수출상은 거래할 때 수출 경쟁수단으로 활용하기도 한다.

② 무역 금융의 활용

추심거래를 약정하게 되면 한도를 정해서 일정 금액까지는 무역금융을 활용하여 제조업체에 대금을 결제할 수 있다. 그러나 대부분의 경우에는 금융한도가 낮아서 추심방식을 선뜻 진행하지 못하는 것이 현실이다.

③ 수출보험을 통한 위험의 회피

수출보험제도를 이용하면 일정 한도까지는 추가로 금융혜택을 누릴 수 있다.

④ 취급절차의 간편성

신용장거래의 경우 신용장에 명시된 제 조건과 일치해야 하며 은행에서는 수출상과 수입상의 원 계약 내용을 무시하고 신용장의 내용만을 기준으로 서류를 심사한다.

추심거래는 이에 비하여 기본적인 서류만을 요구하는 경우가 많고 은행에서도 이를 심사하여야 할 별도의 의무를 부담하고 있지 않으므로 취급절차는 신용장에 비해 상대적으로 간편하다고 볼 수 있다.

4 D/A와 D/P의 장 · 단점

무역계약은 쌍무계약의 성격을 띠고 있으며 매도인의 물품인도에 대해 매수인은 인도를 수령하고 그 대금을 지급하는 것을 기본적으로 하고 있다. 이러한 무역계약은 쌍방 간에 권리와 의무가 서로 상이한 경우도 있다. 즉 어느 일방이 권리를 갖게 되면 상대방에서는 그 권리를 충족시키기 위한 의무를 부담해야 하는 것이다. 일반적으로 말해서 추심거래는 신용장거래에 비해 수입자에게 유리한 결제구조를 가지고 있다.

따라서 수출상은 대금회수 불능 위험에 노출될 수 있다. 이를 회피하기 위하여 수출 보험제도가 존재하나 수출보험도 전액 부보가 되는 것이 아니고 일정 비율 또는 일정금액 만큼을 부보하는 것이고 무역금융의 경우에도 수출상의 약정한도를 활용하는 것이기 때문에 수입상이 결제시기에 송금을 하지 않는다면 수출상은 그 무역금융의 혜택을 본 금액을 반환하여야 한다.

따라서 추심 결제방식이 수입상에게 유리한 만큼 수출상에게 불리하므로 신중한 선택이 요구된다.

제 4 절 송금방식에 의한 결제

1 의 의

송금방식이란 무역계약이 성립되고 수출상이 매매대상 물품을 선적하기 전에 수입상이 물품대금의 일부 또는 전부를 선불로 송금하거나 선적 직전 전액송금 또는 수출상이 물품 또는 서류를 인도하는 때에 수입상이 대금을 송금하는 방식으로 결제가 이루어지는 것을 말한다.

2 단순송금방식

1) 의 의

단순송금 방식의 일반적인 의미는 수입상이 수출상에게 매매물품 또는 상품을 선적하기 이전에 외화로 수출상에게 송금하여 지불하고 대금을 영수한 수출상은 일정기간 내에 약정된 물품을 수입상인 매수인에게 선적하는 방식을 말한다.

이는 수출상의 입장에서 대금을 미리 영수하는 것이므로 매우 유리한 방법이나 수입상에 있어서는 상품 회수불능의 위험을 부담해야 한다.

따라서 이러한 거래는 수입상과 수출상이 매우 신용이 있어 서로를 신뢰하는 경우, 수입상의 자금 능력이 풍부한 경우에 이용되며 소액거래 시에는 신용장 개설비용과 기타 은행에서 공제하는 수수료가 너무 많으므로 경비절감을 위해 송금방식이 사용되기도 한다.

2) 전신송금방식 (T/T: Telegraphic Transfer)

전신송금방식은 수입상의 요청과 지시에 따라 수입국의 은행에서 수출상이 지정한 은행을 통하여 수출상의 외환계좌로 전신환의 형식으로 수출대금을 송신하는 방식을 말한다. 여러 단계의 은행을 거치는 경우 일정시일이 소요되나 최근에는 은행 간 코레스계약이 광범위하게 맺어져 계좌번호 등의 송금 Detail만 정확히 기재하면 신속하고 편리하게 송금 받을 수 있다. 전신환 수수료는 신용장거래에 비해 저렴하였으나 지금은 송금하는 금액에 따라 수수료가 다르며 많이 인상되었다.

3) 우편환송금방식

우편환 방식은 수입상의 요청과 지시에 따라 수입지의 송금은행이 일정금액이 명시된 금액을 지급하여 줄 것을 위탁하는 우편환을 발행하여 우송하는 방식이다.

4) 송금수표 (check)

송금수표는 수입상이 수출상에게 무역계약 물품의 대금으로 수표를 발행하여 직접 수출상 앞으로 우편이나 특송 업체를 통하여 송부하는 방식이다.

수표는 Personal check와 bankers check로 구분되며 bankers check는 바로 현금화하여 사용할 수 있고 Personal check는 현금화하는 경우도 있고 추심을 의뢰하는 경우도 있다.

3 대금상환도 방식

1) 의 의

송금방식은 송금의 형식을 통해 이루어짐과는 달리 대금상환도 방식은 수입상이 물품 또는 서류가 인도되거나 인도된 후에 대금을 지급하는 방식이다. 대금상환도 방식에는 현물상환 방식과 서류상환 방식이 있다.

2) 현물상환방식 (COD: cash on delivery)

현물 상환 방식은 수출상이 선적물품을 선적한 후 선적 서류를 수입국에 소재하는 자신의 지사 또는 수입국의 은행에 송부하고 상품이 수입국에 도착했을 때 수입상이 수입물품을 확인하고 물품의 대가를 현금으로 지불하는 방식을 말한다.

3) 서류상환방식(CAD: cash against delivery)

서류상환방식은 수출상이 선적물품을 선적한 후 선적서류를 수출국에 소재하는 수입사의 지사 또는 대리인 또는 수입상의 거래은행을 통하여 제시함으로써 서류와의 상환으로 대금을 결제하는 방식이다.

지급인도 방식인 D/P와는 개념의 차이가 있으나 실무에서는 D/P와 CAD를 혼용해서 사용하기도 한다. 왜냐하면 이론적으로 현금결제를 하는 것이 CAD이고 D/P는 서류와의 상환으로 추심방법을 통하여 대금결제가 이루어지기 때문에 수출상의 입장에서는 궁극적으로 대금이 회수되는 과정이 흡사하기 때문이다.

제5절 국제 팩토링 방식에 의한 대금결제

1 의 의

국제 팩토링이란 기업의 외상매출 채권을 매매대상으로 하는 업무를 말한다. 전세계 팩터(팩토링회사)의 회원망을 통하여 팩터들의 긴밀한 관계가 유지되어야 활성화 될 수 있다. 수출팩토

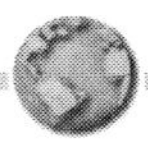

링(Export Factoring)이란 사후송금방식의 거래에서 외상수출거래에 의해서 발생된 수출채권을 수출기업으로부터 '상환청구권 없이(without recourse)' 매입하는 수출금융상품으로서 국제 팩토링의 일종이다. 상황청구권 없는 조건이기 때문에 수출팩토링을 이용하는 수출기업은 수출대금 회수에 대해 안심할 수 있는 것이다. 즉 해외수입자가 만기일에 수출대금을 상환하지 못하더라도 수출팩터가 수출기업에게 수출대금의 반환을 청구하지 않는 것을 의미한다.

수출팩토링 회사는 수출자에게 외상수출 채권과 관련된 대금회수를 보장하고 회수업무에 따르는 장부기장 등 회계업무와 수출대금의 조기지급, 해외수입자의 신용위험 인수, 수출대금의 추심, 해외수입자의 신용조사, 수출채권 관리 등의 제반서비스를 종합적으로 제공한다.

수입상에게는 수입을 위한 신용을 공여해 줌으로써 해외 수출상으로부터 신용으로 상품을 수입할 수 있는 장점이 있다.

2 국제 팩토링의 기능

1) 신용위험의 인수

수입 팩터가 수입상에 대한 신용조사를 하고 수입상의 신용위험을 인수하고, 수출채권의 양수 및 수입상의 대금결제 등의 대금회수를 보장한다.

2) 금융의 제공

수출 팩터는 외상 수출 채권을 관리하고 수출 대금의 조기지급이 가능하게 함으로써 매도인이 운전자금을 효율적으로 조달할 수 있도록 지원하며 수입 팩터는 수입상이 결제자금이 부족한 경우 결제할 수 있도록 금융을 제공한다.

3) 회계업무의 처리

수출 팩터는 회계업무를 대행함으로써 수출 채권과 관련한 회계업무를 처리하고 수입 팩터는 결제기일에 원만한 결제가 이루어질 수 있도록 관리하고 이와 관련된 회계업무를 처리해 준다.

제6절 기타 방식에 의한 대금결제

1 청산계정

1) 의 의

청산계정(Open Account)이란 당사자끼리 금융협정을 맺어 무역거래시마다 현금결제를 하지 않고 그 대차(貸借)관계를 장부에 기록했다가 일정 기간마다 정산을 하고 그 차액만을 현금 결제하는 방식을 말한다.

2) 특 징

(1) 결제의 번거로움 회피

청산 결제방식은 거래내용을 장부에 기록했다가 일정기간마다 그 차액만을 결제하므로 여러 번 결제해야 하는 불편함을 덜 수 있다.

(2) 자금 부담경감

당사자 간 협의한 신용한도 내에서 자금 부담 없이 자유롭게 거래할 수 있기 때문에 자금 부담이 경감된다. 이러한 거래는 외국에 지사를 둔 경우 본 지점 거래 시 활용하면 편리하다.

2 포페이팅 금융기법

1) 의 의

포페이팅(forfeiting)이란 현금을 대가로 채권을 포기 또는 양도한다는 것을 의미하며, 수출거래 시 환어음이나 약속어음을 소구권(Recourse) 없이 고정 이자율로 할인하여 외상판매를 현금판매로 전환시키는 금융기법을 말한다.

2) 특 징

(1) 소구권없음

포페이팅은 소구권이 없이 어음을 할인하므로 수출상은 그 어음이 지급 거절되더라도 소구권에 응하여 대금을 반환할 책임을 질 필요가 없다.

(2) 포페이팅의 대상

포페이팅의 대상은 환어음 또는 약속어음을 대상으로 하며 일반적으로 기한부 신용장으로서 기한이 90일 이상이며 30만 달러가 넘은 수출 환어음이 포페이팅의 대상이 된다.

(3) 어음의 보증

포페이터는 어음 소구권이 없기 때문에 수입상의 신용이 충분하지 못한 경우에는 은행의 보증을 요구하여 이에 대비한다.

(4) 고정금리부 할인

포페이팅은 중장기 어음을 고정 금리부로 할인하기 때문에 금리위험은 포페이터가 부담하게 된다.

3) 포페이팅의 당사자

(1) 수출상

환어음 또는 약속어음상의 금액에 대해 수출상은 권리를 가진다.

(2) 수입상

환어음 또는 약속어음상의 금액을 지급할 의무를 지닌다.

(3) 포페이터

기한부 어음을 소구권 없이 할인하여 매입하는 은행을 말한다.

(4) 보증은행

수입상을 위하여 어음에 보증을 추가하거나 또는 어음에 대한 지급 보증서를 발급하는 수입상의 거래은행을 말한다.

3 인카소방식

인카소방식(INKASSO) 방식이란 매매거래 당사자가 계약을 체결한 후 매도인은 약정물품을 계약 내용대로 선적하고 매수인에게 서류를 제시하면 매수인이 서류의 인수는 물론 물품을 확인한 후에 대금의 지급이 이루어지는 것을 말한다. 매수인이 물품을 확인 후 대금을 지급한다는 면에서 CAD와 차이가 있으며, 추심거래와 유사하지만 환어음 발행이 없는 점이 차이가 있다.

CHAPTER 03

신용장

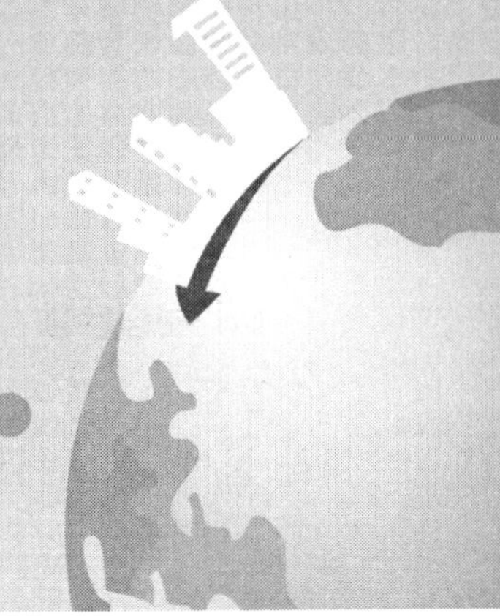

제1절 신용장

1 의 의

신용장에 대하여는 ICC의 정의와 신용장 통일규칙에 그 정의가 명시되어 있다. 이를 기준으로 간략하게 정의한다면 다음과 같다. 신용장이라 함은 조건부 지급확약으로서 신용장에 명시된 서류와의 상환으로 명시된 기한 내에 명시된 금액까지 신용장에 명시된 내용과 일치하는 서류를 제시했을 때 매수인의 요청과 지시에 따라 혹은 은행 스스로를 위하여 행동하는 개설은행이 이를 지급하도록 하는 문서상의 확약이라 할 수 있다.

2 신용장의 특성

1) 신용장의 독립 · 추상성

“신용장은 그 성질상 그 근원적 거래인 매매계약 기타 계약과

는 별개의 독립적인 거래이며 은행은 이러한 계약에 대하여는 전혀 무관하며 아무런 구속도 받지 아니한다(신용장 통일규칙 제4조)."

신용장은 통일규칙에서 명시된 규정과 같이 수입상과 수출상의 계약과는 별개의 독립된 거래인 것이다. 실지로 매도인과 매수인의 계약 내용과 상이한 부분이 신용장에 명시되어 있는 경우 수출상은 원 계약을 이유로 신용장의 내용을 임의로 변경확대 또는 축소해석 해서는 안 된다.

은행은 서류를 심사할 때 오로지 신용장에 명시된 제 조건을 중심으로 이에 일치하느냐의 여부만을 기준으로 서류를 심사하게 되는 것이다. 이러한 신용장의 특성을 독립·추상성이라고 한다.

2) 서류에 의한 신용장 거래

"은행은 서류로 거래하는 것이지, 그 서류와 관련될 수 있는 물품, 서비스 또는 이행으로 거래하는 것이 아니다(신용장 통일규칙 제5조)."

앞에서 신용장의 독립 추상성으로 인하여 신용장과 매매계약과는 별개의 독립적인 거래임을 인식하는 것과 마찬가지로 신용장의 거래는 서류를 심사하여 서류와 신용장의 조건의 일치 여부를 심사하는 것이지 상품의 품질불량, 혹은 상이점을 심사하는 것은 아니다.

왜냐하면 신용장이 은행과 은행 사이에서 제반 서류만을 심사하지 않고 상품까지 심사하게 된다면 은행에서 상품에 대한 지식과 통일적인 기준이 마련되어 있어야 하는데 이렇게 된다면 신용장거래는 실제로 불가능하게 된다. 즉 신용장이 문면상 일치하는 서류와의 상환으로 그 서류를 인수하고 그 금액을 상환할 의무를 지기 때문에 신용장 발행의뢰인에게 문의할 필요가 없으며 은행의 독자적인 판단에 따라 그 서류의 문면상의 일치성 여부를 결정하게 된다.

3) 엄밀일치의 원칙(Doctrine of strict compliance)

엄밀일치의 원칙이란 은행이 신용장의 조건에 엄밀히 일치하지 않는 서류를 거절할 수 있는 권리를 가지고 있다는 법률적인 원칙을 말한다. 그러한 이유는 발행은행을 제외한 기타의 은행(매입은행, 확인은행, 통지은행, 지급은행 등)들은 발행은행의 대리인적 성격을 띠고 있고 발행은행 역시 실지로는 개설의뢰인의 대리인적 성격을 띠고 있기 때문이다.

이러한 경우 제한된 권한을 가지고 있음에도 불구하고 권한 밖의 행위를 하게 되면 이로 인하여 발생한 손해를 본인으로부터 보상받을 수 없게 된다. 특히 불황기에는 수입업자인 개설의뢰인이 신용장의 조건과 엄밀히 일치하지 않는 서류의 인수를 거절하는 것도 자주 있는 일이다.

이러한 엄밀일치의 원칙은 서류심사과정 뿐 아니라 발행의뢰 또는 지시의 이행과 통지은행의 통지 역시 엄밀히 이 원칙을 준수 하여야 한다.

2 신용장의 분류

신용장은 대금지급시기, 양도가능성, 확인유무 등에 따라서 신용장을 구분하고 있으며 그 이외에도 여러 가지 기준에 의하여 신용장을 분류하고 있다. 아래의 기준을 중심으로 간략히 살펴보기로 한다.

1) 대금지급 시기에 따른 분류

(1) 일람출급불 신용장(Sight L/C)

어음이 지급인에게 제시되면 즉시 지급 받을 수 있는 신용장을 통상적으로 일람불 신용장이라고 하며 어음 발행 없이 서류의 제시에 의해서도 즉시 대금을 지급받을 수 있는 신용장 역시 일람출급 신용장에 해당한다. 신용장에는 반드시 대금결제에 대한 사항이 명시되어 있는바 신용장에 draft at sight 혹은 by payment라고 명시되어 있다면 일람출급 신용장에 해당한다.

(2) 기한부 신용장(Usuance L/C)

신용장에 즉시 지급하겠다는 문구가 없이 일정 시간이 지난 후에 지급을 받을 수 있는 신용장으로서 보통 by defer payment 라고 명시 되어 있으며 일람 출급이 아니기 때문에 기한이 정해진다. 보통 90일에서 180일 기한부로 신용장이 개설되는 경우가 많지만 기간을 더 늘이거나 줄일 수 있으며 기한부 어음을 발행하는 경우도 있고 연지급 약정서에 따라 어음의 발행 없이 일정 기간 후에 지급을 확약하는 신용장도 있다.

(3) 분할지급 신용장(Payment by Instalment L/C)

지급기한이 서로 다른 여러 환어음을 요구하여 수차에 걸쳐 분할하여 지급이 이루어지도록 하는 신용장을 말한다.

(4) 전대 신용장(Packing L/C: Advance payment L/C)

수출상인 매도인이 대부분 정상적인 신용장을 수취하고 이에 대한 물품인도를 하는 것이 대부분이나 수출에 따른 생산, 가공 또는 기타 특수한 경우로 인하여 수출상인 매도인이 자금을 융통하여야 할 경우 이 자금을 미리 융통해 주기 위해 선적 전에 선적 서류 없이 신용장 금액을 전대할 수 있도록 하는 문구를 신용장에 기재한 신용장을 말한다. 수출자는 전대금액에 해당되는 선수금을 받을 수 있으며 전대기간중의 이자는 수익자가 부담하게 된다. Red clause L/C라고 부르기도 한다.

2) 양도가능 여부에 따른 분류

(1) 양도가능 신용장(Transferable L/C)

신용장에 명시된 금액의 전부 또는 일부를 1인 또는 다수의 제3자에게 양도할 수 있도록 허용하고 있는 신용장을 말한다. 신용장에는 “transferable”이라는 문구가 신용장에 나타나 있으며, 신용장에서 분할선적을 허용하지 않는 경우에는 1인의 수익자에게 전부의 금액을 양도할 수 있다.

(2) 양도불능 신용장(Non-Transferable L/C)

신용장의 양도를 허용하지 않는 신용장을 말하며 신용장에

"transferable"이라는 문구가 신용장에 나타나 있지 않은 신용장은 양도불능 신용장이라 할 수 있다.

3) 확인 유무에 따른 분류

(1) 확인 신용장(Confirmed L/C)

개설은행 이외의 제3의 은행이 신용장에 대해 추가적으로 지급 · 인수 · 매입을 확약하고 있는 신용장을 말한다. 대부분의 경우에 있어서 신용장은 일치하는 서류를 제시하면 지급을 확약하고 있기 때문에 안전하게 신용장을 사용할 수 있으나, 지나치게 작은 은행이 신용장을 개설하여 이에 대한 대금지급여부를 보다 확실하게 하고자 하는 경우 등 대금지급의 확실성을 높이는 측면에서 확인신용장이 필요하나 이에 따른 비용이 발생하기 때문에 그때마다 상황에 맞게 신용장을 개설하도록 하고 또한 이에 대한 확인을 받는 것이 중요하다.

(2) 미확인 신용장(Unconfirmed L/C)

개설은행 이외의 제3은행이 신용장에 대해 추가적으로 지급 · 인수 · 매입을 확약하지 않은 신용장을 말한다. 통상적으로 정상적인 거래를 하는 은행에서 발행된 신용장은 별도의 확인절차 없이 사용해도 무방하다. 일반적으로 문제가 없는 은행은 세계 상위 랭킹 1,000위 안에 있는 은행에서 발행된 신용장에 대해서는 별다른 의심 없이 무난히 신용장을 사용하고 있는 것이 보편적이라 할 수 있다.

4) 수익자에 의한 분류

(1) 원신용장

신용장의 수익자가 외국의 개설의뢰인의 요청과 지시에 의하여 개설은행으로부터 개설 받은 신용장을 말하며, 실무에서는 MASTER L/C 또는 ORIGINAL L/C 라고 부른다.

(2) 내국신용장

원신용장의 견질로 수출상인 매도인이 원료나 물품을 공급해주는 국내 공급업자를 위하여 개설된 신용장을 말한다. 실무에서는 이를 LOCAL L/C라고 부른다.

5) 특수 신용장

(1) 회전신용장(Revolving L/C)

수입상과 수출상이 오랜 신뢰를 바탕으로 동종의 물품을 계속해서 상당기간 거래할 경우 매번 신용장을 개설하는 것은 매우 불편하고 번거로운 일임이 분명하다. 이러한 불편과 부담을 덜기 위하여 일정 기간 동안 신용장 금액이 자동으로 갱신되어 또 다시 사용할 수 있도록 개설된 신용장을 말한다. 섬유류 수출이 호황을 이룰 때 홍콩의 대형 바이어들이 이런 신용장을 개설하여 한국의 매도인은 수출거래의 불편을 줄인 적도 있다.

(2) 보증신용장(Stand-by L/C)

보증신용장이라 함은 개설은행이 특정인에게 금융지원 등이 가능하도록 상대은행에게 발행하는 것으로 은행 간의 보증의 성

격을 가지며 발행자와 수익자 모두 은행이 된다. 보증신용장은 채무자가 채무를 상환하지 않을 경우 신용장개설은행이 상대 여신은행에게 지급을 이행하겠다는 신용장형식의 보증서로서 주로 해외지사의 현지금융지원, 입찰보증, 계약이행 보증 등을 현지 은행에서 공급받는 경우에 주로 사용된다.

제 2 절 신용장의 당사자

1 의 의

신용장의 당사자란 신용장의 거래에 관계되는 자를 당사자라 하며 모든 관계당사자(all parties concerned)라고도 한다. 신용장의 당사자는 신용장의 종류, 또는 개설은행과의 거래 경로에 따라 조금씩 다르므로 일반적인 기준에서 당사자를 설명하고자 한다.

2 개설의뢰인(Applicant)

매도인인 수출상과 매수인인 수입상과의 계약에 따라 자기 거래 은행에서 신용장을 개설할 것을 의뢰하는 수입업자를 신용장개설의뢰인이라고 한다. 대부분의 경우에 있어서는 매매계약의 실제 당사자인 수입업자가 직접 수출상 앞으로 신용장을 개설하게 되나 예외적으로 수입업자가 자금부족 기타의 사유로 다른 수입업자에게 의뢰하여 신용장을 개설하기도 한다.

이러한 경우 신용장 개설의뢰인은 다른 수입업자가 예외적으로 되는 경우도 있다. 신용장 개설의뢰인은 Applicant · Opener · Buyer · Accountee · Consignee · Drawee · Accreduted Buyer 등으로 통한다.

3 개설은행(Issuing bank)

개설은행은 개설의뢰인의 요청과 지시에 의하여 수출업자가 발행하는 화환어음을 지급 · 인수 또는 매입할 것을 확약한다는 신용장을 발행하는 은행을 말한다.

개설은행을 Issuing Bank · Opening Bank · Credited Writing Bank · Grantor 등으로 부른다.

4 수익자(Beneficiary)

개설의뢰인의 요청과 지시에 의해 발행된 신용장 발행의 혜택을 받는 자를 수익자라고 말한다. 수익자를 Beneficiary · Accreditee · User라고 부른다.

5 확인은행(Confirming Bank)

신용장은 은행을 통하여 발행되는 것이기 때문에 일단 공신력이 있는 조건부 지급확약서라고 볼 수 있지만 신용장의 신용력을 보다 더 확실하게 해주기 위해 공신력을 가진 은행이 신용장에 대한 확인을 하는 절차가 있는데 이러한 경우 확인을 해주는 은행을 말한다.

다시 말해서 대부분의 은행 신용장은 그대로 사용할 수 있으나 신용장이라 하더라도 은행의 자금력이나 규모가 작은 은행에서 발행된 신용장은 그 신용장을 담보할 수 있는가에 대해 의구심이 생길 수 있다.

이러한 경우 수출국에 있는 제3의 은행이 소정의 수수료를 받고 대금지급이 이루어지지 않은 경우 그 신용장의 어음 및 금액을 인수하는 은행이 있는데 이를 확인 은행이라고 한다. 보통은 개설은행의 자금 규모가 취약할 때 사용하는 방법이다.

6 통지은행(Advising Bank)

개설의뢰인의 요청과 지시에 의하여 개설은행에서 신용장을 개설하게 되면 이 신용장은 수출국에 있는 수입지 개설은행의 본·지점 또는 환거래은행으로 신용장이 전달되며 이 신용장이 수익자에게 통지를 통해 전달되는데 이 때 신용장을 수익자에게 전달하는 은행을 통지은행이라고 한다.

통지은행은 신용장을 단순히 수익자에게 통지해 주는 역할을 담당하므로 거래에 관해서 책임을 지거나 약정을 하는 것은 아니다. Advising bank 또는 Transmitting Bank라고 불리운다.

신용장 개설 시에 수익자는 통지은행을 보통 자신의 네고은행으로 정하여 통지해 줄 것을 요청하는데 개설은행은 본 지점이 수출국에 있는 경우에는 통상적으로 개설은행의 본·지점을 통하여 신용장이 통지되는 경우가 많다.

7 지정은행(Nominated Bank)

지정은행이란 개설은행으로부터 지급, 인수 또는 매입에 대한 권한을 수권 받은 은행을 말하며, 자유매입 신용장의 경우에는 어떤 은행도 지정은행이 될 수 있다.

8 상환은행(Reimburse Bank)

상환은행은 개설은행으로부터 수권 받은 개설은행을 제외한 타행으로서 지급, 인수, 또는 매입을 행한 은행으로부터의 상환청구에 대해 개설은행을 대신하여 상환을 하는 은행이다.

9 양도은행(Transferring Bank)

양도은행이라 함은 양도 가능 신용장에 나타난 금액의 전부 또는 일부를 다른 수익자에게 양도할 경우 양도하는 절차에 따

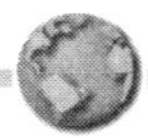

라 양도에 관한 업무를 처리하는 은행을 말한다.

제 3 절 신용장 통일규칙

1 신용장 통일규칙의 제정

신용장은 개설은행에서 신용장의 제반 조건에 일치하는 서류를 구비하여 제시하면 그 내용에 따라 지급을 하겠다는 조건부 지급확약서이다.

그러나 신용장의 해석에 있어서는 국제간의 언어, 상관습, 문화, 지리적 여건 등으로 해석에 이견을 보일 수도 있다. 그리고 1차 세계대전 이후 세계의 상권은 영국 중심에서 미국 중심으로 이동하는 과정에서 영국계 신용장 관습과 미국계 신용장 관습이 충돌하게 되었고 이로 인한 분쟁이 발생하면서 그 용어, 해석, 거래관습에 있어서 각 나라마다 의견이 분분함을 인식하게 되었다.

이에 따라 신용장의 공통적이고 통일적인 해석 기준이 필요하게 되었고 이로 인해 국제적인 통일규칙의 제정운동이 전개되었으며 국제상업회의소(ICC) 신용장 관련 용어의 해석과 취급규정의 국제적 통일을 위하여 노력을 기울인 결과 1933년 비엔나에서 통일규칙이 채택되어 상용되게 되었다. 그 이후 상관습의 변화 등의 사유로 지금까지 여섯 차례에 걸쳐 개정되기에 이르렀다.

2 신용장 통일규칙 개정 과정

1) 1차 개정(1951년)

1차 개정은 1951년 6월 리스본에서 개최된 ICC 13차 회의에서 채택되었으나 영국은 수취선화증권, 보험증권, 분할선적 용인문제 등이 영국의 관행에 어긋난다는 이유로 채택하지 않았다. 1차 개정은 미국과 유럽대륙의 각 나라를 중심으로 채택되었으나 범세계적인 통일규칙이 되지는 못하였다.

2) 2차 개정(1962년)

1차 개정 이후 영국의 적극적인 협력으로 개정작업이 이루어져 1962년 이사회 가결을 거쳐 1963년 4월 멕시코총회에서 통과됨으로써 동년 7월 1일부터 영국을 포함한 각국이 이를 채택하게 되었다.

3) 3차 개정(1974년)

국제 무역형태의 발전, 특히 컨테이너 운송의 발전 등으로 과거의 신용장 거래관습의 변화에 대응하기 위해서 1974년 12월 이사회에서 가결되고 1975년 10월 1일부터 시행되었다.

4) 4차 개정(1983년)

신용장 통일규칙의 3차 개정 이후 Incoterms의 4차 개정, Institute cargo clause의 개정 등의 국제규칙들이 개정되고 국제무역환경의 변화에 적응하기 위하여 이의 개정이 필요하게 되

었다.

4차 개정은 1983년 6월 21일 4차 개정안이 파리 이사회를 통과하고 동년 10월 1일부터 정식으로 시행하게 되었다.

5) 5차 개정(1993년)

(1) 개정 배경

컨테이너 운송과 국제 복합운송이 정착됨으로서 복합운송서류를 다른 서류와 별도로 규정하고 컴퓨터 통신기술의 발달로 EDI 방식을 수용할 필요성 등 국제 무역환경이 급속도로 변화됨에 따라 신용장 통일규칙도 개정하게 되었다. 당시에는 무역관습의 변화를 수용하기 위하여 Incoterms도 개정되고 해상화물운송장의 사용이 증가됨으로써 해상화물운송장(Seaway bill)을 통일규칙에 수용할 필요성이 대두하여 신용장의 5차 개정에 이르게 되었다.

(2) 개정목적

5차 신용장 통일규칙은 운송산업 발전, 통신산업의 발전 등으로 과학기술이 진보함에 따라 그에 부응하기 위하여 개정하게 되었다.

① 간소화

② 실제은행 관행과의 일치

③ 신용장의 취소 불능성 강조

신용장의 취소 불능성을 강조함으로써 신용자의 신뢰성을 한층 높이게 되었다.

④ 운송방식에 따른 서류의 구분

(3) 특 징

① 새로운 무역 관행의 수용

② 간소화

전체조항을 6개장 55개조에서 총 7개장 49조로 간소화 하였다.

③ 적용 범위의 확대

④ 은행의 재량권 확대

⑤ 적용 범위의 확대

EDI 방식의 신용장도 적용할 수 있도록 하였다.

6) 6차 개정

(1) 개정배경

신용장 통일규칙이 제정되고 1951년 1차 개정된 이래 평균적으로 약 10년을 주기로 신용장 통일규칙은 개정되었다. 이는 상관행의 변화, 무역환경의 변화, 운송방식 및 형태의 변화 등의 이유에의해서 개정이 필요하였기 때문이다. 1993년 5차 개정이후 1999년 UCP 500의 개정을 위한 논의를 진행하였으나 UCP 500을 개정하여야 할 중대한 이유를 발견하지 못하였다는 이유로 개정논의가 지연되었다. 이러한 가운데 2002년에는 eUCP와 화환신용장하에서 서류심사를 위한 국제표준은행 관행(International standard banking practice for the examination of documents under documentary credits)을 제정 · 시행하게 되었다.

한편 ICC에서는 2003년 UCP 500의 개정검토를 그룹을 구성하여 39개 조항으로 된 UCP 600을 발행하고 이 개정안은 2006년 10월 25일 ICC은행위원회에서 만장일치로 승인됨으로써 2007년 7월 1일부터 시행되게 되었다.

(2) 특징

① 용어의 정의 및 해석 조항

UCP 600 제2조 및 제3조에서는 UCP 전체에 걸쳐 사용되는 용어들이 일관성 있게 사용되도록 하고, 불필요한 반복을 피하기 위하여 용어의 정의 및 해석조항을 신설하였다

② 신용장의 취소 가능성

UCP 500에서는 신용장이 취소가능한지 또는 불가능한지의 규정이 있었지만 UCP 600에서는 취소가능신용장이 거의 사용되지 않는 점과 신용장 자체가 특별한 사정이 없는 한 취소하지 않는다는 취지로 취소불능 신용장 규정을 삭제하였다.

③ 서류 심사기간 및 불일치 서류의 통지기간 단축

UCP 500에서는 서류 심사기간을 "제7영업일을 초과하지 아니한 범위 내에서 상당기간"이라고 명시 하였으나 UCP 600에서는 서류 심사기간을 "제5영업일"로 단축하고 불일치에 대한 통지기간도 역시 "제5은행 영업일의 마감시간까지"로 변경하였다.

제 4 절 eUCP

1 의 의

eUCP란 전자적 자료처리를 포함한 기술적 변화들을 수용하기 위하여 국제 상업 회의소가 제정하여 2002년 4월 1일부터 적용하도록 "전자적 자료제시를 위한 화환신용장 통일규칙 및 관례의 추록"을 말한다.

이는 최근에 전자 무역에 관심이 집중됨에 따라 종이 신용장에 대응하는 전자적 처리 등의 기술적 변화를 수용하고 전자신용장과 전자문서 제시에 대한 지침 제공의 필요성이 대두됨에 따라 eUCP가 탄생하게 된 것이다.

2 특 징

1) eUCP와 UCP의 병용

eUCP는 UCP를 명시적으로 삽입하지 않더라도 UCP가 적용되며, eUCP와 UCP가 상충되는 경우에는 eUCP를 우선 적용한다.

2) 서류제시 방법의 혼용 인정

eUCP는 완전히 전자적으로 제시하거나 또는 종이문서와 전자적 제시를 혼용할 수 있도록 하고 있다.

3) "e"의 의미

UCP 조항과 혼란을 피하기 위하여 각 조 번호에 "e"가 표기되어 있다.

4) 준거문언의 명시적 삽입 필요

신용장이 전자문서 또는 종이와의 혼용 또는 당사자가 eUCP를 적용하기를 원하는 경우, eUCP를 명시적으로 삽입해야 한다.

3 주요내용

1) eUCP의 범위

eUCP는 전자기록 또는 종이서류와 전자기록 양자의 제시를 수용하기 위해 UCP 500을 보충하는 것이고 eUCP가 적용된다고 표시하는 경우 UCP의 부칙으로 적용된다.

2) UCP와의 관계

eUCP는 UCP를 명시적으로 삽입하지 않더라도 UCP가 적용되며, eUCP와 UCP가 상충되는 경우에는 eUCP를 우선 적용한다.

3) 주요 용어

(1) 전자기록(electronic record)

전자수단에 의해 생성, 형성, 송부, 전송되고 수취되거나 저장된 자료이고 송신자의 분명한 신원 그리고 그것에 포함된 자료의 분명한 출처에 관하여 그리고 그것이 완전하고 변조되지 않은 상태였는지의 여부에 관하여 인증이 가능한 것 그리고 eUCP 신용장 조건과의 일치에 대하여 심사되는 것이 가능한 것을 말한다.

(2) 전자서명(electronic signature)

전자 기록에 첨부되거나 이와 논리적으로 관련되고, 어떠한 자를 확인하기 위하여 그리고 그러한 자의 전자기록의 인증을 표시하기 위하여 그러한 자에 의해 실행되거나 채용된 자료처리를 말한다.

(3) 양식(format)

전자기록이 표시되거나 그것이 언급되는 자료 구조를 말한다.

(4) 서류(document)

전자기록을 포함하여야 한다.

(5) 제시장소(place for presentation)

전자주소(electronic address)를 말한다.

(6) 서명(sign)

전자서명을 포함하여야 한다.

CHAPTER 04

무역운송

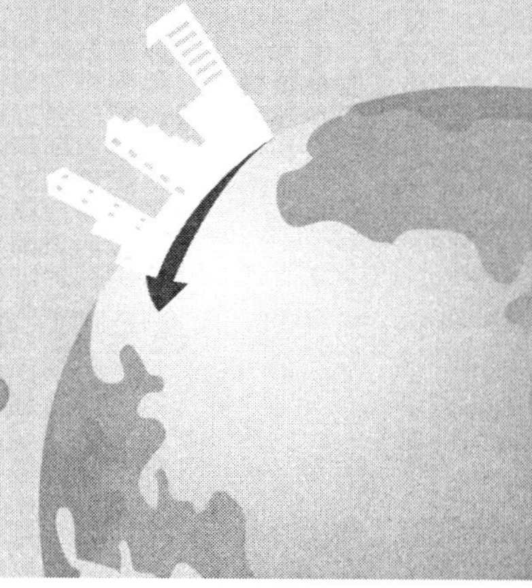

제1절 무역운송

1 의 의

무역계약이 성립되고 매도인이 계약을 이행하기 위하여 물품을 제조하고 선적시기가 도래하면 계약 내용에 따라 매도인이 운송인을 수배하여 매매의 목적물인 상품을 선적하는 경우도 있고 매수인이 공장으로부터 직접 물품을 운송하는 경우도 있다.

매매 거래 당사자들은 운임을 대가로 운송서비스를 제공하는 운송인(carrier)에게 물품의 운송을 의뢰하는 경우가 보편적이라 할 수 있다.

무역에 있어서의 운송이란 운송수단을 이용하여 한 장소에서 다른 장소로 물품을 이동시키는 것을 말한다. 운송의 수단으로는 차량, 선박, 항공기 등이 이용된다.

2 운송의 형태

1) 해상운송

무역거래 시 저렴한 운임, 대량의 물량운송 등의 이유로 가장 보편적으로 이루어지는 운송형태 중의 하나이다. 해상운송은 선박에 의하여 바다를 통하여 화물을 운송하는 방식이다. 대부분의 화물은 컨테이너로 운송되며 운송경로가 정해져 있는 정기선(liner)과 운송수요에 따라 운항되는 부정기선(tramper)이 있다.

2) 항공운송

항공기를 통하여 운송이 이루어지는 방식으로 주로 항공료가 비싸기 때문에 긴급을 요하는 물품 또는 고 부가가치의 물품, 신선도를 유지해야 할 물품 등이 항공운송에 적합하다.

항공운송의 경우 대부분 화물운송 주선인(Freight forwarder)을 통하여 이루어지고 각 항공사마다 차별화된 운임을 제시하고 있으므로 보다 저렴하고 신속한 운송을 위해서는 여러 항공사별로 가격을 종합적으로 점검한 후 최종적인 운송 계약을 맺는 것이 매우 중요하다.

3) 복합운송

복합운송이라 함은 둘 이상의 운송수단에 의하여 물품을 운송하는 것을 말한다. 복합운송을 독립적인 복합운송인이 단일의 복합운송 계약을 체결하고 복합운송증권을 발행하여 운송의 전 과정에 대해 책임을 지고 운송하는 방식이다. 컨테이너의 등장

으로 일괄운송이 가능해짐에 따라 급속히 발전한 하나의 새로운 형식의 운송방식이다.

4) 기 타

운송수단은 위에서 언급한 형태 이외에도 화물 트럭 및 기차에 의한 육상운송과 내륙 수로를 통해 이루어지는 내수로 운송이 있다. 우리나라가 통일된다면 북한을 통해 유럽까지 육상운송도 가능해질 것이다.

제 2 절 해상운송

1 의 의

해상운송은 선박을 이용하여 국제무역의 대상 물품을 운송하고 운임을 받는 것을 말한다.

2 특 징

1) 경제성

해상운송은 다른 운송 수단에 비하여 운임이 저렴하기 때문에 경제성이 있다. 해상운송은 육상 운송과 달리 도로시설이나 철로 등이 필요하지 않고 바다를 통하여 운송되고 대량의 화물을 한꺼번에 운반하기 때문에 경제성이 있다고 할 수 있다. 수입상의 경우 긴급을 요하지 않는 물품이라면 해상을 통해 물품을 입수함으로써 그만큼 경쟁력이 생기게 된다.

2) 대량성

해상운송은 주로 컨테이너를 이용해 대량의 화물을 한꺼번에 수송할 수 있으므로 항공기에 비해 신속성은 떨어지지만 대량성이 확보된다.

화물을 수송하는 선박은 보통 수만 톤 급에서부터 수십만 톤의 화물선도 있다.

3) 원거리 수송

해상운송은 인접한 나라들은 물론이거니와 대양을 횡단하는 원거리 운송이 더 보편적이다.

4) 위험성

해상운송은 뜻하지 않은 기후의 변화 선상의 충돌 등의 위험에 노출되어 있다. 이러한 위험을 대비하여 대부분의 경우 적하보험을 가입하게 된다.

3 기 능

1) 무역거래의 촉진

해상운송은 그 경제성 및 대량성으로 인하여 무역거래가 촉진되는 기능을 지니고 있다. 또한 긴급을 요하는 물품이 아닌 경우에는 선박을 통해 운송되므로 그 저렴성 만큼 가격경쟁력이 확보되기 때문에 무역거래를 보다 많이 성사시키는 것이 가능하게 된다.

2) 관련산업의 발전

해상운송이 발달함에 따라 선박을 건조하는 조선업이나 철강산업이 발달하게 되고, 해상에서 발생하는 멸실 손상에 대비하기 위하여 보험업이 발달하고 기타 통관업, 창고업, 다른 운송업에도 영향을 미친다.

3) 국제분업 촉진 기능

해상운송이 발달됨으로써 무역거래가 촉진되고, 무역거래가 촉진되면 비교 우위에 있는 국가가 생산을 담당하여 물품을 공급하게 되어 국제 분업화를 촉진시키는 역할을 하게 된다.

4 형태

1) 정기선 (Liner)

정기선은 정해진 항로를 운항계획에 따라 규칙적으로 운항하며 화주들로부터 사전에 정해진 운임률에 따른 운임을 적용한다.

예정된 항구사이를 규칙적으로 운항하면서 불특정 다수의 화주의 화물을 운송하는 방식이다. 때로는 정해진 항로에서 동맹선사간의 과당 경쟁을 하여 운임률이 떨어지는 것을 방지하기 위하여 공동 운임률표를 적용하기도 한다.

2) 부정기선 (Tramper)

정기선이 일정한 항구사이를 예정된 스케줄에 따라 운항한다면 부정기선은 화주와의 계약에 따라 항로나 운항 일정을 정해 주로 대량화물인 곡물, 원유, 광석(Bulk Cargo) 등의 운송을 하며 운임은 화주와의 계약에 의해 결정되기 때문에 가격은 정해진 운임에 따르지 않고 개별계약에 의한다.

화주가 운송인인 선박회사로부터 선박의 전부 또는 일부를 빌리기 때문에 용선주라고 부르기도 한다. 용선주가 선박의 공간(Ship's space)을 사용하는 범위에 따라 전부용선 또는 일부용선이라고 하며 이러한 경우에는 선박에 선원과 장비 등을 갖춘 상태로 용선을 하게 된다. 전부용선과 구별되는 것으로 배의 선원과 장비 등의 의장을 제외하고 오직 배만 빌리는 계약을 체결할 수도 있는데 이를 나용선(Demise charter)이라 하며 선원의 임금 연료 및 선용품등에 대한 부담은 용선주가 부담하게 된다.

(1) 용선 계약의 하역비 부담 조건

선적 및 양륙시의 하역비를 선주와 화주 중 누가 부담할 것 인가에 따라서 4가지로 구분된다.

① Berth Terms (Liner Terms)

② FI (Free In)

③ FO(Free Out)

④ FIO(Free In & Out)

(2) 용선 계약의 정박기간(Laydays)

용선계약에 있어 용선주가 화물의 선적 또는 하역을 위해 선박을 항구에 정박할 수 있는 정박기간과 관련하여 정박기간을 산정하는 방법에 따라 정박기간의 계산이 조금씩 차이가 날 수 있다. 즉 정박기간 초과 시 용선주가 선주에게 체선료를 지급하고, 기간 단축 시에는 선주가 화주에게 조출료를 지급하게 되는데 그 산정기준 다음과 같다.

① 지속일(Running Laydays)

실제 하역 여부와 관계없이 하역 개시 일부터 종료 시까지 경과 일수를 모두 정박 기간에 포함시키는 방법으로 악천후, 파업 및 불가항력 등 어떤 경우에도 모두 정박기간에 포함시키는 방법이며 일요일 및 공휴일도 특약이 없는 한 정박기간에 포함된다.

② 호천 하역일(Wether Working Days)

기후가 양호하여 실제 하역이 가능한 날만 기간에 산입하는 방법이며 가장 보편적으로 사용되는 방법이다. 하역가능여부는 화물의 종류에 따라 차이가 있으며 용선주와 선주가 합의하여 결정한다.

㉠ WWDSHEX(Whether Working Days Sundays and Holidays Excepted)
일요일과 공휴일은 제외하는 방법

㉡ WWDSHEXUU(Whether Working Days Sundays and Holidays Excepted Unless Used)
일요일과 공휴일에 작업을 했다면 포함시키는 방법

③ 관습적 조속하역(Customary Quick Dispatch)

가능한 빨리 선적 및 양륙을 하는 조건으로 정박기간의 계산 방법은 당해 항구의 해사 관행에 따라 정한다.

제 3 절 항공운송

1 의 의

항공화물운송이란 항공기를 통하여 항공기의 space를 이용하여 화물을 운송하는 것을 말한다.

2 특 징

1) 신속성

항공기는 다른 운송수단과 비교해 보면 가장 신속하게 화물을 운송할 수 있는 운송 수단이다. 긴급을 요하는 물품, 부패 변질하기 쉬운 상품, 고부가가치의 상품을 신속히 운송하고자 할 때 항공기를 이용한다.

2) 고비용

항공기의 장점은 신속하고 안전하게 물품을 운송할 수 있는 반면 대량의 화물을 운송하기에는 한계가 있으며 비용이 비싸다는 것이 단점이다.

3) 안전성

항공기는 운송 시간이 짧으면서도 안정성이 높은 운송수단이라고 볼 수 있다.

4) 대리인을 통한 거래

일반 항공화물은 주로 송하인이 직접 항공사와 거래하지 않고 항공화물 대리인이나 혼재업자와 같은 대리업체를 통하여 거래가 이루어진다.

3 항공화물 운송장

1) 의 의

항공화물 운송장이란 항공운송에서 송하인과 항공운송인 간에 화물의 운송계약이 체결되었다는 것을 나타내는 증거서류인 동시에 송하인으로부터 화물을 운송하기 위하여 수령하였다는 증거이다. 보통은 Airway bill이라고 부른다.

2) 기 능

① 운송 계약의 증빙

항공화물 운송장은 항공운송인과 송하인 사이에 항공화물운송을 위해 운송계약이 체결되었다는 증빙서류에 해당한다.

② 운송물품의 수령증

항공화물 운송장은 항공운송인과 송하인 사이에 항공화물운송을 위해 화물을 수령하였다는 증거서류에 해당한다.

③ 세관신고 서류

항공화물 운송장은 물품에 대한 수량, 중량, 물품내용 등을 나타내어 운송물품의 수입 통관 시에 세관에 제출하는 서류이다.

④ 제시서류

항공화물 운송장은 통상 2부의 원본이 발행되는 데 한 부는 수출물품과 함께 같은 항공기 편으로 수입국으로 발송되고 나머지 한 부는 은행에 제시서류에 포함되는 것이 일반적이다.

제 4 절 선하증권

1 의 의

선하증권이란 물품의 인도 인수를 위하여 물품운송의 임무를 맡은 운송인이 선적을 증명하는 증권으로서, 운송인이 동 증권과 상환으로 물품을 인도할 것을 약정하는 유가증권을 말한다.

2 선하증권의 기능

1) 권리증권 (Document of title)

선하증권은 그 자체가 화물을 상징하는 권리증권이다. 즉 정당하게 선하증권을 소지한 자는 운송인에게 화물의 인도를 청구할 수 있고, 양도 또는 배서에 의해 타인에게 이전이 가능하다. 물품이 운송 중에 있다 하더라도 물품의 매매에 사용될 수 있으며 물품확보에 필요한 담보로서 이용될 수도 있다.

2) 운송계약의 증거 (Evidence of contract)

선하증권은 운송계약을 전제로 발행되는 계약체결의 증빙서류이다.

실무에서는 별도의 운송계약을 증빙하는 서류가 발행되지 않기 때문에 선하증권만이 운송계약의 증빙서류로 간주된다.

3) 화물수령증(Receipt for goods)

선하증권은 선박회사나 그 대리인이 증권 상에 기재된 화물의 내용, 수량, 중량 및 상태와 같은 물품을 송하인으로부터 수령하였다는 추정적 증거(constructive proof)이다.

한편 선하증권의 내용물의 수량에는 “said”라는 표현이 있는데 이는 선하증권 발행 시 물품을 일일이 확인하여야 하는 것이 원칙이나 실지로는 운송인이 서류상의 물품을 인수받아 선하증권을 발행하기 때문에 수출상인 매도인의 증빙서류를 바탕으로 선하증권이 발행되기 때문에 이러한 표현이 사용된다.

3 선하증권의 배서

유통증권인 선하증권의 양도는 화물의 양도와 같은 법률적 효과를 지닌다. 기명식 선하증권은 consignee가 정해져 있는 경우를 말하는데 실정법에서 특별히 인정하는 경우를 제외하고 양도가 불가능하며, 지시식의 경우에는 배서(endorsement)에 의해서 양도되며, 무기명식인 경우에는 교부(delivery)에 의해서 양도된다. 신용장의 경우에는 위의 경우가 모두 사용되지만 지시식으로 하는 것이 일반적이다.

4 Surrender B/L

1) 의 의

Surrender B/L이라 함은 해상운송인에게 화물의 운송을 의뢰한 송하인이 수입상의 편의를 제공하기 위하여 또는 기타의 사유로 수입상이 선하증권 원본을 입수하기 이전 수입상에게 수입화물을 교부하여 줄 것을 의뢰하는 경우 선사에 제출된 B/L을 말한다.

Surrender B/L은 물품 대금을 미리 선불로 수출상이 결제 받았거나 기타의 사유로 물품의 도착지와 서류의 도착지가 상이하여 통관에 많은 시간이 소요되는 경우 예외적으로 발급된다.

일반 신용장거래에서는 은행의 책임 하에 서류가 제시되는 것이므로 이러한 거래는 거의 발생하지 않는다.

2) 문제점

수입상은 B/L이 surrender되면 B/L 원본을 입수하지 않은 상태에서 물품을 인수할 수 있으므로 손쉽게 물품을 확보할 수 있으나 수출상은 대금결제가 이루어지지 않은 상태에서 이러한 방법을 이용하면 물품에 대한 채권 확보가 곤란하고 또한 송하인이 B/L을 surrender한 사실을 안 자가 수하인 이외의 자로서 사기행위를 통해 물품을 인수해 간다면 문제가 발생할 여지도 있다.

제5절 해상화물 운송장

1 의 의

해상화물운송장은 해상운송인이 운송화물의 수령사실을 증명하고 운송계약의 내용을 증빙하기 위하여 송하인에게 발행하는 서류로서 권리증권이 아닌 유통성이 없는 운송서류를 말한다.

이는 비유통증권이면서 화물운송의 증빙서류이기 때문에 매매양도가 불가능하며 수하인을 기명하는 기명식으로 발행되는 운송서류이다.

2 효용 및 문제점

1) 효 용

(1) 화물인수의 신속성

수하인 기명식으로 발행되므로 간단한 확인절차에 의해 화물을 신속히 인수할 수 있다.

(2) 위험의 경감

선하증권은 권리증권이기 때문에 분실하게 되면 복잡한 절차를 거쳐 화물을 인수해야 하는 불편이 있으나 해상화물 운송장은 권리증권이 아니므로 그런 위험성은 없다.

2) 문제점

(1) 운송중의 물품의 매매 곤란

해상화물운송장은 유가증권이 아니고 유통성이 없으므로 운송중인 물품에 대하여 매매가 어렵다.

(2) 운송물품에 대한 담보권

해상화물운송장은 매도인이 물품을 선적한 경우에도 물품에 대한 처분권을 매도인이 가진다. 따라서 서류의 취득으로 물품에 대한 담보권을 매수인이 가지는 것이 아니므로 매수인은 대금지급 시에 물품을 원활하게 확보할 수 있도록 주의를 기울여야 한다.

제 6 절 국제 복합운송

1 의 의

UN 국제 화물복합운송조약에 의하면 국제복합운송이라 함은 복합운송인(MTO: Multimodal Transport Operator)에 의해 화물이 인수된 한 국가 내에 있는 일정한 장소로부터 다른 국가 내에 위치한 인도 예정된 일정한 장소까지 복합운송계약에 의거하여, 적어도 두 개의 다른 운송방식에 의한 화물의 운송을 말한다고 규정하고 있다.

2 요 건

1) 다른 운송 수단의 결합 (different modes of transport)

국제복합운송은 복합운송인이 적어도 둘 이상의 운송수단을 결합하여 일관운송을 하는 것을 특징으로 한다.

2) 단일 책임 (uniform liability)

국제복합운송은 복합운송인 1인이 전 구간의 운송에 대하여 책임을 진다. 과거에 각 운송 구간별로 분할하여 책임을 졌으나 이러한 경우 책임의 분기점을 확정하기가 어려웠으나 복합운송의 경우 한 사람이 전 구간에 대해 책임을 지므로 책임의 분기점을 논할 필요가 없어진다.

3) 일관운송 (through carriage)

국제복합운송은 복합운송인 1인이 전 구간의 운송에 대하여 책임을 지며 또한 출발지에서 목적지에 이르기까지 일관운송 서비스를 제공하고 운송 중의 멸실, 손상 등에 대하여도 일관책임을 부담한다.

4) 일관운임 (through rate)

운임은 구간별로 각각 다르지만 복합운송인이 이를 산정하여 화물의 1 단위당 또는 중량 및 용적당 단위가격을 설정하여 일관운임을 적용한다.

5) 복합운송증권

각 구간별 운송증권이 아닌 하나의 복합운송증권이 발행된다.

3 복합운송인

1) 의 의

복합운송인이라 함은 UN 국제 화물복합운송조약 제1조 제2항에 의하면 "스스로 또는 대리인을 통하여 복합운송계약을 체결하고, 대리인 또는 송하인이나 복합운송작업에 참여하는 운송인을 위해서가 아니라 주체로서 행위를 하며 또한 계약의 이행에 대한 책임을 부담하는 자"를 복합운송인이라 규정하고 있다.

2) 유 형

(1) 실제운송인형 복합운송인

실제운송인형 복합운송인은 자신이 직접 일부구간의 운송수단을 보유하면서 복합운송인의 역할을 수행하는 자를 말한다. 즉 운송의 수단이라고 할 수 있는 선박, 차량 등을 보유하고 운송의 전부를 담당하는 운송인을 의미한다.

(2) 계약운송인형 복합운송인

계약운송인형 복합운송인은 자신이 운송수단을 직접 보유하지 않으면서 운송의 주체자로서 기능과 책임을 다하는 자를 말하며, 운송주선인(Freight forwarder)형 복합운송인이라고도 한다.

3) 운송주선인

(1) 의 의

운송주선인이란 자신이 운송수단을 직접 보유하지 않으면서 운송을 위탁한 고객을 대리하여 화주의 화물과 관련된 운송연관 업무를 주선하고 화주가 요구하는 목적지까지 운송해 주는 복합운송인을 말한다.

(2) 운송주선인의 기능

① 일관운송 책임의 주체

국제복합운송에서 운송주선인은 전 구간에 걸쳐 일관운송의 책임을 진다.

② 소량화물의 통합

선박회사 등과 거래할 경우에는 컨테이너 (fcl)당 가격이 주어지므로 물량이 컨테이너 분량이 안 되는 경우에는 운송주선인이 여러 화주의 소량화물(lcl)을 모아서 컨테이너에 통합하여 운송인에게 의뢰하는 역할을 한다.

(3) 효 용

① 일관운송 서비스 공급

운송주선인은 구간별로 요금을 따로 받는 것이 아니라 일관운송 서비스를 공급하고 요금도 일관 운송서비스 요금을 그 대가로 수령한다.

화주는 운송주선인에게 운송계약 체결을 의뢰함으로써 개별운송인과 운송 계약을 체결할 필요가 없다.

② 국제운송의 편리성

단일한 요율과 간단한 운송서류만으로 운송주선인을 통해 국제운송이 이루어지므로 복잡하거나 번거로움이 적고 편리하다.

③ 화물의 통합(consolidation)

운송주선인은 개별화주의 화물을 모아서 컨테이너 분량에 맞게 조정하고 통합하는 기능을 수행한다.

제 7 절 컨테이너 운송

1 의 의

컨테이너란 포장, 운송, 보관, 하역 등의 과정에서 신속성, 경제성, 안정성을 최대한 충족시키고 운송 중의 화물의 이적 없이 일관운송을 실현시킨 혁신적인 운송 용구를 말한다.

컨테이너의 등장으로 무역거래에서 오는 물품의 파손, 도난, 멸실의 위험요소들이 상당히 줄어들었고, FCL의 경우 선적지에서 물품을 선적하고 봉인(SEAL)을 한 후 도착지에서 화주가 물품을 열어보기 때문에 중간에 도난 사고가 발생하였다면 바로 사실을 확인할 수 있다.

지금은 해상에서 뿐만 아니라 육상, 항공운송 등에서도 컨테이너를 이용하는 회수가 상당히 많이 증가되었다.

2 컨테이너 운송의 필요성 및 장·단점

1) 컨테이너 운송의 필요성

(1) 비용의 절감

화물을 컨테이너에 적입하여 운송하는 경우 화물의 운송료, 보관료, 하역료 등이 절감되어 화물의 단위당 비용절감 효과가 있다.

(2) 화물의 안전성 확보

화물이 컨테이너에 적입되어 운송되는 경우 외부의 환경으로부터 화물을 보호할 수 있고 분실 도난으로부터 안전하고 봉인을 통해 이를 확인할 수 있으며 기후의 악조건에도 적재 및 양륙이 가능하다.

(3) 적재 및 양륙시간 단축

컨테이너 화물은 대량의 화물을 컨테이너에 적입시켜 운송하는 것이므로 크레인 등의 장비를 이용하여 적재 및 양륙을 하므로 시간절약 효과가 있다.

2) 컨테이너 운송의 장점

(1) 신속성

컨테이너는 대형의 운송용 기구로서 보통 20Feet와 40Feet가 주류를 이룬다. 이러한 컨테이너를 적재 또는 양륙하는 경우에 크레인과 같은 장비를 사용함으로써 신속한 적재 또는 양륙작업

이 가능하고 악천후에도 적재 양륙이 가능하다.

(2) 경제성

컨테이너 운송으로 신속성이 보장되면서 이로 인한 수송기간이 단축되어 운임이 절약되는 효과가 있고, 컨테이너 자체가 또 하나의 외장 역할을 수행하기 때문에 포장비 절감의 효과가 있다. 또한 컨테이너는 대부분 비 또는 눈과 같은 악천후에서도 물품이 손상이 가지 않도록 제작 설계되었기 때문에 별도의 창고 역할을 하므로 창고에 반입해야 할 필요가 없다. 따라서 창고료 등의 경비절감 효과도 있다.

(3) 안정성

컨테이너는 비 또는 눈과 같은 운송 중의 기후변화에 대해서도 견딜 수 있도록 견고하게 설계 제작되었으므로 물품을 보다 안전하게 수송할 수 있다.

3) 컨테이너 운송의 단점

(1) 자본의 문제

컨테이너, 컨테이너 하역장비, 컨테이너 전용선 등은 고가이므로 대자본이 소요된다.

(2) 부적합 화물

컨테이너 중 가장 많이 활용되는 것은 20Feet이며, 대량 또는 대형의 화물은 주로 40Feet를 이용한다. 그러나 화물의 규격이 컨테이너 규격과 적합하지 않은 경우도 있을 수 있다.

〈컨테이너 운송의 장·단점〉

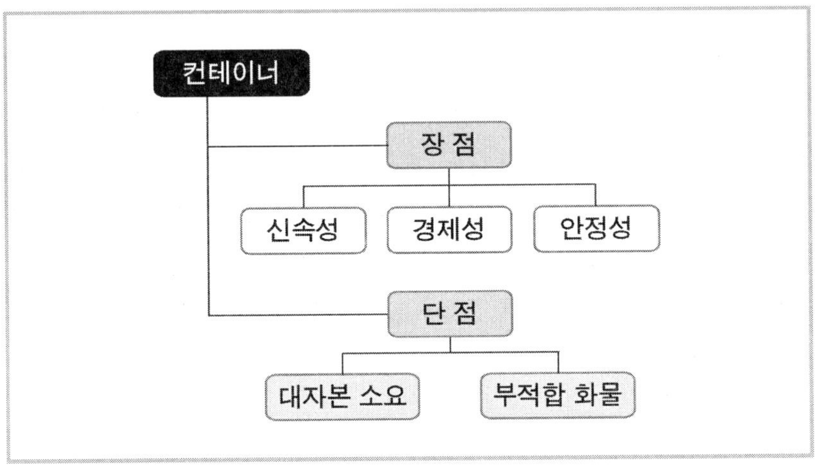

3 컨테이너의 종류

1) 크기에 따라

현재 보편적으로 사용되는 컨테이너는 20Feet, 35Feet 및 40Feet가 있으나 직물류는 대부분 20Feet를 많이 활용한다. 이러한 규격은 컨테이너의 길이를 표준으로 한 것이며 높이와 폭은 특수한 것을 제외하고 '8×8'이다.

2) 사용 목적에 따라

(1) 일반화물 컨테이너(general cargo container)

드라이컨테이너라고 하기도 하며 온도의 조절이 필요 없는 일반 잡화를 운송하는 데 이용하는 것으로 우리가 보편적으로 가

장 많이 사용하는 컨테이너의 일반적 형태이다.

(2) 온도 조절용 컨테이너(thermal container)

온도 조절용 컨테이너는 물품이 온도 변화에 따라 부패 또는 손상의 염려가 있는 경우에 사용하는 컨테이너이다.

① 냉동 컨테이너(refrigerated container)

고기, 어류 등 냉동보존을 필요로 하는 물품을 운송하는 데 사용 되는 컨테이너로서 보통 -26℃에서 -28℃까지 유지된다.

② 보냉 컨테이너(insulated container)

과일, 야채 등을 운반할 때 화물의 온도 상승을 방지하는 컨테이너를 말한다.

③ 통풍 컨테이너(ventilated container)

과일, 야채, 동물, 식물 등의 호흡작용을 위해 통풍이 되도록 설계 제작된 컨테이너를 말한다.

(3) 특수 컨테이너(special container)

컨테이너는 일반 컨테이너 이외에 온도조절용 컨테이너를 제외하고 기타 특수한 목적으로 설계 제작된 컨테이너도 있는데 이를 특수 컨테이너로 분류한다.

① 탱크 컨테이너(tank container)

석유라든가 기타 액체상태의 식품, 주류 및 화학제품을 운송하기 위해 사용되는 컨테이너를 말한다.

② 오픈 탑 컨테이너(open top container)

중량품과 기계류 등을 수송하기 위해 지붕이 없도록 설계 제작된 개방형의 컨테이너를 말한다.

③ 차량 컨테이너(car container)

자동차의 수송을 위해 자동차의 크기와 높이 등에 적합하도록 설계 제작된 컨테이너로서 2단 적재도 가능하도록 설계되어 있다.

〈컨테이너의 종류〉

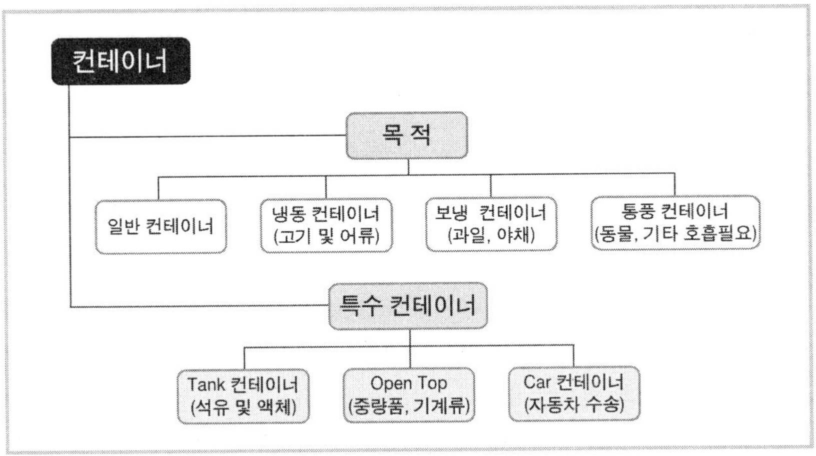

4 컨테이너 화물의 운송형태

CFS란 container freight station의 약자이며 CY란 container yard를 말한다.

1) CFS/CFS 운송

CFS/CFS 운송이란 선적항의 CFS에서 도착항의 CFS까지 운송하는 가장 기본적인 운송형태를 말한다.

주로 소량의 화물을 CFS에서 집하하여 도착항의 CFS에서 다수의 수입상에게 화물을 인도하는 형태를 말한다.

2) CFS/CY 운송

CFS/CY 운송이란 선적항의 CFS에서 도착항의 CY까지 운송하는 운송형태를 말한다. 수입상이 컨테이너 분량의 화물을 수입하는 경우 다수의 수출상이 선적항의 CFS에서 화물을 집하하고 수입상은 한꺼번에 전체화물을 인수하는 경우에 사용되는 형태이나 수출상도 컨테이너를 수출상의 물품출발지에서 바로 작업하지 않고 CFS에서 작업하여 하나의 컨테이너 분량을 채우는 경우도 있다.

3) CY/CFS 운송

CY/CFS 운송이란 선적항의 CY에서 도착항의 CFS까지 운송하는 운송형태를 말한다. 한 사람의 송하인이 다수의 수하인에게 화물을 운송하는 경우에 이용하면 효과적이다.

4) CY/CY 운송

CY/CY 운송이란 선적항의 CY에서 도착항의 CY까지 운송하는 운송형태를 말한다. 수출물품이 컨테이너 분량의 물품인 경우에는 수출상의 공장 또는 창고에서 CY까지 운송하고 그 컨테이너가 다시 목적항의 CY까지 운송되는 형태이다. 운송도중 CONTAINER의 개폐 없이 출발지점에서 봉인을 하고 최종 수입상이 물품을 인수한 후 이를 개봉하는 DOOR TO DOOR 서비스가 가능한 형태이다. 보통은 컨테이너를 채울 수 있는 분량의 물품을 수출상의 창고 또는 공장으로부터 수입상의 창고 또는 공장으로 물품을 수송하고자 할 때 많이 이용되는 방법이다.

제8절 육상운송

1 의 의

육상운송이란 열차를 이용한 철도운송이나 차량을 이용한 도로운송을 말한다.

2 육상운송의 특성

1) 철도운송

철도운송은 도로 운송에 비해 대량의 화물을 한꺼번에 운송이 가능하며 원거리 운송에 운임이 저렴하여 경제적이며 또한 교통사고율도 낮기 때문에 안전성도 확보된다. 또한 일정거리를 일정 시속으로 운행하는 경우 도착 예정시간이 거의 정확한 장점

이 있으나 철도 시설이 완비되어야만 철도 운송이 가능하고 시설을 완비하기 위해 대 자본이 소요되는 문제가 있다.

2) 도로운송

차량을 이용한 도로 운송은 주로 LCL 화물의 운송에 많이 이용되며 또한 FCL 화물도 운송이 가능하다. 선적이 용이하고 출발시간을 조정할 수 있는 장점이 있으나 철도에 비해 안정성은 떨어지며 교통상황 등으로 인해 정확한 도착예정시간을 예측하는데 어려움도 있을 수 있다.

제 9 절 통 관

1 통관의 의의

통관이란 관세법의 통관법적 성격으로 물품을 수출 · 수입 · 반송하는 것을 말한다. 따라서 통관의 대상은 물품의 수입, 수출, 반송이며 통관은 관세선을 통과한다는 의미이며 현실적인, 즉 세관을 통과하는 것을 의미하기도 한다.

2 통관의 요건

1) 허가 · 승인 등의 증명

수출입에 있어서 법령이 정하는 바에 의하여 허가, 승인, 표시 기타 조건의 구비를 요하는 물품은 세관장에게 허가, 승인, 표시 기타 조건을 구비한 것임을 증명하여야 한다.

2) 의무이행의 요구

수입 후 특정 용도에의 사용 등 의무를 이행하도록 되어 있는 물품에 대해 문서로 의무이행 할 것을 요구할 수 있다. 의무의 이행을 요구 받은 자는 특별한 사유가 없는 한 당해 물품에 대하여 부가된 의무를 이행하여야 한다.

3) 통관표지

관세보전을 위하여 필요한 경우 수입하는 물품에 통관 표지의 첨부를 명할 수 있다.

4) 원산지 증명서 제출

원산지 확인이 필요한 물품을 수입하는 자는 수입 신고 시에 원산지 증명서를 세관장에게 제출하여야 한다.

3 EDI 수출통관 절차

1) 의 의

수출하고자 하는 물품을 세관검사를 받고자 하는 장소에 장치한 후 수출신고를 하고 수리를 받아 선적하기까지의 절차를 수출통관 절차라 하며, 현행 수출통관은 수출신고자가 서류 없이 EDI로 신고 내용을 전송하여 신고수리를 하는 EDI 수출통관제도를 실시하고 있다.

2) 물품의 장치

(1) 일반물품

일반물품은 제조공장 또는 창고 등 세관검사를 받고자 하는 장소에 장치하고 수출신고를 하여야 한다. 즉 수출물품은 제조장소에서 곧바로 수출신고를 할 수도 있으며, 수출포장이 이루어지는 창고에서도 수출신고를 할 수 있다. 정확한 수량을 파악하기 위해서는 수출포장이 이루어진 후에 수출신고를 하는 것이 수량차이로 정정을 하는 번거로움을 피할 수 있기 때문에 더욱 바람직할 것이다.

(2) 선상 수출신고

수출물품이 다음에 해당하는 경우에는 물품을 선적한 후 선상에서 수출신고를 할 수 있다.

① 대상

㉠ 선적 후 검정서에 의하여 수출물품의 수량을 확인하는

물품

㉡ 신선도 유지 등의 사유로 선상 신고가 불가피하다고 인정되는 물품

㉢ 자동차 운반 전용 선박에 적재하여 수출하는 신품 자동차

② 세관장의 허가

수출신고 수리 전 선상 대상물품의 수출신고자는 선적지 세관장에게 수출신고 수리 전 선적 허가를 받아 수출신고 하기 전에 선적할 수 있다.

3) 수출신고

(1) 수출신고의 시기

수출신고는 수출하고자 하는 물품을 선적하기 전 관할 세관장에게 수출신고를 하고 수리를 받는다.

(2) 수출신고인, P/L 신고

수출신고는 화주, 관세사, 관세사법인, 통관 취급 법인의 명의로 신고를 하며, 선박 또는 항공기의 적재 단위별로 하여 전자문서로 작성된 신고 자료를 통관 시스템에 전송하게 된다.

(3) 신고서의 처리

① 자동수리

수출신고를 하면 별도의 심사 없이 수출통관 시스템에서 자동으로 즉시 신고 수리하는 것으로 서류제출 대항에 해당하지 아니하는 경우 자동수리 대상이다.

② 즉시수리

자동 수리 대상에서 제외되는 물품 중 검사가 생략되는 물품이 즉시수리 대상에 해당한다.

③ 검사 후 수리

검사 대상 물품에 한한다.

(4) 신고서의 심사

자동 수리 대상물품은 심사를 요하지 않으며 세관장은 즉시수리 대상 물품에 대한 수출신고를 접수한 때에는 형식적인 요건을 심사하며, 이상이 없는 때에 즉시 이를 수리하여야 한다. 다만 다음에 해당하는 경우에는 실질적 내용을 심사하고 이를 수리한다.

① 서류 제출 대상 및 서류 제출 신고 물품인 경우
② 위조 상품 수출 등 지적 재산권 침해 우려가 있는 경우
③ 관세 환급과 관련하여 위장 수출의 우려가 있는 경우
④ 분석을 요하는 물품의 경우
⑤ 기타 불법 수출에 대한 우범성 정보가 있는 경우

(5) 물품검사

① 검사 생략 원칙

수출신고 물품에 대한 검사는 생략하고, 신고 내용을 심사한 결과 현품의 확인이 필요한 경우에는 현품검사를 할 수 있다.

② 물품검사 시기

물품검사 시기는 원칙적으로 검사 희망일에 검사를 행한다.

다만 보세구역에 반입하게 한 물품은 보세구역 반입완료 후에 검사를 실시한다.

③ 검사 장소

검사는 물품이 장치되어 있는 장소에서 검사를 실시한다. 다만 부정 수출 또는 부정환급 등의 우려가 있는 경우에는 보세구역 반입 후 검사할 수 있다.

(6) 수출신고 수리

① 수출신고의 수리

수출신고의 수리는 신고서 처리방법에 따라 다음과 같이 한다.

㉠ 자동 수리 대상은 통관 시스템에서 자동으로 신고 수리

㉡ 즉시 수리대상은 심사 후 즉시 수리

㉢ 검사 대상은 검사 후 수리

② 수출신고 필증의 교부

㉠ 서류 제출 대상 물품

수출신고 수리인과 신고처리 담당자의 인장을 날인한 후 신고인에게 교부한다.

㉡ P/L 신고 대상 물품

관세사 등 신고인이 P/L 신고를 하여 신고 수리된 물품에 대하여 신고인은 전산으로 통보 받아 통보된 내용과 일치하는 수출신고필증을 화주에게 교부할 수 있다.

(7) 수출신고의 취하 및 각하

① 수출신고 취하의 의의

수출신고를 하였으나 수입자의 사정 등으로 수출물품을 인수하기 어려운 상황이 발생하면 수출신고를 취하해야 한다. 신고의 취하는 수출물품을 선적한 선박 또는 항공기가 출항하기 전까지 해야 하며 정당한 사유가 있는 경우에 한하여 세관장의 승인을 얻어야 한다.

② 사유

㉠ 신용장 취소

㉡ 기타 부득이한 사유로 신고한 물품이 수출할 수 없게 되었다고 세관장이 인정하는 경우

ⓐ 수입국의 수입 금지 조치

ⓑ 수입국의 천재지변이나 부분파업 등으로 수출이 불가능한 경우

ⓒ 운송, 선적 과정에서 손상을 입은 경우

ⓓ 품질검사 또는 SGS 검사 등에서 불합격이 되어 수출할 수 없게 된 경우

③ 수출신고 각하 사유

㉠ 세관장으로부터 서류의 보완을 지정기간 내에 보완하지 않은 경우

㉡ 보세구역 반입지시를 받고 지정된 보세구역에 반입하지 않은 경우

㉢ 기타 관세법 위반혐의 등으로 수출신고 수리를 할 수 없다고 판단되는 경우

(8) 선(기)적 이행관리

① 수출신고 수리일부터 30일 이내 적재

수출신고가 수리된 물품은 수출신고 수리일로부터 30일 이내 적재하여야 한다. 다만 재정 경재부령이 정하는 바에 의하여 1년의 범위 내에서 적재기간 연장 승인을 얻은 것은 그러하지 아니하다.

② 수출신고 수리의 취소

㉠ 수출신고 수리 취소 예정 통보

수출신고 수리물품의 선적 기간이 경과한 물품에 대하여 신고인 등에게 선적기간 내에 선적이 확인되지 아니한 경우에는 수출신고 수리를 취소한다는 예정통보를 한다.

㉡ 14일 이내 원인 규명

신고인은 취소 예정 통보를 받은 후 14일 이내 원인규명하여 적하목록, 수출신고 정정, 선적 확인등록 등의 조치를 하여야 한다.

㉢ 세관장은 적재기간을 초과하는 물품에 대하여 수출신고의 수리를 취소할 수 있다.

〈수출통관절차도〉

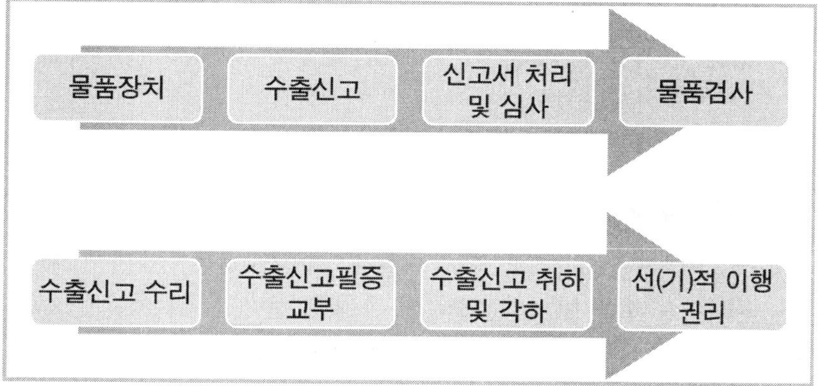

제 10 절 관세 환급

1 의 의

관세 환급은 세관에서 징수한 관세 등을 특정한 요건에 해당하는 경우에 그 전부 또는 일부를 되돌려 주는 것을 말한다. 다시 말해서 수출용 원재료를 수입할 때 관세 등 제세를 납부하고 이 원료를 기초로 하여 제조 가공 후 수출할 경우 수입할 때 납부한 관세 등을 되돌려 주는 것을 말한다. 이렇게 함으로써 관세 장벽을 제거할 수 있으며, 환급할 때까지는 관세를 부담하게 되므로 관세의 부담이 없는 국산 원재료의 사용을 촉진할 수 있게 된다.

2 관세 환급의 요건

수출용 원재료에 대한 관세 등을 환급받기 위해서는 다음의 요건을 갖추어야 한다.

1) 환급대상 조세

관세, 임시수입부가세, 특별소비세, 주세, 교통·에너지 환경세, 농어촌특별세 및 교육세는 환급대상 조세에 해당하며, 부가가치세는 부가가치세법에 의해 환급되며, 가산세는 가산세의 환급에 대한 규정이 없으므로 가산세는 환급되지 않는다.

2) 환급대상 원재료

수출용 원재료에 대한 관세 등을 환급받기 위해서는 환급대상 원재료이어야 한다.

① 수출물품

② 수입한 상태 그대로 수출한 물품

③ 국내 생산 원재료로서 수입된 원재료와 동일한 질과 특성을 가지고, 상호대체사용이 가능하여 생산과정에서 이를 구분하지 않고 사용한 경우 그 국산 원재료

3) 환급대상 수출

① 관세법 규정에 의하여 수출신고가 수리된 수출

② 우리나라 안에서 대가를 외화로 받는 판매 또는 공사

③ 보세구역 또는 자유무역지역 입주기업체에 대한 공급

④ 기타 수출로 인정되는 것

4) 관세 등의 납부에 대한 증증명

관세 환급을 받기 위해서는 수입신고필증, 기납증 등의 증명이 있어야 한다.

5) 수출 이행 기간 내 수출

수출신고일 해당 월 말일부터 소급하여 2년 이내에 수입된 물품이어야 환급의 대상이 되므로 수출 이행 기간 내에 수출한 물품에 한하여 환급한다.

3 간이 정액 환급제도

1) 의의

간이 정액 환급제도는 환급 신청일이 속하는 연도 직전 2년간 기초원재료 납세증명서 발급 실적을 포함한 매년도 환급실적이 4억 원 이하인 중소기업자가 생산하는 수출물품에 대하여 정액 환급률표에 의해 정해진 금액을 납부세액으로 간주하여 환급하는 제도이다.

2) 간이 정액 환급의 장점

간이 정액 환급제도는 중소기업의 수출을 지원하는 효과가 있으며 제출서류가 적고, 산출식이 용이하기 때문에 환급 절차를 간소화하는 효과가 있다.

3) 간이 정액 환급의 단점

간이 정액 환급제도는 절차가 간편한 장점은 있지만 개별 환급에 의한 환급액보다 그 금액이 대체로 낮고 고시되지 않은 품목에 대하여는 적용되지 않는 단점이 있다.

4 개별환급 제도

1) 의 의

개별환급 제도는 제품의 생산에 소요된 각종 원자재의 종류와 수량을 소요량 계산서를 기준으로, 그 원자재를 수입할 때 납부한 세액을 환급하는 제도이다.

2) 적용 대상

① 정액 환급율표가 적용되지 않는 수출물품
② 국내거래 물품의 기초 원재료 납세증명서 발급신청 시
③ 정액환급 비적용 승인을 얻은 경우

3) 소요량 계산서

개별 환급방식에 의해 환급금을 산출하려면 수출물품을 생산하는데 소요되는 원재료의 양(원재료의 품명, 규격, 수량)을 확인하여야 한다.

4) 납부 증명 및 수출확인

개별 환급을 받으려면 수입신고필증, 평균세액증명서, 기초원재료납세증명서, 분할증명서, 수출신고필증, 물품 반입확인서, 물품 재적확인서, 납품증명서, 외화입금 증명서 등을 통해 관세를 납부한 사실과 납부금액이 확인되어야 한다.

5 환급 절차

1) 환급의 신청

관세 등을 환급 받으려면 환급 신청을 할 수 있는 자가 신청기관에 환급신청을 하여야 한다. 환급 신청은 수출자, 수출위탁자 또는 수출물품의 생산자 중에서 수출신고필증에 환급신청인으로 기재된 자가 지정된 세관에 환급 신청을 하여야 한다.

2) 환급금의 심사

환급 신청을 받은 세관장은 환급 신청서 상의 기재사항과 환급 특례법에 의한 확인사항을 심사하여 환급금을 결정하나, 환급금의 정확여부는 환급 후에 심사할 수 있다. 그러나 환급특례법에 의한 벌칙규정을 위반하여 처벌을 받은 자가 관세 환급 등을 신청하는 경우, 과다 또는 부정환급의 우려가 있는 경우에는 환급 전에 이를 심사하여야 한다.

3) 환급금의 지급

환급금은 환급 신청인이 통보한 계좌에 입금하는 방법으로 지급한다. 환급금은 한국은행이 지급을 하게 되며 지급 후에 관할 세관장에게 통지한다. 환급 시에 관세를 체납한 금액이 있다면 체납된 관세등과 가산금, 가산세 및 체납 처분비를 충당하고 잔여분을 신청인에게 지급한다.

4) 과다 · 과소 환급금의 처리

환급금 지급규정에 의하여 지급한 환급금이 과다하게 환급을 받은 경우 또는 기초원재료 납세증명서 등에 관세 등의 세액을 과다하게 증명 받은 경우 등의 사유로 과다환급금이 발생한 경우에는 환급 받은 자로부터 세관장이 이를 징수한다. 한편 세관장은 환급금 지급 규정에 의하여 환급하여야 할 금액이 과소하게 환급한 사실을 알았을 때에는 지체 없이 당해 과소 환급금을 지급하여야 한다.

〈환급 절차도〉

환급신청	• 수출신고필증에 환급 신청으로 기재된 자 • 관세청장이 지정한 세관에 환급신청
심사	• 환급금의 정확여부는 환급 후에 심사할 수 있다. • 사전심사 - 처벌받은 자, 과다 부정환급 우려 등
지급	• 세관장이 한국은행에 요구 → 이체 후 세관장 통지 • 환급금의 관세충당 ← 체납한 금액이 있는 경우
과다과소 환급금의 처리	• 과다 환급금은 징수하고 과소 환급금은 환급하되 환급한 날의 다음날로부터 1일 10만분의 39에 상당하는 금액을 가산하여 징수하거나 환급한다.

CHAPTER 05

무역보험

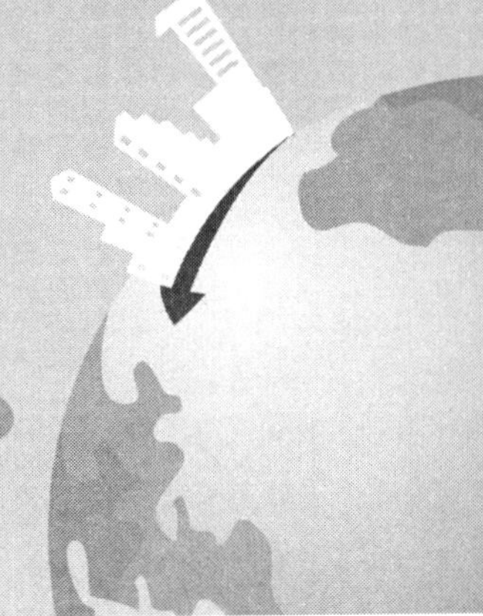

제 1 절 해상보험

1 의 의

영국 해상보험법에 의하면 해상보험계약이란 보험자가 피보험자에 대해 그 계약에 의거하여 합의한 방법 및 범위 내에서 해상사업에 수반되는 손해를 보상할 것을 약정하는 계약을 말한다.

일반적으로 보험은 우연한 사고에 기인하여 발생하는 손해에 대비하여 발생하는 손해를 보상하는 제도로서 보험자가 위험을 인수하고 이에 대한 보험금을 받게 되며 피보험자의 손해가 발생하였을 경우 그 손해액을 금전으로 보상하는 것을 내용으로 하고 보험계약자로부터 보험료를 지급받는 것을 말한다.

2 해상보험의 기본용어

1) 보험자 (Insurer)

보험계약자로부터 보험료를 받고 그 위험을 인수하는 자를 말한다. 보험자는 위험을 인수하고 보험사고 발생 시 손해를 보상하는 의무를 지닌다.

2) 보험계약자 (Policy Holder)

보험계약자란 보험계약을 청약하는 자로서 보험료를 지불하고 보험 청약 시 보험인수 여부에 관한 중요한 사실을 고지할 의무를 부담하는 자를 말한다.

3) 피보험자 (Insured)

피보험자란 보험사고 발생 시 발생한 손해에 대하여 보험자로부터 보상을 받을 권리를 향유하는 자를 피보험자라 한다.

FOB계약의 경우에는 위험의 이전시기가 선박의 난간을 통과하는 시점이므로 보험자와 계약자가 모두 수입상이 되며, CIF의 경우에는 수출상이 물품을 도착지까지 운송하고 보험도 가입해야 되므로 수출상이 보험계약자가 되며, 피보험자는 수입상이 된다.

D조건의 경우에는 수출상이 자신을 위하여 보험계약자임과 동시에 피보험자가 된다. 그러나 CIF를 제외하고는 보험가입의무는 존재하지 않으므로 수입상 또는 수출상 자신을 위하여 보험을 가입하게 된다.

4) 보험의 목적(Subject Matter Insured)

보험의 목적이란 위험의 대상이 되는 객체를 말하는 것으로 선박과 선적된 화물이 그 대상이 되므로 선박보험과 적하보험에 가입하게 된다.

5) 피보험이익(Insurable Interest)

피보험이익이란 보험사고 발생 시 경제적 손해를 입힐 우려가 있는 경우 보험의 목적과 피보험자의 경제적 이해관계를 말한다. 피보험이익은 보험계약 체결 당시 확정되어 있어야 하는 것은 아니지만 보험사고 발생 시는 피보험이익이 확정될 수 있어야 한다.

6) 보험료(Insurance Premium)

보험계약자가 보험자의 위험인수에 따라 지불해야 하는 금전상의 대가를 보험료라고 한다.

7) 보험가액(Insurable Value)과 보험금액(Insured Amount)

보험계약 체결 시에 피보험자가 입게 되는 손해액의 최고한도액을 보험가액이라고 하며 보험금액은 보험사고 발생 시 보험자가 피보험자에게 보상하는 보상의 최고 한도액을 말한다. 이는 보험 가액의 범위 내에서 지불하는 실제 지급 보험금의 최고 한도로서 약정된 금액이다.

8) 보험가액과 보험금액과의 관계

(1) 전부보험(Full Insurance)

보험가액과 보험금액이 동일한 보험으로 해상적하보험의 경우 일반적으로 전부보험의 형태가 대부분이라 할 수 있다.

(2) 일부보험(Under Insurance)

보험가액보다 모험금액이 적은 보험으로서 손해발생 시 피보험자는 보험금액의 보험가액에 대한 비율에 따라 보상을 받게 된다.

(3) 초과보험(Over Insurance)

보험금액이 보험가액을 초과하게 되면 초과보험이라고 하고 초과된 부분의 보험계약은 무효가 된다.

(4) 중복보험(Double Insurance)

동일한 피보험이익에 대하여 두 개 이상의 보험계약이 존재하고 이 보험금의 합계액이 보험가액을 초과하는 경우를 말한다.

(5) 공동보험(Co-Insurance)

동일한 피보험 이익과 위험에 대해 2인 이상의 보험자가 공동으로 인수하는 경우이며, 보험금액의 합계는 보험가액과 동일하다.

3 해상보험의 기본원칙

1) 최대 선의의 원칙(The Principle of Utmost Good Faith)

최대 선의의 원칙이란 보험계약자가 보험청약을 할 때 인수 여부에 중대한 사항을 최대한 성실하게 고지하여야 할 의무를 부담한다는 원칙을 말한다.

2) 근인주의(The doctrine of Proximate cause)

근인이란 손해보상을 결정할 때 사고발생과 시간적으로 근접한 것 또는 사고발생에 가장 직접적이고 지배적인 원인을 말하는 것으로 근인을 위주로 손해보상을 결정하여야 한다는 원칙이다.

3) 담보(warranty)

담보(warranty)란 보험계약의 피보험자가 보험자에 대하여 반드시 지켜야 할 명시적 묵시적 담보를 말한다. 명시담보란 보험계약자나 피보험자가 보험자에게 반드시 지켜야 하는 약속으로서 보험증권상에 명시된 것을 말하며 묵시담보란 명시되지는 않았으나 피보험자가 반드시 준수해야 할 사항을 말한다. 묵시담보에는 항해사업이 적법한 목적에 사용되어야 한다는 적법성(Warranty of Legalty)과 선박이 항해를 개시한 때 특정의 항해를 감당할 능력을 갖추고 있어야 하는데 이를 감항성담보(Warranty of Seaworthiness)라 말한다. 보험계약자나 피보험자는 담보를 반드시 준수하여야 하며 담보를 위반한 경우 보험자는 보상책임을 면하고 보험계약을 해지할 수 있는 권리를 가진다.

4 해상보험의 종류

1) 부보 형태에 따라

(1) 확정보험

확정보험은 보험계약을 청약할 때 보험의 목적의 수량, 가액, 금액 등의 계약상 필요한 모든 사항이 확정되어 있는 경우 확정보험이라 한다.

(2) 예정보험

예정보험이란 보험계약을 청약할 때 보험의 목적의 수량, 가액, 금액 등 보험계약상의 필요한 사항의 일부가 미정 상태로 되어 있는 상태에서 보험계약을 체결하는 것을 말한다.

2) 피보험 이익에 따라

(1) 적하보험

화물의 위험을 담보하는 보험으로 대부분이 이 경우에 해당된다.

(2) 선박보험

선박의 위험을 담보하는 보험이다.

(3) 배상책임보험

제3자에 대한 배상책임을 부담하는 경우 이를 배상책임보험이라 하는데 충돌배상책임보험과 재보험이 있다.

제2절 해상보험계약

1 의 의

해상보험계약은 우연히 발생할지도 모를 해상보험 손해에 대해서 보험계약자가 보험료를 지불하고 보험자는 피보험자가 입게 될지도 모를 손해를 보상하겠다는 약속으로 성립하는 계약이다.

이는 보험계약자의 청약에 대한 보험자의 승낙으로 성립하는 낙성계약이며 불요식 계약이다.

2 법적성격

1) 불요식 낙성계약

해상보험의 보험계약자의 청약에 대한 보험자의 승낙이라고 하는 의사의 합치에 의해서 성립되고 일정한 절차나 문서의 작성 등의 형식을 필요로 하지 않기 때문에 불요식 계약에 해당한다.

2) 유상 쌍무계약

보험계약은 보험계약자가 약정 보험료를 지불하고 보험자가 보험사고 발생 시 일정한 보험금액을 지급할 것을 약정하는 유상계약이며 쌍방이 의사의 합치에 의해 서로의 의무를 부담한다는 측면에서 쌍무계약으로 본다.

3) 부합계약

보험계약은 1인의 보험자와 다수의 보험계약자 간에 이루어지는 관계이다. 따라서 계약서마다 일일이 계약조건을 모두 명시하기는 어려운 일이다(물론 중요사항은 특약이 가능함). 이러한 사정으로 보험은 보험자가 일방적으로 정한 보험약관에 의하여 체결되고 있는데 이를 부합계약이라고 하며 선하증권의 경우에도 부합계약의 성격을 갖는다고 할 수 있다(특송 업체의 수령증 포함).

3 보험계약의 당사자

1) 보험자

보험계약자로부터 보험료를 받고 그 위험을 인수하는 자를 말한다. 보험자는 위험을 인수하고 보험사고 발생 시 손해를 보상하는 의무를 지닌다.

2) 보험계약자

보험계약자란 보험계약을 청약하는 자로 보험료를 지불하고 보험 청약 시 보험인수 여부에 관한 중요한 사실을 고지할 의무를 부담하는 자를 말한다.

3) 피보험자

피보험자란 보험사고 발생 시 발생한 손해에 대하여 보험자로부터 보상을 받을 권리를 향유하는 자를 말한다.

FOB계약의 경우에는 위험의 이전시기가 선박의 난간을 통과하는 시점이므로 보험자와 계약자가 모두 수입상이 되며, CIF의 경우에는 수출상이 물품을 도착지까지 운송하고 보험도 가입해야 되므로 수출상이 보험계약자가 되며 피보험자는 수입상이 된다.

D조건의 경우에는 수출상이 자신을 위하여 보험계약자임과 동시에 피보험자가 된다. 그러나 CIF를 제외하고는 보험가입의무는 존재하지 않으므로 수입상 또는 수출상 자신을 위하여 보험을 가입하게 된다.

4) 기타의 당사자

(1) 보험대리점(Insurance Agent)

보험대리점이란 보험계약자를 대리하여 보험계약의 체결을 대행하는 자를 말한다. 보험대리점은 일정한 보험자를 위하여 계속적 반복적으로 대리 중개한다.

(2) 보험중개인(Insurance Broker)

보험중개인이란 불특정 보험자를 위하여 보험자와 보험계약자간의 보험계약의 체결을 중개하는 자를 말한다. 보험중개인은 보험대리점과는 달리 특정한 보험자에게 종속되지 않는다.

4 당사자의 의무

1) 보험자의 의무

(1) 보험증권 교부의무

보험자는 보험이 성립되고 나면 지체 없이 보험계약자에게 보험증권을 작성 교부하여야 한다. 수출선적 구비서류에 보험증권을 첨부하여야 하는 경우가 많으므로 신속히 작성 교부하여야 하며 최근에는 인터넷에 의한 승인을 통하여 신속하게 발급받는다.

(2) 손해발생 시 보상의무

보험자는 보험사고 발생 시 약정된 보상금을 피보험자에게 보상하여야 한다.

(3) 보험료 반환

보험계약이 유효하게 성립하지 않아 무효가 되거나 보험계약을 해지한 경우에는 보험료를 반환할 의무가 있다.

2) 보험계약자 및 피보험자의 의무

(1) 보험료 납입의무

보험계약이 성립되면 보험계약자는 해당 보험료(Insurance premium)를 지급하여야 한다. 해상보험의 경우에는 보통 한 번에 즉시납부로 하는 것이 일반적이나 실무적으로 약간의 경과는 통상적으로 인정하고 있는 것이 현실이다.

(2) 통지의무

보험계약자는 보험가입에 관한 중요한 사항을 성실하게 고지할 의무를 지고 있으며 위험의 변경 또는 증가 시에도 그 사실을 통지하고 보험 사고 발생 시는 보험금을 지급받기 위하여 그 사실을 통지하여야 한다.

(3) 손해의 방지 또는 경감의무

보험계약자 또는 피 보험자는 보험 사고 발생 시에 손해의 방지와 경감을 위해 노력해야 하는 의무를 부담한다.

제 3 절 해상보험증권

1 의 의

해상보험증권(marine insurance policy)은 보험계약의 성립과 내용을 증명하기 위해 보험자가 작성하고 기명날인 또는 서명하여 보험계약자에게 교부하는 증서이다.

보험증권은 배서 또는 인도에 의하여 양도될 수 있다. 보험증권에는 피보험자, 보험자, 보험목적, 보험가액, 위험의 종류 등이 명시되어 있고 뒤편에는 부합계약의 내용이 조그마한 글씨로 새겨져 있다.

2 해상보험증권의 성질

1) 요식 증권성

보험증권은 요식증권으로서 법정사항을 기재하는 것이 원칙이다. 그러나 법적 기재사항이 일부 불비되었다 하더라도 보험증권의 효력에는 영향이 없다.

2) 증거 증권성

해상보험증권(marine insurance policy)은 보험계약의 성립과 내용을 증명하기 위해 보험자가 발행 교부하는 일종의 증거 증권이다.

보험증권 자체가 계약의 성립 요건은 아니나 계약의 성립과 내용을 증명하는 증거 증권인 것이다.

3) 유가 증권성

보험증권은 일반적으로 기명식으로 발행되지만, 신용장 개설의뢰인인 매수인의 요청에 의하여 지시식 또는 무기명식으로 발행되어 배서를 하는 경우도 있다. 따라서 유가증권성이 인정된다.

3 해상보험증권의 양식

1) 의 의

우리나라에서는 로이즈 신해상보험증권과 런던보험자협회가

제정한 신보험증권을 변형하여 해상보험증권 양식으로 사용하고 있다.

2) 구양식

과거에는 영국에서 전통적으로 사용되어온 1779년에 로이즈 보험자 총회가 채택한 Lloyd's Ship and goods form을 모체로 한 회사형태의 보험자들이 사용하였던 런던 보험자 협회의 회사용 합동 보험증권을 사용하였다.

3) 신양식

1981년 UNCTAD에서 해상보험증권 개정안을 발표하자 영국의 런던 보험자 협회 등도 신양식을 제정하게 된다. 기존약관 중에서 주요 내용의 협회 적하보험 약관에 포함시키고 나머지는 모두 삭제하였다.

4 보험증권 해석 원칙

1) 수기문언 우선 원칙

해상보험증권은 신양식의 경우 본문약관이 있고 구양식의 경우 본문약관, 난외약관, 스탬프 약관 수기문언 등으로 구성되는데, 동일증권의 각 약관의 내용이 서로 다른 경우 수기문언을 가장 우선적으로 적용한다.

2) P.O.P 원칙

보험증권은 학문적으로 해석되는 것이 아니고 평이하고(Plain), 일반적이며(Ordinary), 대중적인(Popular) 의미로 해석되어야 한다.

3) 문서 작성자 불이익의 원칙

보험약관의 내용이 불분명한 경우에는 보험자에게 불리하고 보험계약자에게 유리하게 해석하여야 한다는 원칙으로 이를 불명확성의 원칙이라고도 한다.

제 4 절 협회 적하 약관

1 의 의

보험은 물품의 인도를 위해 물품을 수송하는 도중 물품의 멸실 또는 손상의 위험에 대비하여 보험계약자가 피보험자를 위하여 보험자와 보험계약을 체결한다. 이러한 경우(당사자의 특약이 없는 한)에 보험계약의 내용을 일일이 나열하는 것이 아니라 협회 적하 약관을 채택하여 이를 보험증권에 명시하게 되고 그에 따라 보상의 범위가 정해지는 것이다.

협회 적하 약관(Institute Cargo Clause)이란 보험자와 보험계약자 사이에 체결되는 보험계약내용을 정형화한 약관이라고 할 수 있다.

2 보험증권 양식

1779년 영국의 Lloyd's 총회에서 채택된 보험증권 양식은 최근까지 세계 각국에서 이 증권에 포함된 내용을 그대로 사용하였다. 그러나 구증권은 해석상의 어려움, 고어체 문장, 상충되는 약관 등으로 비판을 받아 오다가 1982년 새로운 New Lloyd's Policy 로 개정되었다.

단순한 양식으로 구성되어 본문약관에는 중요사항만 남기고 나머지는 모두 삭제되고 담보위험 등은 모두 협회약관으로 흡수시켰다.

5 구협회 적하 약관

1) 의 의

초기의 해상보험은 구보험 증권 양식으로만 체결되었으나 보험내용이 다양해지고 점점 복잡해져 보험증권 양식만으로는 대응할 수 없게 되자 특별약관을 첨부하는 방식을 채택하게 되었고 누적된 특별약관들의 정리, 통합한 것이 구협회 약관이다.

2) 약 관

(1) 분손부담보 조건(FPA: Free From Particular Average)

분손부담보 조건이나 최초, 침몰 및 화재에 의한 특정 분손은 담보한다.

담보의 범위는 아래와 같다.

① 전손: 현실전손 및 추정전손

② 분손: 공동해손과 선박 또는 부선의 좌초, 침몰, 화재로 인하여 발생한 단독 해손

③ 선적, 환적 또는 양하작업 중의 포장단 전손

④ 충돌, 화재, 폭발, 본선, 부선, 운송용구의 물을 제외한 외부 물체와의 접촉에 기인하는 멸실과 손상

⑤ 조난항에서 양하 작업 중의 멸실과 손상

⑥ 중간기항항, 대피항에서 발생한 적재, 창고, 운반을 위한 특별손해방지비용, 구조비, 조난항, 피난항에서의 특별비용

(2) 분손 담보조건(WA: With Average)

원칙적으로 단독해손을 담보하고 FPA에서 담보하지 않는 분손도 담보한다. 다만 면책율약관이 적용되어 일정비율 미만의 손해에 대해서는 원칙적으로 담보하지 않는다. 전부 보상받으려면 WAIPO(With Average Irrespective of Percentage) 조건으로 하여야 한다.

(3) 전위험 담보조건(A/R: All Risks)

전위험 담보조건은 면책위험을 제외한 일체의 위험을 담보하는 조건이다. 전쟁이나 동맹파업 등은 면책위험에 속하므로 이를 담보하려면 추가 특약을 첨부해야 한다. 한편 지연 또는 보험목적의 고유의 하자(delay or inherent vice) 또는 성질에 기인하는(nature of the subject-matured insured) 멸실, 손상은 어떠한 경우에도 담보되지 않는다.

4 신협회 적하 약관

1) 의 의

구협회 적하약관의 A/R 조건이 표제와 달리 각종 면책 위험이 존재하여 빈번하게 분쟁이 발생하고 WA 조건과 FPA 조건 간의 담보 범위가 불명확하여 피보험자들에게 혼란을 야기시켰다. 이에 따라 런던보험협회에서는 1982년, ICC(A), ICC(B), ICC(C)의 약관으로 표제를 정하여 새로운 신협회적하약관을 발표하게 되었다.

2) 신협회 적하 약관의 구성

ICC(A), ICC(B), ICC(C)의 약관은 각각 19개 조로 구성되어 있다. 1조, 4조, 6조의 내용만 다르고 나머지 16개 조의 내용은 동일하다.

(1) 담보위험(Risk Covered)

① ICC(A): 면책위험을 제외하고는 모든 위험을 담보하는 규정이다. 구약관의 A/R과 담보위험은 동일하다.

② ICC(B), ICC(C): 담보되는 위험이 나열되어 있고 열거되지 않은 위험은 담보되지 않는다.

(2) 면책위험(Risk Excluded)

① 절대 면책 조건: 제4조 일반면책 약관, 제5조 불내항성, 부적합성 면책약관에 열거된 위험으로부터 기인한 손해는 어

떠한 경우에도 보험자가 피보험자에게 보상하지 않는다.

② 특약면책 조건: 전쟁 및 동맹 파업 위험은 6조와 7조에 포함되어 있지만 면책위험에 속한다. 이를 담보받기 위해서는 특약에 가입해야 한다.

3) 협회 특별 약관

(1) 협회 전쟁 약관(Institute War clause)

전쟁위험은 면책위험에 속하므로 별도의 보험료를 부담하고 특약에 부보해야 한다.

(2) 협회 동맹 파업 약관(Institute Strike clause)

스트라이크 위험은 면책위험에 속하므로 별도의 보험료를 부담하고 특약에 부보해야 한다.

4) 기타부가위험 담보조건

ICC(B), ICC(C)의 경우 추가보험료를 더 지불하고 다음과 같은 위험에 추가로 부보하거나 다음의 특정 위험 중 필요한 부분에 대해서만 부보할 수 있다.

① 도난, 발화, 불착위험(TPND: Theft, Pilferage and Non-Delivery)

② 빗물 및 담수에 의한 손해(RFWD: Rain, Fresh Water Damage)

③ 석유 및 타 화물과의 접촉(COOC: Contact with Oil and/ or other Cargo)

④ 갑판유실(WOB: Washing Over Board)
⑤ 습기와 가열(sweating, heating)
⑥ 파손(Breakage)
⑦ 누손과 부족손(Leakage and/or Shortage)
⑧ 곡손(Denting & Bending)
⑨ 갈고리 위험(Hook & Hole)
⑩ 선박 전손으로 인한 화물 전손(TLO by TLV: Total loss only by Total Loss of Vessel)

제 5 절 수출보험

1 의 의

앞에서 살펴본 바와 같이 해상보험은 운송 중에 일어날 수 있는 손실을 보상받기 위하여 매도인 또는 매수인이 위험을 담보로 보험에 가입하는 것이다.

그러나 수출보험은 해상보험과는 달리 수출자인 매도인이 수입자의 계약파기, 파산, 대금지급 지연 등의 신용위험이나, 수입국의 전쟁, 내란 등으로 수출이 불가능하게 되는 경우에 입게 되는 손실을 수출보험기금으로 보상하여 수출을 진흥하기 위한 비영리 정책보험을 말한다.

2 수출보험의 기능 및 특성

1) 기 능

(1) 금융의 보완적 기능

수출보험은 수출대금 회수불능의 위험을 담보하여 금융기관으로 하여금 손실을 보전하게 하는 제도이므로 금융 보완적 기능을 가진다.

(2) 수출 진흥 정책으로서의 기능

수출보험은 수출 및 대외거래의 원활화를 위하여 정부 출연금으로 조성된 수출보험기금으로 보상하는 것이므로 수출 진흥 정책의 일환으로 볼 수 있다.

2) 특 성

(1) 동시 다발성

수출보험이 담보하는 것은 수입자의 파산뿐만이 아니라 수입국의 전쟁 및 내란 등의 위험도 담보하므로 보험사고가 발생하면 다수의 수출거래에 동시다발적으로 발생할 가능성이 높다.

(2) 비영리성

수출보험은 민간업자가 운영하는 것이 아니므로 이윤추구보다는 비영리적 국가 정책적 목적 하에 시행되는 것이다.

3) 한 계

수출보험은 국가 정책상의 목적으로 조성된 자금을 수출보험 기금으로부터 보상하기 위하여 시행되는 비영리적 목적의 대외무역 활성화를 위한 지원 방법이다. 일반적으로 정상적인 경우 수출보험까지는 가입하지 않는 수출상이 많지만 추심거래방식의 경우 특히 D/A 거래의 경우 대금결제에 대한 문제는 항상 존재한다. 이러한 경우 수출보험을 통하여 일부 지원이 가능하나 전액을 담보해 주지 않기 때문에 일부 효용은 있으나 대규모 거래를 한 경우 수출상의 매수인인 수입상의 파산이나 사기 거래행위가 있는 경우 결국 도산하게 된다.

CHAPTER 06

이론과 실제

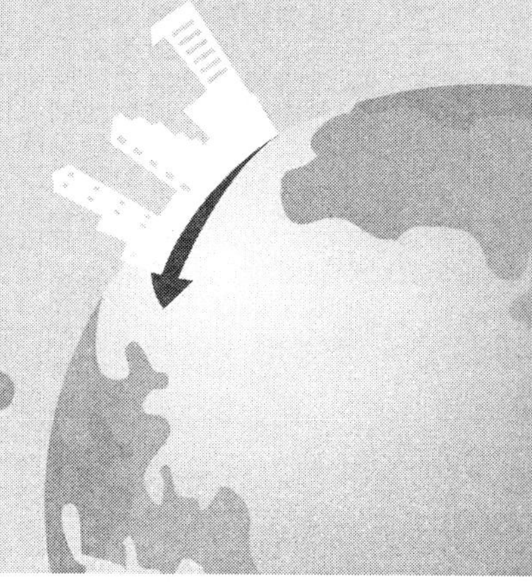

제 1 절 무역계약의 이행

무역계약이 성립되면 쌍무계약의 내용에 따라 매도인과 매수인은 각각의 의무를 분담해야 한다. 수출상은 어렵게 성사된 계약을 성실히 수행하고 그에 따른 결제를 받는 것이 중요하다. 무역계약의 이행에 있어 계약을 위반하지 않더라도 실지로 원만한 이행으로 보기 어려운 경우도 가끔씩 발생하기도 한다. 여기서는 계약의 이행에 있어서 실무에서 발생하는 예를 몇 가지 들어가며 설명하고자 한다.

1 물품의 인도시기

무역계약의 이행을 위하여 매도인은 매수인과의 계약 내용에 따라 정해진 시기에 정해진 운송수단으로 정해진 장소에 인도해야 할 의무를 부담하게 된다.

몇 해 전 11월 초순에 케이프타운에서 신용장을 받은 적이 있다. 납기는 12월 말일 경이었는데 공장에서 작업할 물량이 없어 예정 납기보다 훨씬 빠른 11월 말경에 작업이 완료되었다. 작업이 완료되고 검품 시 이상이 없었으므로 선박 스케줄을 수배하여 선적을 하였으나 결과는 안 좋게 돌아왔다.

그 이유는 간단했다. 12월 초순에 선적한 물품은 연말에 수입국에 도착하고 수입국은 그 때부터 1월 중순까지 휴무였기 때문에 수입국에 도착한 물품의 창고료가 발생한 것이다.

사전에 언급이 없었기 때문에 계약위반도 아니고 수출자의 잘못은 아니지만 수입자는 쓸데없는 창고료를 부담해야 하는 상황이 된 것이다.

일반적으로는 납기 이전에 선적하는 것이 좋지만 특히 연말이나 휴가 등 기타의 사유가 있는 경우에는 다시 한 번 선적하기 전에 통보를 하는 것도 거래증진을 위해 도움이 될 것이다.

2 신용장

1) FOB 조건으로 개설된 신용장

앞에서 살펴본 바와 같이 FOB조건에서는 본선의 난간을 통과하는 시점부터는 수입자에게로 위험과 비용이 이전되기 때문에 수입자가 선박 스케줄을 잡고 통보하는 것이 원칙이다.

그러나 실제로는 수입상이 수출상에게 선박회사 연락처만을 통보하고 수출자가 선박수배를 하는 경우도 빈번히 발생하며 또한 선박회사 또는 운송주선인은 수출자에게 운임을 받는 것이 아니므로 업무협조를 할 필요성이 상대적으로 적기 때문에 선하

증권 발급 시에 때때로 얘기치 못한 결과가 생기기도 한다.

2) 계약 내용과 일치하지 않는 신용장

원칙적으로 신용장은 계약내용과 일치하게 개설되어야 한다. 그러나 수입상인 개설의뢰인의 착오 또는 의도된 바에 의하여 계약내용과 일치하지 않는 신용장을 수익자인 수출상이 통보받는 경우도 가끔은 발생한다.

신용장은 그 자체의 독립 추상성이 있기 때문에 계약 내용과 다른 신용장이 개설되었다 하더라도 은행은 실제 계약내용을 고려할 이유가 없으므로 서류를 작성하거나 제시할 때 유의하지 않으면 안 된다. 두 가지 경우를 살펴보기로 한다.

(1) 불일치 내용이 중대한 경우

수량, 계약 단가, 금액, 선적일, 도착지 등 중대한 부분이 계약 내용과 일치하지 않는 경우에는 반드시 조건변경을 하여야 한다. 조건 변경을 통하여 신용장이 다시 통지되면 과거의 조건은 소멸하고 새로운 조건이 신용장의 조건으로 변경되는 바 이를 L/C AMEND라고 한다.

(2) 불일치 내용이 경미한 경우

신용장을 개설하는 과정에서 계약번호 또는 품목의 고유번호(보통 수입상이 임의로 만든 번호이거나 수출상이 임의로 부여한 번호를 말함) 등 계약 내용과 별다른 문제는 없이 오타 등의 원인에 의하여 내용이 불일치하는 경우에는 단순히 정정 통보만 하고 양자의 합의에 의해 그 신용장을 그대로 사용할 수 있다.

왜냐하면 조건 변경 시 개설의뢰인과 수익자는 또 다른 비용을 부담해야 하기 때문이다.

이러한 경우에 제시 서류에는 반드시 신용장에 명시된 내용을 따라 서류를 작성하여야 한다. 은행에서는 서류를 심사함에 신용장에 제시된 원칙이 엄밀하게 일치하는지를 심사하는 것이기 때문에 실무자들은 각별한 주의를 요한다.

3 항공운송(CIP 또는 CPT)

항공운송이란 항공기의 Space를 이용하여 계약물품을 운송하는 방식을 말한다. 항공운송 조건으로 계약이 성립된 경우 수출상은 도착지까지의 운임을 부담해야 한다.

항공료의 산정은 보통 KG을 기준으로 산정하게 되는데 중량에 따라 차등 운임을 적용하게 되고 환적을 하는 경우에는 비용이 절감될 수도 있다.

다만 같은 항로를 이용하는 항공기라 하더라도 차등 정도가 단가에 미치는 영향이 크기 때문에 복합적으로 항공료를 점검하여 보다 저렴한 운송인에게 물품을 의뢰하는 것이 바람직하다.

제 4 부

무역계약의 종료

CHAPTER 01

무역계약의 종료와 계약위반

제 1 절 무역계약의 종료

1 의 의

무역계약의 종료(termination)란 매도인과 매수인 사이에 성립되었던 계약의 효력이 소멸되는 것을 말한다. 무역계약이 종료되는 경우는 매도인과 매수인이 양자 간의 계약을 원만히 이행하는 경우 자연스럽게 계약의 효력이 소멸되고, 당사자 간의 합의, 기간만료 등으로 무역계약이 종료될 수 있으며 이행불능, 계약의 위반 같은 사유로 무역계약은 해지되어 종료될 수 있다.

2 무역계약의 소멸사유

1) **계약의 이행에 의한 소멸**(Discharge by Performance)

무역계약의 양 당사자가 모든 의무를 이행함으로써 계약은 종료되며 이에 따라 계약의 효력은 소멸된다. 대부분의 경우가 이에 해당된다.

2) 합의에 의한 소멸(Discharge by Agreement)

무역계약은 양당사자의 단순한 합의로 변경되거나 종료될 수 있다(CISG 제29조).

3) 기간만료에 의한 소멸

계약에 유효기간이 있는 경우 기간이 만료되고 갱신에 대한 합의가 없다면 이 계약은 종료된다.

4) 이행불능에 의한 소멸(Discharge by Impossibility, Frustration)

이행불능이란 무역계약의 당사자가 자신의 의무를 이행할 수 없는 것을 이행불능이라고 한다. 이행불능은 원시적 불능과 후발적 불능으로 구분된다.

(1) 원시적 불능(Existing or Initial Frustration)

원시적 불능이라 함은 계약 성립 당시부터 실질적으로 이행이 불가능함으로 계약이 무효가 되는 것을 말하며 당사자는 어떠한 추가적인 채무도 부담하지 않는다.

(2) 후발적 불능(Subsequent Frustration)

후발적 불능이란 계약 당시에는 불능 상태가 아니었지만 당사자의 책임 없는(사망, 전쟁, 후발적 위법) 사유로 발생한 사건에

의해 계약의 이행이 불가능하게 되는 것을 말한다. 당사자 일방이 의무의 불이행이 자신의 통제를 벗어난 장애에 그 원인이 있다는 점과 계약 체결 시 그 장애를 고려하거나 극복하는 것이 합리적으로 기대될 수 없었다는 사실을 증명하는 경우에는 의무불이행에 대하여 책임을 지지 아니한다. 이러한 경우 계약은 소멸되나 당사자의 귀책사유가 있는 경우에는 계약의 위반에 해당한다.

5) 계약위반에 의한 소멸(Discharge by Breach of Contract)

당사자의 어느 일방이 계약 내용을 이행하지 않은 경우 그 위반이 중대한 위반인 경우에는 계약은 해지의 의사표시에 의하여 소멸될 수 있다. 이 때 계약이 해지된다 하더라도 위반 당사자에 대한 손해배상 책임은 여전히 존재한다.

3 무역계약의 소멸의 효과

무역계약이 소멸하면 매도인과 매수인은 계약관계로부터 벗어나지만 어느 일방의 책임 있는 사유로 상대방에게 손해를 가한 것이 있다면 손해를 입은 당사자는 상대방에게 손해배상을 청구하게 되고 이에 따라 다른 상대방은 손해배상청구에 응해야 한다.

〈무역계약의 효력 소멸사유〉

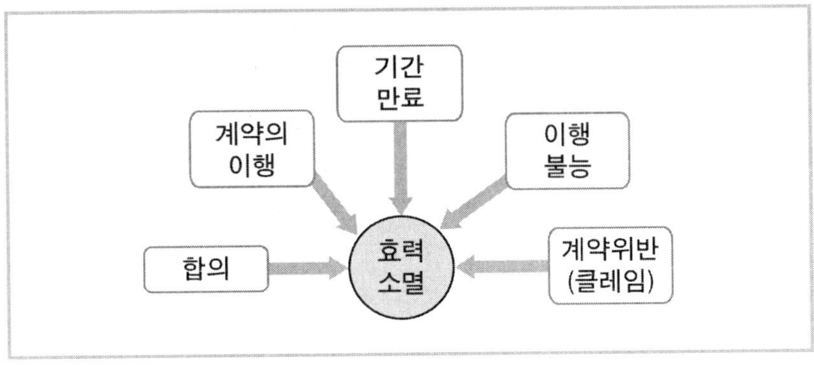

제 2 절 무역계약의 위반 및 당사자의 구제

1 의 의

무역계약은 쌍무계약이므로 무역계약이 체결되면 양 당사자는 각각 일정한 채무를 지게 된다. 무역계약 위반이란 일정 의무를 부담하고 있는 당사자가 자신의 의무를 지연, 해태, 거절, 미이행 혹은 불완전하게 이행하는 것과 이행불능의 경우에 일방의 귀책사유가 있는 것을 말한다.

2 무역계약 위반의 유형

1) 이행지체

이행지체란 당사자가 계약의 이행기에 있고 이행이 가능함에도 정당한 이행을 하지 않고 지연시키는 것을 말한다.

2) 이행거절

이행거절이란 이행시기의 도래 전후를 불문하고 계약의 당사자가 의무를 이행하지 않겠다는 명시적 또는 묵시적 의사표시를 말한다.

3) 불완전 이행

불완전이행이란 채무의 이행은 이루어졌지만 그 이행의 정도가 완전하지 못한 경우를 말한다.

4) 이행불능

앞에서 설명한 바와 같이, 이행불능이란 무역계약의 당사자가 자신의 의무를 이행할 수 없는 것을 이행불능이라고 한다. 이행불능은 원시적 불능과 후발적 불능으로 구분된다.

3 매도인의 의무와 매수인의 권리구제

1) 매도인의 의무

① 물품인도의 의무

② 물품서류 교부의 의무

③ 일치된 물품인도의 의무

2) 매수인의 권리구제

① 대금 감액청구권

② 추가기간 설정권

③ 계약해제권

④ 손해배상청구권

⑤ 특정이행청구권

매수인은 매도인에게 그 의무의 이행을 청구할 수 있다.

⑥ 대체품인도 청구권

⑦ 하자보완청구권

4 매수인의 의무와 매도인의 권리구제

1) 매수인의 의무

① 물품대금의 지급 의무

② 물품인도의 수령 의무

2) 매도인의 권리구제

① 추가기간 설정권
② 물품명세 확정권
③ 특정이행청구권
④ 손해배상청구권
⑤ 계약해제권

〈계약위반의 유형〉

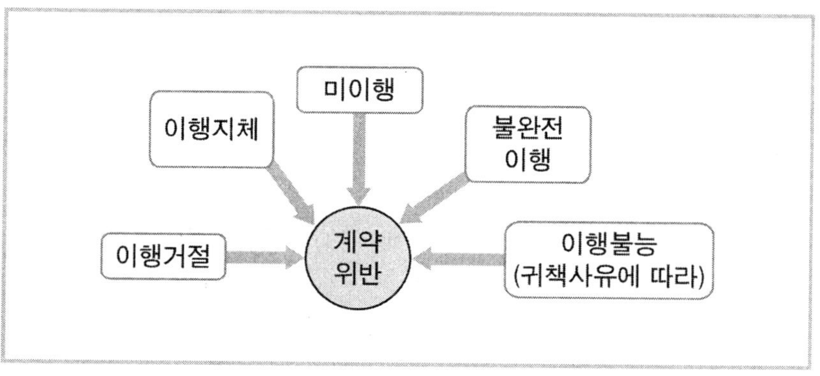

CHAPTER 02

무역 클레임과 해결방안

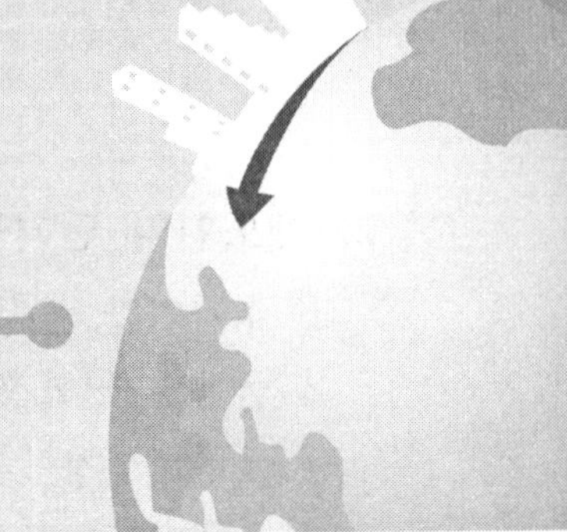

제 1 절 무역 클레임

1 의 의

클레임이란 매매당사자 중 어느 일방이 매매계약 내용을 불이행 하거나 혹은 불완전하게 이행함으로써 상대방에게 손해를 입힌 경우 손해를 입은 일방이 손해를 입힌 상대방에게 제기하는 금전적 손해배상 또는 기타의 청구를 의미한다. 클레임은 매수인이 제기하는 경우가 대부분이다.

2 클레임의 원인

1) 직접적 원인

(1) 계약의 성립에 원인이 있는 경우

청약과 승낙의 과정에서 계약의 성립여부나 문언해석 등에 관

한 해석의 차이로 분쟁이 발생할 수 있다. 이는 무역계약이 이행되기 전 단계에서 발생하는 것이므로 치유하여 계약을 유효하도록 할 수 있으며 대부분 금전적 배상과 같은 심각한 문제가 발생할 소지는 적다.

(2) 계약의 내용에 원인이 있는 경우

계약서 청약서 내용이 불완전하거나 불충분한 경우에 발생한다. 계약을 명확하게 해서 분쟁의 소지를 줄이고 분쟁해결 조항을 삽입하여 두는 것이 좋다.

(3) 계약의 이행에 원인이 있는 경우

품질불량, 수량부족, 선적지연, 대금지불지연, 포장불량 등의 사유로 클레임은 제기될 수 있다. 매도인은 계약과 일치하는 물품을 제공해야 할 의무가 있으므로 계약의 잘못된 이행에 의해 클레임이 제기되는 경우는 금전적 배상 또는 기타 심각한 문제가 발생하기 쉬우므로 매도인은 특히 유의하여야 한다.

또한 클레임 발생의 대부분의 원인이 계약의 이행과 관련되므로, 매매 당사자는 계약의 이행에 관하여 특히 주의를 요한다.

2) 간접적 원인

직접적인 클레임의 원인 이외에도 언어와 관습, 법률, 매수인의 악의 등에 의해서도 클레임은 발생할 수 있다.

3 클레임의 종류

1) 일반적 클레임

매매 당사자 일방의 과실이나 태만에 의하여 계약이 완전히 이행되지 못하였을 때 발생되는 가장 일반적인 클레임이다.

2) Market Claim

시장상황이 좋지 않을 경우 매수인이 매도인으로부터 구입한 물품에 경미한 하자 혹은 하자가 없는데도 클레임을 제기하는 경우도 있다.

3) 계획적 클레임

고의적인 의도가 있는 클레임으로 계획적으로 계약서나 신용장에 함정을 설정하여 계약이행을 방해하여 제기하는 클레임을 말한다.

4 클레임의 내용

1) 금전의 청구

① 손해배상 청구

② 대금지급거절 및 대금 감액 요청

2) 금전 이외의 청구

① 상품의 인수거절
② 계약의 이행 청구
③ 대체품 청구
④ 잔여분의 계약 해제

〈클레임의 종류와 내용〉

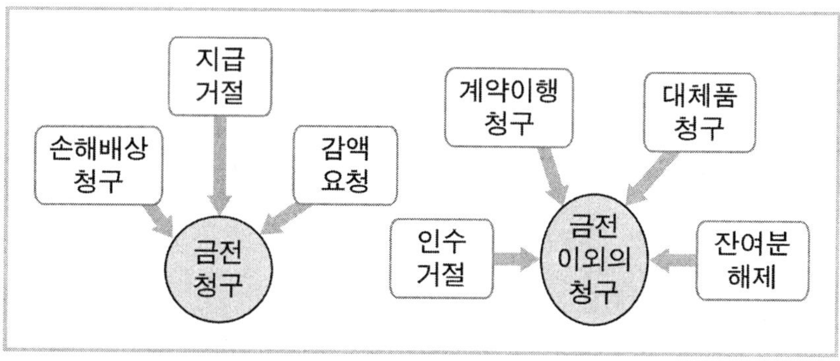

〈클레임의 빈도〉

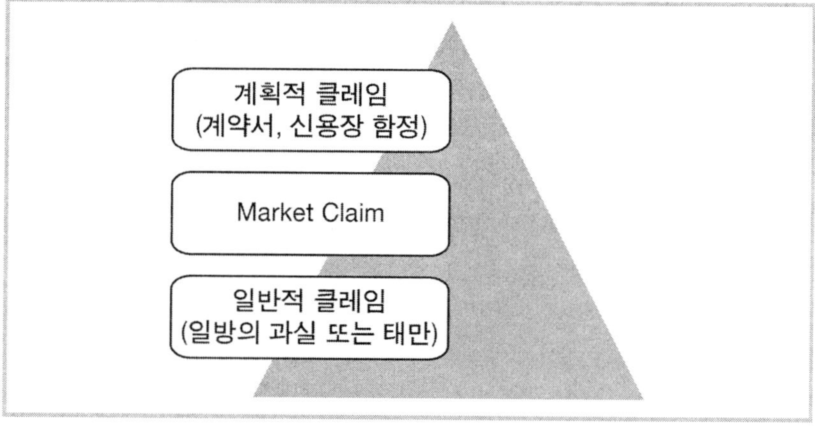

제 2 절 클레임의 해결방안

1 의 의

클레임은 무역거래에 있어서 원만한 거래를 저해하는 장애 요소이다.

이는 분쟁으로 이어져 어느 한 쪽이 양보하거나 이해가 부족한 경우 당사자 간의 설득을 위한 노력에 의해서 해결하는 경우도 있고, 알선, 조정 중재 또는 소송으로 이어지는 경우도 있다.

2 당사자 간 해결

1) **청구권의 포기** (Waiver of Claim)

단순히 주의만을 촉구하고, 향후 보다 발전적 거래를 위해 클레임을 철회하는 경우에는 청구권을 포기하는 경우도 있다.

2) **타협과 화해** (Compromise, Amicable Settlement)

쌍방의 타협으로 원만하게 클레임을 해결하는 방법으로 대부분의 클레임은 타협을 통해서 해결된다.

2 제3자의 개입에 의한 해결

1) 알 선

알선이란 당사자의 일방 또는 쌍방의 요청에 의해 공정한 제3자가 사건에 개입하고 당사자가 그 조언에 합의하는 것을 말한다. 당사자는 알선에 응할 의무가 없고 거부할 수 있기 때문에 조정력이 약한 편이다.

2) 조 정

양 당사자가 공정한 제 3자를 조정인으로 선임하고 조정인이 제시하는 조정안에 양 당사자가 합의함으로써 분쟁을 해결하는 방법이다. 조정안이 받아들여지면 중재 판정과 같은 효력이 있으나 조정안을 수락할 의무는 없으므로 일방이 거부하면 조정은 실패로 돌아간다.

3) 중 재

당사자 간의 합의로 제3자인 중재인을 선임하여 그 판정에 절대 복종함으로써 해결하는 방법이다. 중재판정은 강제성을 가지며 효력은 당사자에게는 법원의 확정 판결과 동일하다.

4) 소 송

소송은 법원의 판결에 의하여 분쟁을 해결하는 방법이다. 한 나라의 재판권은 상대국에 미치지 않으므로 피제기자가 거주하는 국가에서 소송을 제기해야 하는 불편함이 따른다.

CHAPTER 03

이론과 실제

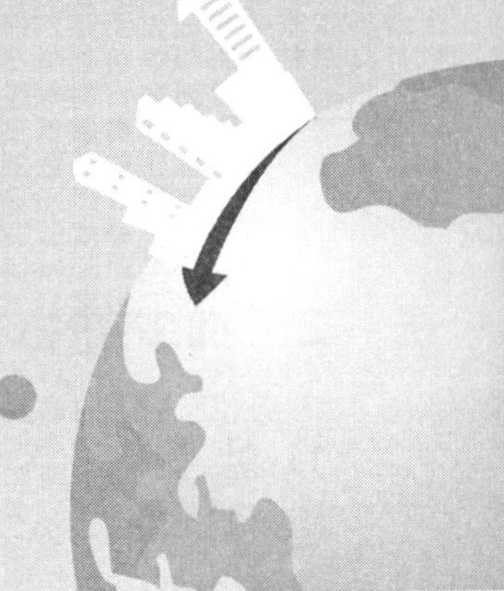

제 1 절 클레임의 발생원인

앞에서 살펴본 바와 같이 클레임이 발생할 소지는 여러 군데 있다. 수입상의 계약위반으로 인해서 클레임을 청구하는 경우도 있지만 실무에서 수입상을 상대로 클레임을 제기하는 경우는 많지 않다. 실지로는 대부분이 물품을 구매하는 수입상이 클레임을 제기하는 경우가 많다. 실무에서 클레임이 발생하는 경우는 흔하지는 않지만 실제로 많이 발생되는 경우는 아무래도 물품에 대한 하자로 인한 클레임 또는 시장상황이 나빠서 바이어가 수입한 물품을 팔수 없을 때 의도적으로 문제를 제기하는 Market claim이 일반적인 원인이라 할 수 있다. 원칙적으로 계약내용에 위반되는 행위를 하면 클레임의 소지가 있기 때문에 실무자들은 만일의 가능성을 대비하여 업무에 신중을 기하여야 한다.

1 물품의 하자로 인한 클레임

계약물품과 상이한 물품을 선적한다거나 기준 품질에 미달하거나 품질이 불량인 경우에는 클레임이 발생한다. 수입상은 이 물품의 판매가 사실상 어렵기 때문에 수출상에 계약위반을 이유로 클레임을 제기하게 된다.

1) 계약 물품과 상이한 물품을 선적한 경우

계약 물품과 상이한 물품의 경우에는 심각한 문제가 발생한다. 즉 상대방이 원하지도 않는 물품을 선적한 것이기 때문에 수입상은 엄청난 피해를 감수해야 하고 수출상이 이에 대한 보상을 한다 하더라도 더 이상의 거래관계는 지속되기 어렵다.

2) 품질기준에 미달하는 경우

품질기준에 미달하는 경우에도 수입상은 예견된 상업상의 이익을 취할 수 없기 때문에 클레임을 제기한다. 이러한 경우가 발생하지 않도록 생산 담당자 및 영업 담당자는 사전에 실수할 가능성이 있는 경우 주의를 기울여 작업을 하도록 하여야 한다.

3) 품질불량인 경우

품질불량인 경우에는 수입상은 예견된 상업상의 이익은 고사하고 상업상의 손실이 발생하게 되는 것이다. 그리하여 문제를 해결하는 데 상당한 고심을 하게 된다. 계약물품의 작업이 완료되면 검품을 통해 이런 일이 발생하지 않도록 각고의 노력을 하여야 한다.

2 Market Claim

Market Claim이란 시장상황 악화를 이유로 수입상인 바이어가 의도적으로 문제를 제기하는 것이다. 이러한 경우 원칙적으로 수출상은 계약위반이 아니므로 얼마든지 항변할 수도 있고 그에 따르는 조치를 취할 수 있다. 다만 신용장거래가 아닌 추심방식의 거래인 경우에는 수출상이 대금을 수령하지 못한 상황에서 클레임이 제기되면 수출상은 상당한 곤욕을 치르게 된다.

3 기타의 경우

앞에서 언급한 사유 이외에도 납기의 지연, 선적의 지연, 포장불량, 수량미달 등의 사유로 클레임이 제기될 수도 있다. 납기의 지연은 생산 완료 일자까지 예정된 스케줄에 따라 생산을 완료하여야 함에도 생산이 이루어지지 않았거나 생산이 지연된 경우를 말한다. 무역거래는 대부분 현물거래가 아닌 선물 거래이기 때문에 이러한 문제는 가끔씩 발생하는 경우가 있다. 선적지연이라 함은 생산은 적기에 하였으나 해당 선박을 수배할 수 없어 도착기일이 지연된 경우 수입상은 필요한 시기에 물품을 받을 수 없는 경우를 말한다. 포장불량은 물품은 정상적으로 생산하였으나 수출포장불량으로 물품이 변질 손상된 경우를 의미한다.

수량미달은 공급하기로 약정한 수량에 미달하게 선적한 경우

를 말한다. 이외에도 무역계약을 이행하다보면 여러 가지 예기치 못한 문제가 발생할 수 있다.

계약의 성립과정에 오랜 시간이 소요되고 힘들게 계약을 성사시킨 만큼 클레임은 서로의 장기적 거래를 방해하는 저해 요소이기 때문에 사전에 예방하는 자세로 선적이 완료되는 시점까지 주의를 기울여야 한다.

제 2 절 클레임의 해결

영업 실무자라면 누구도 클레임 레터를 쓰는 것이 힘들고 반갑지 않다는 것을 경험하였을 것이다.

발생한 문제도 문제이려니와 해결점을 찾는 것이 용이하지 않을 뿐만 아니라 대부분의 실무자들은 기업주가 아닌 샐러리맨의 입장에서 이를 해결해야 하기 때문에 바이어의 입장에 서면 회사에 큰 손해를 줄 수밖에 없고 회사의 중심에서 문제를 해결하려하면 문제는 잘 해결되지 않고 좋은 거래선을 놓칠 수도 있기 때문이다.

이는 영업담당자에게는 치명타가 될 수도 있고 종사하는 기업에 장기적으로 어둠의 그림자를 던질 수도 있다. 따라서 클레임이 발생하였을 때는 클레임의 발생 원인을 치밀하게 분석하고 대응하여야 하며 또한 상대방의 거래관계 거래전망도 고려해야 한다.

왜냐하면 비중 없는 수입상이 이유 없는 Market Claim을 제기한 경우에 억지로 바이어의 입장에 서는 것은 부당하며 장기간의 거래를 지속해온 수입상이 가벼운 하자로 클레임을 제기하는 경우 직접 현금 배상이 아닌 차기 거래에서 Discount 방법으로 해결을 할 수도 있기 때문이다.

원칙적인 방법인 당사자 간의 화해와 타협으로 해결하는 것이 가장 바람직한 방법이라 할 수 있으며 클레임이 제기되지 않도록 모든 거래의 단계마다 신중을 기하는 자세가 필요한 것이다.

찾 아 보 기

▌가▐

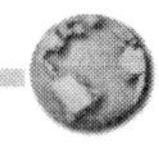

▮바▮

▌아▐

▮자▮

▮파▮

▮하▮

A

B

C

▮R▮

▮S▮

▮T▮

▮U▮

V

W

저자 약력

* 원 문 희

- 신일고등학교 졸업
- 숭실대학교 영어영문학과 졸업
- 육군 현역 카투사 만기 제대
- 올림픽 방송요원 (KBS 스위스 타이밍 룸 근무)
- 한국 섬유직물수출조합 근무 (수출 자율규제, 섬유쿼터 운영, 해외시장 조사)
- (주)명보섬유 근무 (해외영업, 영업 및 생산관리)
- (주)케이아이씨 텍스 총괄임원 (무역사절단, 해외전시회 참가, 해외영업)
- (주)엠비텍스타일 임원
- (주) CNS KOREA 컨설팅 수석 컨설턴트

〈강의 경력〉

한국경영교육원
한국섬유직물수출조합
한국섬유산업연합회
한국섬유개발연구원
오제이티 정보기술
종로 여성인력 개발센터

〈저서〉

무역실무 따라잡기 (도서출판 정법)

〈주요자격〉

유통관리사
관광통역 안내사
무역영어 1급

인 지

실전 무역실무

초 판 1쇄 발행 —— 2010년 10월 18일
초 판 2쇄 발행 —— 2011년 3월 25일
지은이 —— 원 문 희
펴낸이 —— 전 두 표
펴낸데 —— 도서출판 **두남**
서울시 강동구 성내1동 455-12 두남빌딩
신 고 : 제25100-1988-9호
(구 제2-624호, 1988. 7. 21)
TEL : 02) 478-2065, 2066, 2067, 2311
FAX : 02) 478-2068
E-mail : dunam1@unitel.co.kr
http://www.dunam.co.kr

정가 17,000원

ISBN 978-89-6414-147-2 13320